D1730697

Martina Herbig

Der Himmel ist nah

Bibliografische Information der Deutschen
Nationalbibliothek:
Die Deutsche Nationalbibliothek verzeichnet diese
Publikation in der Deutschen Nationalbibliografie;
detaillierte bibliografische Daten sind im Internet über
http://dnb.dnb.de abrufbar.

Illustration: Paul Herbig

Herstellung und Verlag:
BoD – Books on Demand, Norderstedt
ISBN 978-3-7568-8803-0

Zwischen den Welten

Ich hatte einen Schlaganfall, ein Aneurysma, von dem ich nichts wusste, war in meinem Kopf geplatzt. Das sagten mir die Ärzte. Ich war zwischen den Welten, zwischen Leben und Tod.

Was hatte ich falsch gemacht, dass es so weit kam? Ich hörte Gottes Stimme in meinem Herzen, die mir mitteilte, dass mein Leben noch nicht zu Ende ist. Ich solle wieder ins Leben gehen und das noch klären, was noch zu klären ist. Außerdem habe ich noch eine wichtige Aufgabe zu erfüllen.

Ich befinde mich zwischen Leben und Tod. Zwischen den Welten gibt es einen Raum, er trennt das Diesseits vom Jenseits. Lange Zeit, während meines Komas hielt ich mich hier auf, mein kranker Körper wurde medizinisch notfallversorgt. Meine Seele bekam in dieser Zeit zu lernen und zu erkennen, was ich in mein Leben mitnehmen konnte. Ich sah mein Leben, was ich gelebt hatte, sah das Gute, und sah auch das, was nicht meiner Seele entsprach und wo ich vom Herzensweg abgekommen bin. Ich bekam Zeit, Geschehnisse einzusehen, zu verstehen und zu bereuen. Dabei wurde ich von himmlischen Kräften unterstützt.

Als ich erwachte, musste ich feststellen, dass meine linke Körperseite komplett gelähmt war. Ich konnte mich nicht ohne Hilfe bewegen.

Ich musste Spastiken und Schmerzen aushalten. Ich wurde gewaschen, selbst das konnte ich nicht mehr allein.

Dazu musste ich auch noch die Launen des Personals in den Kliniken ertragen. Oft war das Personal unfreundlich und gereizt.

Ich haderte mit diesem Leben, das jetzt mein Leben ist. Doch im Herzen fühlte ich: Das geht vorbei. Ich weiß, was ich im Leben noch klären muss. Das ist mir sehr wichtig. Ich halte durch und bin zuversichtlich. Zweifel oder Hadern mit dem Schicksal lasse ich nicht zu. Ich habe so viel Unterstützung, ich bin nicht allein. Mein innerer Himmel ist reich und voll mit dem, was ich brauche. Der Himmel ist nah.

Im Raum zwischen den Welten durfte ich Menschen treffen, denen ich im Leben sehr nahe stand, die aber bereits verstorben sind und im Jenseits leben. Als erstes traf ich dort meine Eltern, die mir sehr liebevoll erklärten, dass sie mir ganz viel aus ihrer Welt heraus helfen, sie geben mir Kraft und unterstützen mich, lassen die richtigen Leute zu mir kommen, die mir helfen.

Sie sagen mir auch, dass ich mein Erbe von ihnen gut angelegt habe, um jetzt auch materielle Unterstützung durch meine Eltern zu erfahren. Meine Mutter lässt ihre mütterliche Liebe zu mir strömen, dass ich mich nicht allein fühle.

Zwischen den Welten in Gottes Raum durfte ich Gott persönlich treffen. Ich durfte ihm gegenüber sitzend bei ihm verweilen und seinen Segen fühlen, „Ich bin dein wahrer Vater und deine wahre Mutter, dein Gott und dein Schöpfer, ich wache über dir. Nimm von mir die Kraft für deine Heilung, gehe nach Hause in dein Leben, da gehörst du hin, dort ist dein Platz, gehe in dein Leben." Ich begriff, kein Heiler oder Arzt der Welt kann mir das geben, was der allmächtige Gott mir gibt. Menschen haben vielleicht etwas Macht, Gott hat Allmacht, er hat uns erschaffen, und unser innerer Gott ist in jedem von uns und lässt angenehmes Kribbeln durch den ganzen Körper ziehen. Nur der große und allmächtige gütige Gott vollbringt wahre Heilung.

Die Ärzte haben mich operiert und somit meinen Körper die Chance gegeben, diese Notfallsituation zu überleben, doch sie mussten abwarten, ob ich überlebe und ob mein Körper es schafft. Sie konnten dann nichts mehr tun.

Doch Gott hat mir mitten im Leben mein Leben neu geschenkt und bestimmt, ich solle wieder in mein Leben gehen. Die Ärzte konnten nach der Operation nur abwarten, ob ich es schaffe zu überleben. Der allmächtige Gott hat mich wieder ins Leben geschickt. Die Kräfte in meinem persönlichen Himmel haben entschieden, dass mein Leben noch weiter geht.

Ich finde meine innere Weisheit, meine innere Führung, meinen inneren Gott, meinen inneren Christus, meinen Heiler. Ich bin gut versorgt.

Äußerlich gibt es viele Menschen, die mich besuchen und mir ihre Zeit schenken. Mein Mann und mein Sohn besuchen mich täglich, zusätzlich kommen viele Freunde. Ein wahrer Segen, dass ich so viel Gutes um mich habe.

Hilfe kommt auch aus dem Jenseits, aus dem mich meine Eltern und andere liebe Menschen unterstützen. Das Alles gibt mir Liebe und Kraft, positive Energie, die ich dringend zur Heilung brauche.

Jenseitsbegegnungen

Nun sehe ich meine Jana, die vor zwei Jahren an Brustkrebs verstorben ist. Plötzlich stand sie, wie zu ihren Lebenszeiten neben meinem Bett. Es tat sehr gut und fühlte sich an, als sei sie direkt hier auf der Erde neben meinem Bett. Jana beherrscht, wie auch ich, die craniosakrale Therapie, das ist eine Form der Osteopathie. Sie war auf der Erde eine wunderbare Therapeutin und ist es auch noch aus dem Jenseits. Ein anderes Mal hatte ich starke Kopfschmerzen, in meiner Verzweiflung rief ich Jana. Sie kam mit einem Mann und erklärte mir, das sei Herr Sutherland. Er war ein berühmter Osteopath, der sich sehr mit den Schädelknochen befasste. Er behandelte meinen Kopf, die Schmerzen vergingen. Es war wunderbar, ich bin dankbar, dass ich das so erleben durfte. Wahre Wunder und wahre Heilungen kommen nicht aus der wissenschaftlichen Welt, sie kommen aus himmlischen Sphären. Dann traf ich Samuel Hahnemann, den Erfinder der Homöopathie, er zeigte mir, dass die homöopathischen Mittel, die ich nehme gut und richtig für mich sind. Es war sehr beeindruckend, was hier zwischen den Welten geschah. Wir sind nicht allein, himmlische Kräfte gehen mit uns, sie sind direkt hier, wo auch wir sind. Wir nehmen sie mit dem Herzen wahr. Im Herzen ist uns der Himmel nah.

Der Himmel ist nicht da oben und wir da unten. Der spirituelle Himmel ist direkt mit uns. Wir sind nicht getrennt. Alles ist Eins und lebt miteinander. Wir erreichen die himmlischen Ebenen über unsere Herzenstür. Die Himmelstür ist die Herzenstür. Ich bin durch diese Tür gegangen, als mich der akute Schlag traf, und immer wieder im anschließenden Koma konnte ich durch diese Tür gehen. Ohne diese Möglichkeit hätte ich die finstere Zeit nicht überlebt.

Nachdem ich aus dem Koma erwachte, stellte ich fest, dass ich gelähmt bin. Auch nun muss es irgendwie weiter gehen. Es gelang mir immer wieder in Meditation durch die Himmelstür in meinem Herzen zu gehen, um mir Kraft und Energie zu holen, die ich dringend brauche. In meinem persönlichen Himmel finde ich meinen ganzen inneren Reichtum, der so groß ist und mir Energie gibt.

Dann führte mich eine Tür in den Raum zwischen den Welten und ich sehe meine Lieben, die im Jenseits leben. Ich treffe meinen Vater, er sagte, es würde alles wieder gut. Er schenkte mir seine Lebenskraft, die er selbst im Leben nicht mehr verbraucht hat. Ich versprach ihm, etwas Gutes daraus zu machen. Mein Vater sagte „Ich bin stolz auf dich, wie du die Krankheit meisterst. Keiner von uns hat das so wie du geschafft. Du bist ehrlichen Herzens und nahe bei Gott, deshalb wird alles gut. Gott, unser allmächtiger Vater wird dir helfen." Ich danke meinem Vater für all das Gute, was er mir gegeben hat und immer noch gibt. Er sagt mir, dass es ihm gut geht, und dass er nichts bereut im Leben. Das, was ich bereue, werde ich wieder heilen dürfen.

Heilen im persönlichen Himmel

In meinem persönlichen Himmel segnet Christus als großer Heiler meine innere Heilerin, die alle Wunden, die durch Unachtsamkeit und Lieblosigkeit und eigener Fehlentscheidung gegen eine Liebe entstanden sind. Meine innere Heilerin geht zu allen vergangenen Wunden und berührt sie sanft mit ihren heilenden Händen.

Da ist die Sechsundzwanzigjährige, die eine Liebe zerstört hat, sie wird von der Heilerin versorgt und geheilt. Da ist die Zweiundfünfzigjährige, die bewusstlos in ihrem Wohnzimmer und danach auf einer Intensivstation liegt. Die Heilerin heilt und versorgt auch diese Frau.

Die Heilerin sieht, dass diese Frau jetzt gelähmt ist. Die Heilerin weiß, dass die Frau in ihrer Umwelt gezähmt wurde und jetzt das Resultat spürt. So geht die Heilerin zu der jungen Wilden und sagt ihr, sie solle ihre Zähmung liegen lassen und wieder mitkommen.

Die alte, weise Frau nimmt die Wilde in ihre Arme und sagt ihr, sie wollte immer eine wilde und schrille alte Frau werden und jetzt ist sie eingeschränkt und kann es nicht sein.

Aber ich sehe, dass ich bald wild und schrill in bunter Kleidung gehen werde. Dann kann ich mich wieder bewegen und es beginnt mein wahres Leben. Ich sehe mich mit sechzig schrill, laut und wild.

In meinem Himmel kommt noch die innere Liebende, die aus Erinnerung an ihre große Liebe die Liebe in sich aufsteigen lässt, sie wieder in ihren Händen hält und sie in ihrer Zukunft erschafft. Nur bedingungslose Liebe heilt.

Das Gefühl der Liebe entsteht nicht allein aus der Liebe, die wir bekommen, sondern vor allem aus der Liebe, die wir selbst geben und ausdrücken. Ein aufrichtiges: „Ich liebe Dich" an einen Menschen gerichtet, bringt uns selbst mehr Liebesenergie, als die, die wir geschenkt bekommen.

Ich nehme in meinem Himmel meine innere Liebende in mir wahr und lasse mich von dem Gefühl der Liebe intensiv durchströmen. Ich fühle wie eine neue Lebendigkeit in mir erwacht.

Die Lebendige will leben und genießen. Sie will nichts mehr versäumen, sie will leben. Die Lebendige ist stark und kraftvoll.

Alle sagen, ich muss dankbar sein, dass ich überlebt habe. Ja, aber jetzt erst nach einem Jahr weiß ich, dass ich leben will. Ich freue mich auf das Leben, was noch kommt. Ich freue mich darauf, wenn ich wieder laufen kann und bin gespannt, wohin ich laufen werde, wohin meine Seele noch gehen will. Ich habe da schon einige Vermutungen, und ich freue mich auf mein Leben in Liebe und Lebendigkeit auf meinem Herzensweg, wohin meine Seele gehen will. Es ist allein ihr Leben.

Jedes Leben gehört einer einzigartigen Seele, die sich lebendig erfahren will.

Manchmal ist es schwer durchzuhalten und zuversichtlich zu sein. Muss ich wirklich dankbar sein, überlebt zu haben? Wäre es nicht besser, ich hätte nicht überlebt? Dieses Leid, den Schmerz muss ich aushalten. Als ich in meiner Todesstunde war, habe ich nur den Himmel gesehen. Wir gehen nach dem Tod in einen liebenden Himmel. Es gibt keine Hölle.

Doch jetzt in der Krankheit, das Leid auszuhalten, das ist eine Hölle. Dennoch entscheide ich mich für das Leben, weil es sich lohnt.

Zwei verschiedene Rehakliniken konnten mir keine Verbesserungen bringen. Im Gegenteil. Zu Hause habe ich mit meinen ambulanten Physiotherapeuten und Ergotherapeuten deutlich mehr geschafft. Ich halte durch für das Leben, was noch kommen wird. Wenn ich hadere kommt in meinem Himmel meine innere Weise und sagt: „Gib nicht auf. Viele sind gekommen, um dir zu helfen. Du wirst wieder gesund, das ist der Beweis, dass das, was die Naturheilkunde tut und dein Gottvertrauen, dich gesunden lässt. Du darfst auch zweifeln, aber du musst aus dem Heilenden, was in deiner Seele ist und leben will, wieder aufstehen."

Wer hingefallen den Himmel in sich findet, wird wieder aufstehen. Der innere Heiler hat in jedem das Licht angezündet.

Die geistigen und himmlischen Ebenen nehmen wir mit dem Herzen wahr. Unser Kopf, unser Verstand erkennt nur die Materie. Was wir mit dem Herzen wahrnehmen kommt aus dem Himmel. Den Himmel und die Liebe muss man nicht verstehen. Man kann es nur mit dem Herzen fühlen.

Was wir mit dem Kopf verstehen, kommt aus den Ebenen des Egoverstandes. Der Mensch entscheidet sich, zu welcher Ebene er gehören möchte und zeigt somit, wessen Geistes Kind er ist. Sieht er mit dem Herzen in Liebe, oder mit dem Verstand in Angst?

In der Todesstunde hilft uns die Liebe und die himmlische Ebene, in der unsere Seele überlebt. Selbst, wenn ein Körper verfällt und stirbt, der Geist und die Seele leben in der Ewigkeit weiter.

Ich habe jetzt während der Krankheit den Himmel und das Jenseits gesehen, hatte Kontakt mit Gott, mit Christus und mit Menschen, die bereits im Jenseits sind. Und das war kein Hirngespinst (mein Hirn war nicht in Funktion), das war reale Wahrnehmung, die im Herzen gefühlt realistisch war. Es war realistischer als die weltliche Ebene erscheint.

Im Himmel gibt es nur Liebe. Alles was dann noch zählt ist rückblickend auf das gelebte Leben, die Liebe, die gelebt wurde. Alles, was im weltlichen Leben so wichtig genommen wird, verliert in der Todesstunde an Bedeutung. Zahlen auf Zeugnissen und in Sparbüchern, Häuser, materieller Besitz ist dann eine Last. Diese Last verstopft die Seele, die nur die Liebe braucht.

Wir haben als Menschen einen freien Willen und können mit unserem Geist die Entscheidung treffen.

Jeder darf sich entscheiden für Himmel und Liebe oder auch für Pessimismus und Angst. Gesund werden wir sicher nicht durch Angst und pessimistische Gedanken.

Ich entscheide mich für den Himmel, den ich in meinem Herzen fühle und den ich immer durch meine Herzenstür besuchen kann. Dort treffe ich meine innere Weisheit, die mir Kraft und Zuversicht schenkt. Ich weiß, diese finstere Zeit geht vorbei und dann kann ich wieder laufen, wohin meine Seele laufen will.

Meine Seele wohnt jetzt in einem Körper, der noch an Krankheitsfolgen eingeschränkt leidet. Doch meine Seele sieht weiter. Es hat alles einen Sinn, nichts geschieht einfach ohne Grund. Meine Weisheit führt mich in den Wandel von Krankheit in Gesundheit und meine Seele erfährt welche Medizin dabei wirklich hilft.

Die beste Medizin ist die Liebe

Es tut gut und ist schön, wenn man Liebe fühlt und geschenkt bekommt. In einer lieblosen Umwelt wird man nicht gesund.

Doch das Gefühl, welches die positive Energie in uns erwecken lässt, ist das, wo wir selbst in Liebe waren und Liebe geschenkt haben. Diese hohen Gefühle führen direkt in Gesundheit. Dann ist Liebe die beste Medizin.

Ich gehe in meiner Erinnerung immer wieder in Situationen, in denen ich in Liebe war. Das macht mir hohe und gute Gefühle, die mich zuversichtlich und kräftig Gesundheit bringen.

Ich erinnere mich an meine Liebe, die ich als Mutter zu meinem Sohn empfinde. Ich erinnere mich an meine erste, große Liebe. Ich erinnere mich an die Liebe, die ich fühlte, als ich als Krankenschwester meinen Dienst antrat. Ich erinnere mich an meine Liebe, die ich zu meinen Patienten als Heilpraktikerin fühlte. Ich erinnere mich an die Hingabe und Liebe, die ich fühlte, als ich meine Eltern in ihrer Krankheit und letzten Lebenszeit pflegte und begleiten durfte. Ich erinnere mich an die Liebe, die ich fühlte in meiner ehrenamtlichen Hospizarbeit.

All die Liebe ist in meiner inneren Seelenschatztruhe in meinem Himmel und gibt mir jetzt selbst Kraft. Die Kraft, die ich zur Heilung brauche, kommt aus meinem persönlichen Himmel, aus der Tiefe meiner Seele. Es gibt keine bessere Medizin.

Es geht dabei nicht darum, mit positiven Gedanken Heilung zu bewirken. Es geht darum mit Liebe zu heilen und Liebe zu fühlen. Ich erinnere mich immer wieder an die Liebe, die ich in meinem Leben fühlen durfte und lasse in mir Liebe groß werden und strömen. Ich nehme nun meine Liebe und lasse sie zu der Frau fließen, die ich jetzt bin.

Ich bin die Frau im Rollstuhl, die nicht laufen kann. Ich bin auch die Frau in Liebe. Durch diese Liebe werde ich die

Heilerin erwecken. Diese Heilerin kann mit ihrer Liebe, die sie für die Frau im Rollstuhl empfindet, die kranke Frau heilen.

Ich habe überlebt.
Und jetzt will ich wieder leben. Ich brauche die liebende Heilerin, die mich heilt, sie ist in mir. Früher haben mir oft als Heilpraktikerin Patienten gesagt, ich hätte heilende Hände. Nun brauche ich diese heilenden Kräfte für mich selbst, um mich selbst zu heilen. Ich lerne gerade, dass die wichtigste Heilkraft die Liebe ist. Wenn ich mit meinem Ergotherapeuten stehe, muss er mich kaum noch halten, sagt er. Die Liebe gibt mir Kraft.
Ich habe ein Bild gemalt. Ein aufrecht stehender Baum, tiefe Wurzeln führen in die Liebe, in ein Herz, Äste erheben Herzen, als Symbol für die Liebe und die Krone enthält ein großes Herz. Die Krone steht für die Zukunft. Ich erinnere mich an Liebe und ziehe mit meinen Wurzeln daraus Kraft, richte mich mit der Liebe wieder auf und erschaffe Liebe in meiner Zukunft. Ich habe überlebt, nun will ich leben.

Vision

Jedes Vorhaben, jedes Projekt braucht eine Vision. Nur durch große Visionen wird Neues erschaffen. Es reicht nicht zu überleben und dafür dankbar zu sein.
Ich will natürlich wieder laufen können, um mich aus Abhängigkeiten zu lösen. Doch auch das allein reicht noch nicht. Ich will jetzt endlich die alte Frau werden, die ich mir als junge Frau erträumte im Alter zu sein. Als junge Frau stellte ich mir vor: Wenn ich alt bin, lasse ich mein Haar im natürlichen Weiß erstrahlen, trage bunte Kleider und lebe, tanze und liebe wild. Jetzt sitze ich im Rollstuhl und muss mit meinen Einschränkungen leben. Das tue ich. Ich nehme mein Schicksal an. Doch die Vision meiner jungen Frau ist nicht gestorben. Ich lasse die Vision wieder lebendig

werden, sie ist in meinem persönlichen Himmel schon wahr. Ich sehe mich schon laufen und tanzen. Ich sehe mich in meiner Liebe, bin glücklich und völlig gesund. Egal, was andere denken oder sagen, ich lebe mein Leben und mache mein Ding. In meinem persönlichen Himmel lebt mein persönliches, göttliches Prinzip.

Namaste

Mit Namaste begrüßen sich unsere Brüder und Schwestern in Indien. Das heißt: „Der Gott in mir grüßt den Gott in dir."

„Grüß Gott" sagt man im deutschen Bayern. In der Bibel steht, Gott hat den Menschen nach seinem Ebenbild erschaffen. Ich habe erfahren, in jedem persönlichen Himmel gibt es einen persönlichen, göttlichen Kern. In jedem Wesen lebt Gott. Wenn wir Gott in jedem Menschen erkennen, erkennen wir Liebe und Licht, dem wir mit Respekt und in Würde begegnen. Gott lebt in jedem Leben und erschafft das Leben, das unserer Seele entspricht. Es geht nicht darum, zu bekommen, was wir wollen. Es geht darum, das zu bekommen, was unsere Seele braucht. Denn dafür leben wir; Die Seele will sich erfahren. Selbsterfahrung ist das, was die Seele erfahren will. Ich habe in meinem Schicksal erfahren:

Liebe ist die wichtigste Medizin.
Der Himmel ist in unserem Herzen.
Den Himmel erreichen wir durch unsere Herzenstür.
Jeder hat auch seinen persönlichen Himmel.
In jedem persönlichen Himmel ist ein Heiland, ein Gott, eine Weisheit und eine Führung.
Der Tod ist nicht das Ende.
Der Tod ist der Wandel von der Zeit in die Ewigkeit.
Die Seele geht durch die Zeit von Ewigkeit zu Ewigkeit.

Die wichtigsten Erkenntnisse aus dem Himmel

1. Der Himmel ist nah.
2. Das Jenseits ist da, wo auch das Diesseits ist.
3. Wir überwinden die Sphären mit dem Herzen.
4. Die geistige Ebene nehmen wir mit dem Herzen wahr.
5. Der Tod ist nicht das Ende, er ist ein Übergang in eine andere Existenz.
6. Angst ist das Instrument der Dunkelheit, sie braucht Kontrolle.
7. Liebe kommt von Gott und hat Vertrauen.
8. Auch verstorbene Menschen, die im Jenseits sind, können Kontakt zu uns herstellen und uns mit ihren Fähigkeiten helfen.

Das Leben als Schule

Viele glauben, wir leben, um zu lernen. Doch wir leben, weil unsere Seele sich erfahren und ausdrücken will. Der Gott in uns will sich im Leben erschaffen. Oft verbreitet ist die Annahme, wir müssen besonders tapfer, demütig oder aufopfernd sein, um in den Himmel zu kommen. Ich habe in meinem Schicksal erfahren, wir kommen nicht durch besondere Leistungen in den Himmel. Die leistungsorientierte Form hat der materiell denkende Mensch allein in seinem Egoverstand erschaffen, um Macht, Kontrolle, Besitz und Gier über das göttliche Prinzip der Liebe zu stellen und damit das Ego zu befriedigen.

Der Weg in den Himmel

Wir müssen keine besondere Leistung erbringen, um in den Himmel zu kommen. Wir leben im Himmel. Wir kommen in den Himmel durch die Tür in unserem Herzen. Himmel und Hölle sind keine Orte.

Himmel oder Hölle sind Geistesentscheidungen.

Wer sich für den Himmel entscheidet wird Gott in sich finden.
Wer keine Liebe lebt, lebt in seiner Hölle.

Inspirationen

Ich habe selbst in meinem Leben Menschen auf ihrer spirituellen Suche gesehen und beobachtet. Manche bildeten sich ein, erleuchtet zu sein. Doch bei genauerer Betrachtung waren da lebensfremde Suchende, die fern des Lebens etwas finden wollten und nichts fanden.
Die spirituellsten Erfahrungen sammeln wir im Leben. Ich bin mit spirituellen Dingen vertraut und habe einiges erlebt. Reiki, Schamanismus. Die größte und wichtigste spirituelle Erfahrung und Erkenntnis habe ich während und nach einem schweren Schlaganfall gemacht. Menschlich bin ich durch ein finsteres Tal aus Leid und Schmerz gegangen. Doch geistig und seelisch habe ich die spirituellste Erfahrung meines Lebens gesammelt.
Diese Erfahrung war hart, aber sie hat mich reich gemacht.

Wahrer Reichtum

Schade, dass so viele immer noch als Reichtum materiellen Besitz anerkennen und inneren Reichtum unbeachtet liegen lassen. Der innere Reichtum sind die Schätze, die wir in unserem persönlichen Himmel haben.
Die Liebe und das lebendige Leben, Freude und Glückseligkeit bringen uns den wahren Reichtum. Das nehmen wir in unserer Seele mit, unser Sparbuch bleibt auf der Erde. Alle materiellen Güter, die angesammelt werden sind in der Todesstunde nicht mehr wichtig. Auch unser körperliches Leben geht zu Ende. Doch das geistige und seelische Leben geht weiter.

Es ist sinnvoller, sich mehr um den Seelenfrieden zu bemühen, als um Geld, Haus, Hof und Garten. Es ist wertvoller, den Weg der Seele, den Herzensweg zu gehen, um dann in der Todesstunde nichts bereuen zu müssen.

Wenn wir in der Todesstunde zurück blicken, können wir nichts mehr ändern. Dann müssen unsere Erben unseren materiellen Überfluss entsorgen, und geistigen Reichtum können wir nicht mehr auffüllen.

Alle verpassten Chancen können wir nicht mehr nachholen. Es bleibt uns nur noch zu bereuen. Das kann bitter sein, wenn es kein zurück mehr gibt und viel verpasste Momente. Deshalb sollte man vorwärts möglichst so leben, dass es rückwärts schauend zufrieden sein lässt.

Ich will leben, und ich gebe mich dem Leben hin. Daraus allein entsteht reicher Gewinn. Erreichen kann sein, dass man reich ist im Herzen. Wer reich im Herzen und in seiner Seele ist, hat sein Leben erfüllt. Wer reich an materiellen Gütern ist oft im Herzen leer geblieben. In der Todesstunde hilft uns nur der Reichtum im Herzen. Blumen blühen für das Leben. Auf den Gräbern gibt's nichts mehr zu geben, was man im Leben hat versäumt.

Dinge klären

Keiner von uns weiß, wann die Todesstunde kommt und wir rückblickend feststellen müssen, was wir bereuen oder versäumt haben. Ich stand am Ende meines Lebens und durfte wieder ins Leben zurück. Nun ist es mir besonders wichtig, meine Dinge zu klären, bei denen ich dringend Klärungsbedürfnis verspüre.

Genauso kann es sein, dass ein guter Freund und Lebensbegleiter plötzlich auf die andere Seite des Lebens geht und es bleibt etwas ungeklärt und ungesagt. Dann schaffen es auch nicht die Blumen auf dem Grab. Dann haben wir etwas versäumt, was wir vielleicht irgendwann bereuen. Ich habe aus dieser Erkenntnis für mich beschlossen, was mir am Herzen liegt nicht mehr zu verschieben, sondern es möglichst bald zu erledigen.

Das ist meine Botschaft auch an meine lieben Mitmenschen: Schweigt nicht mehr. Sagt, was euch wichtig und wertvoll ist. Sagt es den Menschen, den ihr vermisst, was er euch bedeutet. Achtet darauf, dass ihr eure Zeit nicht mehr für falschen Reichtum verschwendet.

Wenn erst kommt das Ende, kann es zu spät sein.
Drum sollte die Geisteswende besser im Leben sein.

Ich bin sehr dankbar für die Erkenntnis und für die geistige Wende. Jetzt achte ich darauf, dass ich vor dem Ende mein Leben nicht mehr verschwende.

Tun, was wichtig ist

1. Wichtig ist, sich für einige Zeit selbst zu entschleunigen und den hektischen Alltag nicht mit zu leben, sondern ihm so gut es geht zu entkommen.

2. In der Ruhe und Stille finden wir die Dinge, die wichtig sind.

3. Ich bin durch die Folgen des Schlaganfalles halbseitig gelähmt. Mein Leben steht still. Während ich vor der Krankheit ständig viele Dinge zu tun hatte, bin ich jetzt in eine Ruhe, Stille und Bewegungslosigkeit gezwungen.

4. Ich bin abhängig von alltäglicher Hilfe und musste viel Freiheit und meine Unabhängigkeit aufgeben. Das erlebe ich als schwer und grausam. Doch ich finde in meiner inneren Stille meinen inneren Reichtum, meine Werte. Aus diesen inneren Wahrheiten freue ich mich auf meine neue Freiheit, die sich mir dann offenbart.

5. Ich werde dann leben, meinen Herzensweg gehen. Ich werde nur noch Dinge zur Freude und Liebe tun.

Freiheit

Wie wichtig manche Dinge im Leben sind, begreift man erst, wenn man sie nicht mehr hat. Einfach morgens aufstehen, seinen Körper zu waschen, zur Toilette gehen. Einfach das Seine selbstbestimmt in die Hand zu nehmen ist selbstverständlich für die meisten Menschen. Ich erlebe jetzt, dass es nicht selbstverständlich ist. Kranksein und dadurch bedingt Hilfe zu benötigen, bedeutet auch Freiheitsverlust. Der Kranke gerät schnell in die Abhängigkeit von Hilfspersonen und gibt seine Macht an andere ab.

Freiheit ist wesentliche Voraussetzung für ein Leben in Selbständigkeit und Selbstbestimmung. So entscheidet man als Kranker nicht mehr allein über einen möglichen Toilettengang, wofür sich ein gesunder, unabhängiger Mensch nicht rechtfertigen muss, er tut es einfach, wenn er den Drang dazu verspürt. Wie wichtig Freiheit und Selbstbestimmung sind, wird mir jetzt immer mehr gezeigt und bewusst.

Umso mehr sehne ich mich nach Heilung. Ich möchte wieder eigenmächtig, selbstbestimmt und frei leben.

Die Freiheit im Bereich der grundlegenden Lebensbedürfnisse ist die Voraussetzung der Seele Ausdruck zu geben. Selbstausdruck der Seele ist die höchste Sinnerfüllung, die wir im Leben erreichen können. Damit erwacht die Seele und eine eventuelle spirituell, tiefgesuchte Erleuchtung stellt sich ein.

Wie ich schon beschrieb, kann eine Seele sich durch ihre Liebe ausdrücken. Liebe ist das größte und stärkste Gefühl aller Gefühle. Durch sämtliche kreative Tätigkeiten kommt unsere Seele zum Start. Ein Buch schreiben, ein Bild malen, oder auch intuitiv nach Gefühl kochen, ohne Rezept. Wenn sich die Seele ausdrücken darf ist sie lebendig und sie erinnert sich, wozu sie im Leben ist. Das Leben wird sinnerfüllt wahrgenommen. Kreativität erhält und stärkt das Gesunde in uns.

Der persönliche Himmel lebt. Das in uns lebende Prinzip erschafft sich im Leben. Der innere Heiler erwacht zur Heilung. Unser persönlicher Himmel tritt in Aktion.

Viele Kureinrichtungen und Therapien beziehen die Kunst als Therapie mit ein, in der der Patient einen Raum erhält, in dem er sich selbst künstlerisch ausdrücken kann. In diesem kreativen, schöpferischen Vorgang wird vieles in der geistigen Ebene noch besser integriert werden. Der Mensch arbeitet mit seinem Geist weiter, sammelt neue Erkenntnisse und integriert sie in sich oder lässt sie im Außen. Durch Kreativität und ihren Ausdruck integriert der Geist eine Erkenntnis in seiner Seele, in seinem persönlichen Himmel. So wird diese Erkenntnis Teil des inneren Reichtums. Kreativität verhilft uns wie die Liebe zu innerem Reichtum.

Genießen macht glücklich

Genuss beschert uns Glücksgefühle, und wer nicht genießt, wird ungenießbar. Wer auf Erden in seinem inneren Himmel lebt, darf genießen.

Krankheiten und Diagnosen werden aus der Angst geboren. Wer ständig auf Genuss aus Angst um die Gesundheit verzichtet, wird wahrscheinlich krank, weil er frustriert und ungenießbar ist. Mit der ganzen Liebe aus dem Herzen des persönlichen Himmels bleiben und werden wir gesund. Angst, Frust, Lebensunlust und Pessimismus machen krank.

Im Himmel gibt es keine Krankheiten, nur Gesundheit. Vielleicht auch deshalb, weil im Himmel alles genossen wird, ohne Angst um die Gesundheit zu haben. Auf der Erde, im Leben gibt es bei vielen Genüssen immer den lästigen Beigeschmack, dass es nicht gut und gesundheitsschädlich sei. Wessen Geistes Kind ist die Angst? Sie ist ein geistiges Kind der Dunkelheit.

Eine Freundin hatte einen Tumor. Sie wollte trotzdem unbedingt immer rauchen. Eine kleine Angst saß ihr jedoch dabei immer im Nacken, deshalb fragte sie ihren Arzt, der ihr riet, sie solle das tun, was ihr gut tut und womit sie sich wohl fühlt. Das ist ein sehr weiser Rat, denn, wenn sie genießt, ist sie glücklich und glückliche Menschen bleiben oder werden schneller wieder gesund. Wer sich sämtliche Genüsse aus Angst vor Krankheit untersagt, wird erst recht krank, schon allein aus Angst.

Gesundheit braucht Glück und Freude

Viele behaupten: nur ein gesunder Mensch kann Freude und Glück empfinden. Dem möchte ich ganz klar widersprechen. Trotz der schweren Krankheit, die mich belastet, empfinde ich Glück und Freude. Ich freue mich über wertvolle Begegnungen, gute Gespräche. Ich liebe den Genuss von guten Speisen und Getränken. Es macht mir Freude zu malen oder zu basteln, eine Freundin und mein Sohn helfen mir oft dabei. Es macht mir Freude mit den Ergotherapeuten bei den Stehübungen meine Beine wieder zu fühlen. Ich bin glücklich im warmen Thermalwasser zu schweben. Es beglückt mich, mir gute Gefühle aus meiner inneren Schatztruhe in die Gegenwart zu holen und mir von ihnen ein Lächeln zaubern zu lassen. Das alles macht mich glücklich und macht mir Freude. Auch in finsteren Stunden gibt es Freuden und Glücksmomente. Auch in schwerer Krankheit kann ich glücklich sein und Freude empfinden. Das sage ich nicht, während der Rücken zwickt, sondern während ich an einer halbseitigen Körperlähmung nach einer Gehirnblutung leide. Trotz der starken Einschränkungen bin ich voller Zuversicht und Hoffnung, dass ich mich wieder bewegen und laufen kann.

Vorfreude auf Dinge, die ich irgendwann wieder erleben darf, machen mich glücklich. Ich freue mich sehr darauf meine geliebte Nordsee wieder zu sehen und zu riechen. Ich freue mich sehr auf die Wiedersehen mit meinem Sohn, auf Zeit mit ihm und auf alles, was wir noch gemeinsam tun und erleben, wie Buchlesungen, die mein Sohn mit seiner kreativen Musik untermalt und somit wunderbar unterstützt.

Mein Sohn hat ein Projekt ins Leben gerufen, mit dem Namen „Die Geschichte vom Machen und dem Meer" (Wer möchte kann sich auf der Internetseite www.makeandsea.de genauer informieren.) Er hilft Menschen, die durch eine Behinderung weniger Möglichkeiten haben, verschiedene Dinge zu erleben, einen Wunsch erfüllen. Zum Beispiel eine Fahrt ans Meer oder ein Vortrag. Das alles begleitet mein Sohn, als leidenschaftlicher Filmemacher mit seiner Kamera, und dabei entsteht ein Kinofilm, in dem es nicht nur um Reisereportage geht, sondern hauptsächlich um die Menschen, deren Geschichten und ihr Sein. Freundinnen und Kolleginnen, mit denen ich früher als Krankenschwester zusammen gearbeitet habe, haben meinem Sohn ihre Hilfe angeboten. Respekt vor allen, die ohne Frage nach Lohn, einfach, weil Bedürftige Hilfe brauchen, ihren Einsatz bringen, und somit ein Stück von sich dem Leben schenken.

Ich arbeite selbst ehrenamtlich im ambulanten Hospiz. Es ist eine große Bereicherung, die Freude und Dankbarkeit der Menschen zu sehen, denen man ein Stück von sich schenken durfte, ein Stück Zeit, ein Stück Zuhören, ein Stück Verstehen und Mitgefühl. Es bedarf nicht viel, was erkrankte Menschen brauchen.

Jetzt erfahre ich es selbst aus der Situation des Kranken. Ein bisschen Zeit für Gemeinsamkeit ist das größte Geschenk für einen Menschen, der allein viele Stunden nur mit seiner Krankheit verbringt. Meine Freundin, die mich regelmäßig besucht und mit mir gemeinsam malt, sagt mir, es tut ihr gut, bei mir zu sein.

Eine andere Freundin sagte mir nach meiner Buchlesung, dass es sehr schön war und die Worte hätten sie tief berührt. Sie brachte mir ein Lied mit: „Du bist ein Segen, ein Segen bist du." Das hat mich tief berührt.

Ich habe eine Freundin, die an den Folgen eines Hirntumors verstorben ist zwei Mal im Hospiz besucht. Mein Mann hat mich im Rollstuhl zu ihr gefahren. So konnten wir noch einmal unsere Hände halten und einfach beisammen sein, unsere Zuneigung und Liebe fühlen. Ich bin sehr dankbar für diese Momente. Inzwischen ist meine Freundin ins Jenseits gegangen. Ich bin dankbar, dass ich noch einmal hier auf der Erde bei ihr sein durfte, sie lächeln sah und ihre zarte Hand spüren durfte. Wir können uns nur im Leben auf der Erde fühlen und berühren. Deshalb sollten wir es tun. Ein zärtliches Streicheln im Leben ist mehr Wert, als üppige Blumen auf den Gräbern.

Das Leben ist nicht bequem

Wir reifen und wachsen vor allem an den Dingen, die von uns einiges fordern und abverlangen. Das Leben ist nicht bequem. Doch wer sein Leben annimmt und Schwierigkeiten als Herausforderung betrachtet, wird nicht an ihnen brechen. Er wird sie meistern und inneren Reichtum ernten. Wir haben die Wahl: Wir können verzweifeln und uns wehren. Doch wird es davon auch nicht besser. Wir können unser Leben annehmen und aus der Kraft im persönlichen Himmel mit Liebe der Wandlung vertrauen.

Ich habe mich als zuversichtlicher Optimist für die zweite Variante entschieden. Ich weiß, dass Liebe heilen wird. Das Leben selbst ist in ständigem Fluss der Wandlung. Nichts bleibt für immer.

Die Lähmung meiner linken Seite, die mich in Stillstand und Bewegungslosigkeit zwingt wird irgendwann wieder in Bewegung gehen. So, wie nach der Ebbe die Flut kommt, kommt nach Stillstand wieder Bewegung.

Herz oder Kopf

Wir entscheiden uns im Leben oft zwischen der Stimme und dem Fühlen im Herzen und dem Verstand im Kopf. Viele behaupten, der Kopf sei der wichtigere Teil und sei realistisch. Meine Erfahrung ist, dass die Herzensentscheidungen richtiger sind. Auf meinem Himmelstrip durfte ich erkennen, dass die Stimme im Herzen die Stimme Gottes und der himmlischen Mächte und die Stimme unserer Seele ist. Das, was wir hier im Leben wirklich wollen, wissen wir nur im Herzen. Im Kopf denken wir mit unserem Verstand, der vom Ego gesteuert ist. Oft will der Kopf etwas anderes als das Herz. Gewinnen wird der, dem wir die Aufmerksamkeit schenken.

Rückblickend auf mein Leben stelle ich fest, dass meine Herzensentscheidungen immer die besten waren. Wo der Kopf gewann, bin ich nicht wirklich glücklich geworden. Der Kopf legt sich die Dinge so zurecht, dass es passend erscheint und vielleicht Nutzen daraus zieht. Das Herz entscheidet fühlend in Liebe. Der Kopf braucht Bedingungen. Das Herz liebt bedingungslos.

Herz zu Herz

Mit den himmlischen Sphären sind wir über unser Herz im Kontakt. Wir senden und empfangen die Informationen mit dem Herzen. Wir sehen, hören und reden mit dem Herzen. Das können wir auch hier in unserer weltlichen Ebene. Mit dem Herzen hören wir Dinge, die wir mit dem Verstand nie hören würden. Und gerade diese

Informationen sind wichtig. Durch den Verstand würden wir sie nie erhalten.

Über die Kommunikation mit dem Herzen, erfahren wir, wie es einem anderen geht. Ich habe immer schon oft mit dem Herzen gehört und den anderen dann dazu befragt, ob es für ihn sich richtig anfühlt. Oft kam dann die Gegenfrage: „Woher weißt du das?" Gerade im Umgang mit Kranken oder Sterbenden ist die Herzkommunikation ein kostbarer Schatz. Manche Menschen können die Herzkommunikation einfach aus sich heraus.

Ich erlebe das oft mit meinen Krankenschwestern vom Pflegedienst und mit meinen Therapeuten, manche wissen einfach, wie es mir geht, ohne etwas zu sagen. Ähnlich ist es mit Besuchern. Manche wissen, wie es mir geht und was ich brauche. Über die Herzkommunikation kommt es nicht zu Missverständnissen. Missverständnisse entstehen durch den Verstand, der alles besser wissen will, und die Informationen nach seinen Maßstäben bewertet und beurteilt.

Unser Schulsystem bewertet und beurteilt nach den Maßstäben, die Verstände einst festgelegt haben, ohne zu wissen, was die kleinen Menschenkinder wirklich brauchen. Brauchen sie wirklich mathematische Formeln in allen Details? Im Augenblick des Todes geht es darum, was unsere Seele erlebt hat. Es interessiert kein Schulzeugnis. Es interessiert das Leben. War es in Freude, in Seelenfrieden?

Freude ist der Weg des Herzens und der Seele. Weisheit ist in der Seele. Dagegen ist Wissen des Verstandes wertloser Kleinkram. Wer muss schon in Ratesendungen alles mit erraten? Warum und wofür? Intelligenz mit dem Herzen ist wertvoller als die des Wissens. Die, die sich in ihrem Geist für den Himmel entschieden haben, sehen und fühlen mit dem Herzen. Wir brauchen viel mehr die herzlichen Menschen, die geistigen Himmelskinder. Sie sind die

wahren Mitmenschen, die Helfer, die von Gott gesandten.
Sie schenken dem Leben ein Gedicht:

Wir brauchen mehr Himmelskinder

Himmelskinder sind ein hohes Gut,
verringern auf der Erde Leid und Not.
Wir brauchen nicht die, die Wissen erschaffen,
an Lobbyisten verpachten,
was nur den Geldmachern dient.
Schlechtes Spiel wird
grinsend gemiemt
und verharmlost dargestellt.
Oh, ist das ne arme Welt.
Wir brauchen mehr die Himmelskinder,
die in Güte seienden,
sonst wird die Welt ein langer Winter
mit kalten Herzen
glaubenslos,
ohne Trost.
Die Herzlichen,
die wir erkennen und wissen, wessen Geistes Kind sie sind,
werden siegen,
weil sie können lieben.
Den Herzlichen unterm Himmelszelt
gehört schon bald die Welt.
Sie gieren nicht nach Ruhm und Geld.
Sie sind sich bewusst der Vergänglichkeit der Zeit
und leben immer in der Ewigkeit.

Im Himmel gibt es keine Zeit

Die Zeit existiert auf der Erde und dient als Parameter, um
Ereignisse festzulegen. In den geistigen Ebenen gibt es
keine Zeit, denn alles ist immer da. Alles, was ist, ist. Alles,
was ist, sollte in Licht und Liebe sein, getragen in Ewigkeit.

Wir kommen aus der geistigen Welt und kehren wieder in diese ein. So leben wir von Zeit zu Zeit in der Ewigkeit.

Auch hier wird uns bestätigt, dass der Tod kein Ende ist, sondern eine Verwandlung, von der Zeit in die Ewigkeit, vom Hier ins Jenseits, wir wandeln nur das Kleid.

Das irdische Kleid legen wir ab und sind im geistigen Kleid. Was wir im irdischen Kleid lernten, nehmen wir mit ins geistige Kleid und tragen es in unserer Seele. Was wir in einem irdischen Leben lernten, können wir leichter in einem weiteren irdischen Leben anwenden, falls das in den Lebensplan passt. So gibt es verschiedene Seelen, benannt nach dem, was sie schon erkannt haben und in sich tragen. Es gibt die Priesterseele, die Helferseele, die Lehrerseele und die Heilerseele. In einem nächsten irdischen Leben lernen diese Grundseelen immer noch etwas hinzu, übernehmen dabei aber ihre Grundaufgabe, zum Beispiel lernt eine Priesterseele vielleicht mit dem Herzen zu sehen, wobei der Mensch ein Priester ist.

Hilfe während der Inkarnation aus der geistigen Welt

Gott hat seinen Engeln befohlen über uns zu wachen, uns zu beschützen (Bibel, Matthäus Evangelium), so hat jedes geistige Wesen, das sich auf der Erde inkarniert, seine Begleiter in der geistigen Welt, die ihm zur Verfügung stehen.

Während ich durch die Krankheit in Todesnähe Kontakt in die himmlischen Sphären hatte, wurde mir gezeigt, jedes Wesen hat seine persönlichen Engel und geistigen Mächte, und natürlich auch den Kontakt zu Erzengeln, Christus und zu unserem allmächtigen Gott.

Auch im Leben können wir zu diesen Kräften Verbindung herstellen, um Informationen und Hilfe zu erhalten. Die kosmischen Energien helfen gern, wenn wir sie darum bitten. Bittet und es wird euch aufgetan (Bibel). Wir Menschen mischen uns oft ins Leben unserer Mitmenschen ein, erteilen gern auch ungefragt Rat, unsere Ratschläge, die dann oft wie Schläge wirken.

Die geistigen Mächte mischen sich nicht in unser Leben ein, sie helfen und greifen ein, wenn wir sie bitten. Unser Bitten wird erhört und wir erhalten Antwort, sehr oft in Formen von Botschaften, die uns Menschen überbringen, oder die wir in einem Buch lesen, oder wir empfangen die Botschaft direkt, indem uns klar ein Gedanke kommt.

Ich wünsche mir sehr, dass ich wieder laufen kann, um mich wieder aus den Abhängigkeiten von Pflegepersonen zu lösen und wieder ein selbständiges Leben zu führen. Darum bitte ich die himmlischen Mächte und ich fühle ganz tief und fest in mir, dass das so sein wird. Auch meine Therapeuten sind davon überzeugt, dass ich wieder laufen werde. Ich glaube fest daran und vertraue den Botschaften aus der himmlischen Ebene.

Der himmlische Clan

Jeder inkarnierte Mensch hat seinen persönlichen kosmischen Clan. Dazu gehört der Schutzengel, der Führungsengel, oder der Führungsgeist, der Lehrengel. Jede Beziehung, Verbindung, ob freundschaftlich oder beruflich hat ebenfalls einen betreuenden, himmlischen Clan.

So gibt es den kosmischen Clan einer Familie, einer Freundschaft, eines Kollektivs, eines Vereins, eines Clubs, usw. Auch da gibt es den Schutzengel, der die Beziehung schützt und behütet, es gibt den Führungsgeist, der die Verbindung oder Gruppe führt, es gibt den Lehrengel, der über den Lebensaufgaben und zu lernenden Erkenntnissen wacht.

Christus in uns

Jesus Christus hat als Mensch gelebt, wurde von einem Freund verraten, er starb am Kreuz und ist als Christus in die geistige Welt als geistiges Wesen auferstanden. Er lebt in der himmlischen Sphäre ganz nah beim allmächtigen Gott. Im Glaubensbekenntnis der Kirche heißt es: „von dort wir der kommen[…]". Nach meinen Erfahrungen muss er nicht kommen, denn er ist da, uns wie der Himmel nah. Christus lebt im Himmel direkt bei und mit uns. Er ist unser Heiland und hilft uns in unserer Not, wenn wir ihn bitten. Er hat uns gezeigt, was Leben ist, sein Kreuz zu tragen, sich fallen zu lassen in Gottes tragende Hände, um mit seiner Gnade und seinem Segen, wenn es so weit ist aufzuerstehen. Als Jesus gestorben, durch den Tod gegangen, als Christus auferstanden. Christus ist da und er ist in uns, in unserem Herzen heißt, dass ein Teil in uns sterben muss, um zum Christus zu werden.

Der Christus,
ist der in uns Seiende,
der in uns lebendigen Form der himmlischen Liebe,
die wir im und mit dem Herzen fühlen.
Christus in uns
ist unser Licht,
lässt uns leuchten,
zeigt unser wahres Gesicht.
Christus in uns
zeigt, dass auch wir sind ein himmlisches Kind,
das nur bringt den Himmel auf Erden.
So wird ein wahrer Mensch er werden.

Das himmlische Kind trägt sein Christuslicht
wie eine Kerze im Wind.
Das Licht auszublasen gelingt dem Wind nicht.

Das Christuslicht ist stark, denn es besteht aus wahrhaftiger Liebe und wahrhaftigen Seins,
gekommen und behütet aus und in Gottes Hand.
Das Christuslicht erhellt jeden Raum und strahlt durch jede Wand.
Es leuchtet und entlarvt jeden trügerischen Schein.
Das Licht der Wahrheit leuchtet uns den Weg heim.
du bringst ein
Stück vom Himmel auf Erden.

Die Herzlichen

Menschen, die mit dem Herzen sehen und hören, mit dem Herzen sprechen, also mit dem Herzen kommunizieren, verbinden alles, was sie von sich geben mit ihrem inneren Licht. Das nehmen die anderen wahr und bezeichnen diese Menschen als herzlich. Die Herzlichen bringen die Güte aus ihrem Herzen mit in das Leben.

In jedem von uns ist das Christuslicht angelegt, wenn es der einzelne entdeckt, darf es in ihm auferstehen. Das Licht entdecken viele in Lebenskrisen, zum Beispiel: während einer schweren Krankheit, während wir in Todesnähe geraten, oder auch nach dem Verlust eines nahestehenden Menschen. Diese Schicksalsschläge, so schwer sie auch sind, machen es oft möglich, das innere Christuslicht zu entdecken, und mit dem Herzen und den himmlischen Sphären zu kommunizieren.

In Hörsälen von Universitäten oder in verstaubten Kirchenbänken finden wir es nicht. Es ist nicht mit dem Verstand zu erfassen. Um mit den himmlischen Sphären in Kontakt zu treten, muss der Verstand zur Ruhe kommen und das Herz empfängt und redet.

Selbst wissenschaftliche Kardiologen haben eine fünfte Herzkammer entdeckt, die sie nicht wirklich erklären können. In der Naturheilkunde dient der Weißdorn als herzstärkende Pflanze, die dem Herz Kraft gibt und sanft den Blutdruck reguliert. Das Kreuz, an dem Jesus starb, war aus dem Holz des Weißdorn (aus „Weißdorn")

Nach der Kreuzigung ist Christus auferstanden und lebt im Himmel, von dort kommt er und ist für uns da, wenn wir ihn brauchen und bitten. Er füllt unsere Herzen mit seiner Liebe und seinem Licht.

Wer sich in seinem Glauben zu Christus bekennt, kommt dem Christuslicht sehr nah. Christus ist für uns die Brücke zum allmächtigen Vater, unseren Gott im Himmel.

„Wenn es Gott gibt, warum lässt er dann überhaupt Unheil geschehen?", argumentieren viele, die nicht an die himmlischen Sphären und deren Existenz glauben und Zweifel aufbringen wollen. Gott ist nicht dafür da, um uns vor unseren Lernaufgaben zu schützen.

Vielleicht müssen wir eine Krankheit oder einen Verlust erleben, um unser Christuslicht zu entdecken oder eine wichtige Erkenntnis zu gewinnen. Zu allem, was wir erleben haben wir einst, während unserer Lebensplanung „ Ja" gesagt.

Im Leben ist es dann oft schwer, aber Gott kann nichts dafür, er lässt nur geschehen, was wir einst gemeinsam geplant haben, um Licht zu erkennen und Liebe zu erkennen.

Ab und zu kommen uns auch im Leben die satanischen Kräfte dazwischen und rütteln unseren einstigen Lebensplan durcheinander, und auch da kann Gott nichts dafür.

Dann gibt es gewisse Dinge, die wir aus früheren Leben wieder ausgleichen möchten, oder wir stellen uns zur Verfügung, das ein anderer an uns etwas wieder Gut machen kann, was dann in diesem Leben wie ein Schicksalsschlag erscheint. Oder wir haben einer Seele versprochen, ihr wieder ins Licht zu helfen. Wenn wir dann mit in die Dunkelheit abtauchen, können wir den Lebensplan, über den sich die meisten nicht mal bewusst sind, nicht mehr ändern. Auch dafür kann Gott nichts. Für das Meiste tragen wir selbst die Verantwortung.

Absprachen der Seelen

Stellen wir uns vor, eine Seele hat eine andere abgelehnt, ihr damit sehr weh getan. Dann wird die Seele, der wehgetan wurde, schwer krank. Die Seele, die ihr wehgetan hat, wird ihre Pflegeperson und darf somit ein Stück von der Ablehnung und Kränkung wieder Gut machen.

Dabei soll die Kranke lernen zu vergeben, die andere darf lernen, in Liebe anzunehmen. Lernt eine von beiden ihren Teil nicht, werden sie ein weiteres Leben zusammen verbringen und in neuen Situationen ihre Lernaufgaben vielleicht erfüllen.

Eine andere Möglichkeit ist, dass zwei Seelen, die in tiefer Liebe miteinander verbunden sind, einen gemeinsamen Lebensplan erstellen. Sie inkarnieren als Mann und Frau und diese Verbindung wird bereits im Himmel vom allmächtigen Gott gesegnet. Dann treffen sich die beiden im Leben und feiern Hochzeit. Sie sind in tiefer Liebe zueinander ein Paar. Sie wollten ein Stück Himmel auf die Erde bringen. Im Bewusstsein im Herzen leben die Menschen, die ihrem Fühlen und den himmlischen Mächten vertrauen. Da kommt durch menschliche Herzlichkeit ein Stück vom Himmel zur Erde. Menschen, die mit ihrem Bewusstsein im Herzen leben sind die Herzlichen, die das Leben reicher machen. Es wird durch ihre Liebe, Wärme und Empathie reicher. Reich ist nicht der mit den größten Zahlen auf dem Kontoauszug. Wirklich reich ist der mit der größten Herzlichkeit.

Gedicht: Im Herzen ist der Himmel nah

Wo die Seele im Herzen, werden erträglich alle Schmerzen.

Wo die Seele bringt ihre Lebendigkeit ein,
ist ein Mensch in seinem Herzen daheim.
Wo die Seele im Leben gewinnt,
und nicht materieller Wohlstand dasselbe bestimmt,
ist die Tür zum Herzen offen.
Hier beginnt alles Hoffen.
Im Herzen ist alles, was wir brauchen da.
Im Herzen ist uns der Himmel nah.

Botschaften vom Himmel ins Leben

Wie ich bereits weiter oben erklärte, ist es uns möglich mit unserem Herzen, Botschaften aus den himmlischen Sphären zu empfangen. Wir müssen darum bitten. Im Gebet oder in Meditation ist es möglich zu himmlischen Sphären Kontakt herzustellen. Schwere Krankheiten und Nahtoderfahrungen bringen uns in geistige Ebenen.

Krankheit als Schulung für den Geist

Den Schlaganfall und deren Folgen, musste ich aushalten, das war und ist oft sehr schwer. Doch in vielen kostbaren Stunden bin ich durch eine geistige Schule gegangen. Ich durfte Einblicke in himmlische Sphären erhalten und ganz neue Erkenntnisse erzielen. Aus diesen Erkenntnissen ist auch dieses Buch entstanden. Die geistige Schulung wurde erst durch die Krankheit möglich. Irgendwann habe ich diesem Geschehen im Himmel während meiner Lebensplanung zugestimmt. Doch es ist sehr schwer, jetzt mit der Krankheit zu leben, und ich bin sehr oft in vielen Dingen an meinen absoluten Grenzen, da möchte ich einfach nur noch meine Tränen fließen lassen und alles soll anders sein.

Ich kann es nicht ändern. Ich bitte Christus, den allmächtigen Gott darum, mir beizustehen und mir Hilfe zu senden.

Gespräche mit Christus

Ich habe als Jesus mein Kreuz getragen und bin als Christus auferstanden. Auch du hast dein Kreuz in Form der Krankheit getragen und bist verwandelt in Geist und Seele, du bist ein leuchtendes Licht auf Erden und auch so, wie du mit dem schweren Schicksal umgehst, bringst du ein Stück Himmel auf Erden. Du zeigst, dass es auch die positiven Seiten gibt, die neben den schweren Seiten sind. Du jammerst nicht und bist ein Segen für die, die bei dir sind. Sie können lernen, alles mit den Augen des Herzens zu sehen. Du bist ein Segen und jetzt bist du das geworden, wozu du werden solltest", sagt Jesus und schenkt mir seinen Segen.

„Ich bitte dich, Christus, mein lieber, großer Bruder, hilf mir, dass ich von dieser Geisel der Krankheit vollständig erlöst und frei bin."

„Du brauchst diese Krankheit nicht mehr, du hast deinen Teil gelernt, lege dein Kreuz ab und gehe weiter zu deinen nächsten Aufgaben, bringe weiter den Himmel auf Erden", sagt Christus, „befehle auch du selbst der Krankheit zu gehen."

„Ich befehle dir, du Krankheit, mich jetzt komplett und in aller Konsequenz zu verlassen. Ich bin nicht mehr der Raum, in dem du verweilen sollst, ich bekenne mich zu den göttlichen und himmlischen Sphären, in mir leuchtet das Christuslicht. Ich lebe, um ein Stück vom Himmel zur Erde zu bringen."

„Sehr gut", sagt Christus und ruft Erzengel Michael, der herbeieilt und mit seinem Schwert mich von satanischen Verbindungen, die durch die Entscheidungen im Kleingeist auf der Erde entstanden sind, zu trennen.

Dann verbindet mich Erzengel Michael mit denen, mit denen ich mich im Himmel verabredet habe.

Auch im Himmel hat jeder Engel und jeder Geist seine speziellen Aufgaben. Erzengel Michael trennt uns von

Energien, die wir nicht mehr brauchen, oder die uns schaden.

Nichts wird von uns getrennt, was wir nicht erlauben, es wird nur getrennt, worum wir bitten.

Engel der Kräfte

Zu allen Energien und Kräften gibt es eine geistige Kraft und einen Engel.

Engel der Freude

Viele meinen ohne Gesundheit gäbe es keine Freude. Dem möchte ich entschieden widersprechen. Ohne Freude werden wir nicht gesund. Die Freude bringt uns Gesundheit. Wer nur missmutig und freudlos ist, kann auch nicht gesund sein.

Musizieren, Rhythmus lockern uns innerlich auf und bringen uns Freude. Das wird inzwischen auch als Therapieform genutzt. Viele Leser denken jetzt vielleicht: „Die hat gut reden." Darum möchte ich erinnern: Während ich dieses Buch schreibe, leide ich selbst an den Folgen eines Schlaganfalles, meine linke Körperhälfte ist komplett gelähmt. Ich bin nicht gerade auf der Sonnenseite des Lebens und denke mir schlaue Sätze aus. Alles über das ich hier schreibe, kommt aus meiner Erfahrung. So erlebe ich und suche auch ganz bewusst nach Momenten der Freude, trotz der Krankheit, um wieder gesund zu werden.

Es gibt auch jetzt mit der Krankheit viel Freude, z.B: dieses Buch schreiben, musizieren mit meinem Sohn, Basteln oder Malen mit meiner Freundin, interessante und liebe Menschen als Besucher empfangen, mit ihnen Gespräche zu führen, oder einfach nur beieinander zu sein.

Ich freue mich sehr über die Entwicklung meines Sohnes und über die Einstellungen im Leben, die er jetzt schon mit einundzwanzig Jahren hat. Und ich freue mich auch dabei für mich selbst, dass ich diesem wunderbaren Kind als Mutter das Leben schenken durfte und es begleiten durfte. Allen geistigen Grund, den ich in Kindertagen in dieses Gottesgeschenk gelegt habe, hat goldene Früchte getragen.

Mein Sohn läuft nicht mit der Herde mit und jagt Ruhm und Geld nach, er denkt und handelt sozial und möchte Gutes bringen, so bringt er sein Stück vom Himmel auf Erden. Als Schulkind habe ich ihm immer wieder versucht, ihm zu zeigen, dass Mitmenschlichkeit, Liebe, Empathie, Freude und Freunde viel wichtiger sind, als Einsernoten und super Leistungen. Mit besten Zeugnissen ist man nicht glücklich, aber mit guten Freunden kann man schöne und glückliche Augenblicke erleben.

Der Engel der Freude spricht: „Ich bin oft bei den Menschen und möchte sie daran erinnern, Freude zu sehen, zu fühlen und zu leben. Es gibt genügend Gründe zur Freude.

Doch viele Menschen sehen die Gründe für Freude nicht und gehen gebeugt, freudlos und sorgvoll durchs Leben. Sie wollen oft gar nicht die Freude sehen, sondern lieber ihr Unglück. Da kann ich, als Engel der Freude, nicht eingreifen. Sie müssen mich bitten oder selbst ihre Freude erkennen. Wenn ihnen das gelingt, erschaffen sie selbst einen Geist der Freude.

Der Geist der Freude

Überall wo Menschen sich freuen, erschaffen sie ein geistiges Feld der Freude. Der Geist der Freude wird immer wieder erschaffen und dieser fließt stetig in den großen Geist der Freude ein. Freude ist eine wichtige Eigenschaft, eine wichtige Grundlage und auch ein wichtiger Türöffner zu weiteren positiven Lebensbereichen.

Engel der Gesundheit

„Ihr Menschen habt in Eurer wichtigsten Organisation für die Gesundheit formuliert, dass Gesundheit die völlige Unversehrtheit an Körper, Geist und Seele heißt. Doch die Menschen haben vergessen, dass sich Krankes in einem Bereich, egal ob Körper, Seele oder Geist, auch auf die anderen Bereiche krankmachend auswirkt. Ein kranker Körper wird nicht gesund, wenn er sich vor lauter Angst, Freuden verbietet und sich so selbst gängelt, ohne seelische Freuden wird ein kranker Mensch nicht wieder gesund. Auch, wenn verschiedene Dinge gesundheitsschädigend betrachtet werden, wenn sie den kranken Menschen glückselig machen, ist es gesünder, sie sich zu gönnen, als sich selbst noch mit Verboten zu bestrafen.

Einem Menschen, der leidenschaftlich gern ein Bier trinkt, Schokolade isst oder raucht, der möchte nicht auf diesen letzten Genuss, den er empfindet, auch noch verzichten. Er hat vielleicht durch eine Krankheit schon auf so Vieles verzichtet. Der Verzicht schadet dem Menschen vielleicht oft mehr, als der weitere Genuss. Genießen macht auch den Menschen genießbar und gesund.

Geist des Genusses

Überall, wo ein Mensch oder mehrere Menschen etwas genießen, erschaffen sie den Geist des Genusses. Genießen bringt Freude und Glückseligkeit, Leichtigkeit und Zufriedenheit. Wer zufrieden ist, der kann auch gesund werden oder bleiben. Unzufriedene Menschen, die nicht genießen, werden auch selbst ungenießbar und schneller krank.

Engel der Zufriedenheit

Zu Frieden kommen wir, wenn wir mit uns selbst und mit uns und mit unserer Umwelt im Frieden sind. Das heißt, wir respektieren das, was ist, wie es ist. Der Zufriedene ist glückselig, Selbstheilungskräfte sind aktiviert, so kann schnellere Heilung geschehen.

Menschen, die gemeinsam genießen und zufrieden sind in einer gemeinsamen Energie und so finden zusammen in Beziehungen und Freundschaften.

Engel der Beziehungen

Menschen sind keine Einzelwesen, sie möchten mit anderen zusammen sein und Gemeinsamkeit leben. Manche Beziehungen sind wie füreinander geschaffen und die Beziehungspartner ergänzen und unterstützen sich gegenseitig. Das sind meistens die Beziehungen, die sich schon im Himmel verabredet haben.

Andere finden zwar zueinander, aber haben dann miteinander ihre Probleme und sind im Streit, manchmal sogar im Kampf.

Das sind oft Beziehungen, die nach weltlichen Suchen krampfhaft zusammenkommen und nach weltlichen Verlangen miteinander in Beziehungen zu sein.

Tiefe Beziehungen, die miteinander sind, um sich gegenseitig unterstützen und vielleicht im Himmel beschlossen wurden, erreichen im Leben eine intensive Tiefe, so kann man sie ganz klar von den rein weltlichen unterscheiden.

Der Engel der Beziehungen ist da, um Lichtenergie und Klärung in Beziehungen zu bringen. Intensive Beziehungen, die in Liebe und Tiefe miteinander sind, sind Freunde.

Engel der Freundschaft

Freunde sind beieinander und füreinander da, sie unterstützen sich und verstehen sich. Freunde interessieren sich für das Leben des anderen und für das, was ihn bewegt. Sie schenken sich gegenseitig ihre Zeit und helfen sich im Bedarfsfall. Freunde, die miteinander sind, erschaffen den Geist der Freundschaft.

Der Geist der Freundschaft

Der Geist der Freundschaft ist dort, wo echte und wahre Freundschaft ist. Oft wurden echte Freundschaften schon im Himmel beschlossen und sie waren schon in früheren Leben in Beziehungskonstellationen zusammen. Wenn sie sich dann im Leben wieder finden, werden sie oft Freunde. Wir sehnen uns im Leben nach tiefen, echten Beziehungen und Freunden, und suchen sie oft im weltlichen Gefüge, doch finden dort oft nur oberflächliche Beziehungspartner, die sich schnell wieder trennen. Die echten, wahren und tiefen Freundschaften sind nicht allein von dieser Welt, sie sind schon im Himmel verabredet. Nur deshalb sind sie in dieser Tiefe möglich. Die erste Begegnung ist oft schon von einer Tiefe geprägt, die zeigt, dass da etwas zusammen gehört. Die Wege führen zueinander, wie geführt. Das sind sie auch. Unser geistiger Clan und viele Engel sind uns behilflich, dass das, was wir im Himmel beschlossen haben, auf der Erde manifestiert wird. Sie helfen uns, den Himmel auf die Erde zu bringen, und das bedarf oft einer führenden Hand, um die wir bitten dürfen und auch sollten.

Gespräche mit Gott

Gott spricht direkt mit den Menschen, die zu ihm beten. Mit unserer inneren Stimme nehmen wir ihn wahr.

Wer jammert, hört ihn nicht, das Jammern ist zu laut und stört.

Wer in der Bibel nach Gottes Antwort sucht, ist abgelenkt, wenn der wahrhaftige Gott mit seinen Worten, direkt über unsere innere Stimme zu uns kommt.

Wer den Weg zu Gott über andere Menschen und Gurus sucht, ist nicht frei mit Gott verbunden. Der wahrhaftige Gott bringt die wahren Worte zu jedem, ungefiltert und wahr. Die Sätze, die in der Bibel stehen sind nicht das, was uns der allmächtige Gott wirklich zu schenken vermag. Er schenkt uns seinen Segen, seine Gnade direkt, wenn wir zu ihm beten und vertrauen.

Der klare Geist des Lebens

Der klare Geist des Lebens ist eine klare Motivation, eine klare und ehrliche Absicht. Egoistische Absichten werden durch die himmlischen Mächte nicht unterstützt. Altruistische Absichten finden Unterstützung. Wer glücklich sein möchte, sollte andere glücklich machen. Wer Hilfe möchte, sollte anderen helfen. Was du willst, was man dir tut, das tue auch anderen zuerst.

Florence Nightingale war die erste Krankenschwester und ließ sich von diesem Satz leiten. Alle die sich in einer Ausbildung zur Krankenschwester befinden, werden diesen Satz hören und dürfen ihn als großen Leitsatz in sich tragen. Behandle andere so, wie du auch selbst behandelt werden möchtest. In der momentanen Situation in den Kliniken, die ich kennen gelernt habe, ist davon nichts mehr zu erkennen. Der wahre menschliche Wert hat in der Pflege keinen Stellenwert mehr. Das ist sehr traurig. Menschlichkeit sollte immer und überall an erster Stelle stehen.

Jeder sollte sich ernsthaft fragen, was ihm wirklich heilig ist, und diese Frage auch ehrlich beantworten und das Heilige behüten, wie einen Schatz. Wer es sich erlaubt von sich zu behaupten, ein Mensch zu sein, dem sollte die Menschlichkeit etwas Heiliges sein. Revolution in der Medizin und im Pflegebereich ist Aufruhr, danach folgt die Veränderung. In der Medizin und in der Krankenpflege bedarf es einer Revolution, hier muss viel verändert werden, dass sie wirklich unserem Grundgesetz entspricht. Im Grundgesetz heißt es Die Würde des Menschen ist unantastbar, in den Kliniken erlebte ich, etwas vollkommen Anderes, über die Würde schien hier niemand nachzudenken, anscheinend machte man sich nicht all zu viele Gedanken, Hauptsache man war da.

Ich lag in der Klinik, eine Patientin hatte Atemnot, wir klingelten, es kam keiner, ich schrie um Hilfe, endlich kam eine Schwester, meine Mitpatientin landete auf der Intensivstation, die Schwester sagt mir später, das es gut war, dass ich so laut gerufen hätte, ich hätte ihr damit das Leben gerettet, das vorherige Klingeln hat für die Diensthabenden Schwestern nicht gereicht, um herbei zu eilen, erst die Hilferufe.

Auch die ärztliche Kompetenz bedarf einer Revolution und Veränderung. Dazu müsste schon der Inhalt des Medizinstudiums revolutioniert werden. Keinem Arzt ist es wirklich klar, dass eine Antibiotikagabe die Bakterien im Darm ebenso vernichtet - nicht nur die, die man vernichten wollte, deshalb muss nach dem Antibiotika der Darm wieder aufgebaut werden. Es gibt zu vielen Therapien, die Schäden hinterlassen, Alternativen, die sind Ärzten unbekannt, sie haben sich noch nicht damit beschäftigt und sie wissen es nicht. Deshalb sollten sie im Studium davon erfahren.

Heilpraktiker werden kontrolliert und immer mehr Therapiemöglichkeiten werden ihnen entzogen. Die Prüfungen werden immer schwerer, somit werden Viele schon von vornherein nicht mehr zugelassen; genügend Lobbyisten unterstützen eine mögliche Abschaffung der

Heilpraktiker. Warum? Weil dann der Rest der Medizin schön so weiter machen kann, ohne hinterfragt zu werden. Die ganze Pharma und die Gerätehersteller, die ihre Produkte verkaufen wollen, investieren viel Geld in Lobbyisten, um Alternativen die Stühle abzusägen und Ärzten ihre Dinge zu verkaufen, denn hinter allem stehen die, die an der ganzen Misere noch Geld verdienen. Die Menschen, die einfach nur Hilfe wollen, können dagegen nichts tun und sind die, die das Leid, das dadurch entsteht, ertragen müssen. Hallo Menschlichkeit, wo bist du, komme zu uns, bevor wir untergehen.

Kleine Meise

Mein Mann hat mir vorm Fenster ein Vogelhaus aufgebaut, welches ich von meinem Bett aus beobachten kann. Eine kleine Meise sitzt darin und schaut mich an. Sie erzählt mir, dass sie mich schon in der Rehaklinik am Fenster besucht hat. Sie beobachtet die Menschen, alle Eindrücke, die sie da sammelt, seien sehr interessant. Sie sieht, dass es mir hier in meinem Zuhause sehr viel besser geht. Sie hat viel von mir zu meinem Sohn geflogen. Sie weiß, wie schwer es mir fällt, ihn nicht bei mir zu haben und möchte mir gern helfen. Sie sagt ich solle mich hinlegen, meine Augen schließen und meinem Sohn einen Platz in meinem Herzen geben und ihn dort fühlen. Ein Teil von ihm wird immer da sein. Die Liebe der Mutter, die das Leben auf der Erde bringt, ist größer als alle Liebe, die wir sonst noch kennen. Ich danke der kleinen Meise für so viel Trost und Weisheit. Sie versichert mir, dass sie noch ein bisschen bei mir bleibt.

Ich will noch von der Meise wissen woher sie und ihre Botschaft kommt. „Von dem Gott, der alles erschaffen hat, er hat uns Tiere euch Menschen als Helfer zur Seite gestellt." Wie vollkommen Gottes Schöpfung ist, dachte ich und war tief bewegt und berührt. Die kleine Meise flog weiter und ich fühlte mich reich beschenkt, erfüllt in meinem Herz mit mehr und viel Mutterliebe.

Ich sehe nun vor meinem inneren Auge wie die kleine Meise zu meinem Sohn fliegt und sich an sein Fenster in seinem Wohnheim setzt, er weiß sofort, dass sie einen Gruß von Mama übermittelt. Wo immer wir sind, die Liebe verbindet, kein Kilometer kann die Liebe trennen. Wir können erkennen, was uns verbindet. Wenn es Liebe ist, sind wir dem Herzen nah.

Im Herzen einen Platz

Nur wer im Herzen einen Platz für die Liebe hat, ist für andere Menschen ein guter Begleiter, kann ihnen Trost geben und ihnen so begegnen, dass sie sich danach besser fühlen. Es gibt Menschen, die geben uns etwas besonderes, nach einem Zusammensein mit ihnen fühlen wir uns wohl. Andere Menschen sind sehr anstrengend und sie rauben uns Kraft und Energie. Sie stellen uns viele Fragen, können schweigen nicht aushalten; immer haben sie einen Kommentar oder eine Frage. Während einer Krankheit ist es anstrengend ständig aufmerksam zuzuhören, Fragen zu beantworten und das Befinden auszuwerten. Wie es wirklich um den Kranken steht, dass wissen sie nach einem Besuch nicht wirklich. In der Zeit einer Krankheit ist man besonders sensibel, man erkennt genau, wer es gut und ehrlich meint und wer eher oberflächlich erscheint.

Deshalb sollten die, die mit Kranken umgehen, wissen, sie können nichts vorspielen, sie werden erkannt. Hier ist nur die Wahrhaftigkeit und die Ehrlichkeit gefragt, Lügen werden schnell entlarvt.

Ich habe in der Krankheit viele Menschen und angebliche Freunde ganz neu kennen gelernt. Ein Kranker nimmt genau wahr, was ist, ihm kann niemand etwas vor machen, ebenso die Mediziner nicht, ein kranker Mensch nimmt wahr, wenn ein Arzt unsicher ist. Die wahre Prüfung des Mediziners ist nicht die, in der Universität, sondern die, im Umgang mit dem Kranken. Dort kann er beweisen, ob er wirklich anderen Menschen helfen kann.

Nach einer schweren Krankheit sortiert der Genesende auch oft seinen Freundeskreis neu, viele haben ihn vielleicht sehr angenehm überrascht. Mir ging es so, viele, von denen ich es nie erwartet hätte, haben mich sehr unterstützt, andere haben mich sehr enttäuscht; als ich sie gebraucht habe, waren sie so weit weg, wie noch nie. So weiß ich jetzt, was diese Freundschaft wert war und kann ihr einen neuen Standpunkt geben. Es verändern und verschieben sich die Wertigkeiten, das ist gut so, dann kann man wahrlich neu anfangen.

Neuanfang

Wenn man aus dem Zwischenreich wieder ins Leben zurückkehrt, fängt man nicht einfach mit dem wieder an, mit dem man aufgehört hat, man fängt neu mit dem Leben an.

Ich habe das Leben noch einmal geschenkt bekommen, es fängt noch einmal für mich an.

Zwischen den Welten in der Höhle der Lebensplanung wurde das Thema schon von der geistigen Welt beleuchtet. Jetzt, wieder im Leben, habe ich noch einmal ganz neue Impulse, was dieser Neuanfang von mir und was ich von ihm will. Ich will dankbarer leben und wahrlich anfangen. Ein neuer Anfang ist ein Geschenk, jedem Anfang wohnt ein Zauber inne, diesen Zauber will ich Raum geben, dass der dann magisch und wahrlich wird.

Wenn ein Kind geboren wird und als Baby hier auf der Erde ist, betrachten wir es fröhlich und staunend, wie ein kleines Wunder. Ich möchte diesen Neuanfang meines Lebens ebenso betrachten, wie ein Wunder. Jeden Tag geschehen Wunder, viele von uns haben verlernt, sie zu sehen. Das Leben selbst ist ein Wunder. Wo es Wunder gibt, können wir gut sein. Wo es Wunder gibt, da tretet ruhig ein. Es gibt mehr Wunder als Selbstverständlichkeiten. Wer das weiß, dem erschließen sich alle Wirklichkeiten. Das Wunder des Lebens steht wieder vor unserer Tür.

Was dem Geist und der Seele gut tut, unterstützt die Heilung

In meiner Wohnung sind Hyazinthen und Freesien in ihrer Blütenpracht und verströmen ihren Duft. Ich liebe diese Blumen, sie bringen für mich das neue Jahr und das Licht. Wie wundervoll hat Gott unsere Welt für uns erschaffen. Die Blumen helfen meinem Geist, gute Gedanken zu erschaffen und einen Raum im Wohlgefühl zu haben. Glücksklee haben mir zwei liebe Freundinnen geschenkt. 2020 wird ein besseres Jahr für mich, wurde mir zwischen den Welten im Tempel der Zeit verraten. Ich kann es jetzt auch selbst glauben. Ich sehe die wunderbare Blumenpracht, fühle mich geborgen in Gottes Händen und gesegnet in seiner Gnade.

Das neue Jahr hat seine ersten Tage gegeben und es bringt uns weitere Tage voller Segen und Gnade und Geschenke der Schöpfung. Das Leben ist oft nicht einfach, doch es ist durchströmt von göttlicher Kraft, die das, was nicht einfach ist, aushaltbar macht.

Der allmächtige, gütige und barmherzige Gott legt uns seine Schöpfung zu Füßen, dass wir auf der Erde gehen können. Betreten wir die Erde sanft und dankbar, der Schöpfung zu Ehre.

Das neue Jahr ist erwacht, das Licht wird heller, das Heilige ist uns in der Krippe geschenkt und geht mit uns ins Neue. Lasst uns ins Neue gehen und neu werden, lasst uns mit den Augen des Herzens sehen, die Wunder, die uns Gott täglich offenbart auf Erden. Wir müssen nicht an Wunder glauben, wir sollten sie geschehen lassen. Dann dürfen wir bestaunen, was der allmächtige Gott für uns hat erschaffen.

Wunder können wir nur mit dem Herzen fühlen, die Augen sehen nur das Materielle, was von Menschenhand erschaffen. Gott braucht das Materielle nicht, er gibt die Kraft dem Geist und der Seele, die dann in den materiellen Körper eindringen und diesen nach ihrem Sein erschaffen.

Die Gedanken sind frei

Die Gedanken sind die erste Form, danach manifestiert sich durch ihren Inhalt die Materie. Der Glaube daran, gesund zu werden, ist Grundvoraussetzung, dass Heilung geschieht. Wie oft nehmen Mediziner diese Hoffnung auf Heilung, dabei sind sie so wichtig, dass Gottes Kraft aufgenommen werden kann und Heilung geschieht.

Alles, was es möglich macht, gute Gedanken zu bilden und uns darin unterstützt, sollten wir hüten. Erst recht in Phasen von Krankheit und Leid. Trotzdem gute Gedanken zu formen, Hoffnung und Glauben an Heilung zu bewahren, ist das Wichtigste, um wirklich zu genesen. Fehlen die guten Gedanken, kann der Geist keinen gesunden Körper formen. Mit unserem Geiste erschaffen wir unsere Welt. Sie kann uns mit göttlicher Kraft in die Heilung führen oder im Leid lassen. Was wir glauben, wird geschehen. Oft stellen Mediziner leidvolle Prognosen, wenn der Patient das glaubt, wird es gefährlich. Man kann sich dann nur von derartigen Aussagen lösen und die göttliche Kraft in sich aufnehmen und trotz der ärztlichen Prognosen im Vertrauen an Heilung glauben.

Auch ich habe immer an Heilung geglaubt und auf Gott vertraut, er ist der, der mich trägt, kein Mediziner kann das je sein, was Gott für mich ist. Ich bin tief gefallen, seine

Hand hat mich aufgefangen und gehalten, in ihr liege ich und darf heilen, danke, gütiger Gott.

Nicht nur unsere eigenen Gedanken, sondern auch die Gedanken anderer haben Wirkung. Darum ist es wichtig, sich von negativen Meinungen unbedingt zu trennen. Dazu gehören negative Prognosen der Mediziner genauso, wie negative Erwartungen nahestehender Menschen.

Manchmal ist es besser, keine Diagnose zu haben, sie könnte wahr werden. Wenn wir gesund werden wollen, müssen wir uns zuerst von allem Kranken trennen. Das Kranke darf nicht mehr in uns oder um uns herum sein. Gedanken an das Kranke, schwächen uns, Krankenbesuche, die beobachtend Bedenken hegen und immer Fragen nach dem Befinden stellen, ziehen die Energie immer wieder in die Krankheit und rauben uns Kraft. Die Kraft aber braucht der Kranke, um gesund zu werden. Positive Gespräche, Blumen, schöne Gedichte oder Geschichten stärken in uns die Kraft. Wenn dann die göttliche Kraft und Gnade noch dazu durch uns strömt, kann Heilung geschehen.

Die Engel wachen über uns, beschützen uns und begleiten uns, denn er hat seinen Engeln befohlen, über dir zu wachen und dich zu beschützen. Die himmlischen Helfer sind bei uns, wir sehen sie nicht mit den Augen, wir fühlen sie mit dem Herzen. Die himmlischen Helfer sind leise. Wir hören sie nicht mit den Ohren. Wir nehmen sie wahr, als ein Gedanke, der einfach kommt. Der Himmel ist bei uns. Wo soll er sonst sein. Alles gehört zusammen, das Diesseits und das Jenseits. Alles ist Ewigkeit. Wir können nichts trennen, was nebeneinander erschaffen wurde. Aus dem Himmel kommen die himmlischen Mächte in Scharen, gerufen und berufen.

Zwischen die Welten können wir uns begeben, um die zu treffen, die wir lieben. Alte Heiler stehen uns noch heute aus dem Jenseits zur Verfügung und helfen uns. Jesus ist da. Er ist der Heiland der Menschheit, auch, wenn er zur Zeit nicht als Mensch inkarniert ist. Wer an ihn glaubt und ihn bittet, erfährt durch seine geistige Energie Heilung vom Leid. Viele, die auf der Erde schon heilend gewirkt haben, tun das auch noch im Jenseits. Wir sind mit den Seelen des Jenseits verbunden und können um Hilfe bitten. Auch wir können den Seelen im Jenseits helfen, indem wir für sie beten und indem wir auf der Erde das für sie leben, was sie nicht mehr können.

Wer so wie ich durch eine schwere Krankheit an der Schwelle stand und ins Leben zurück darf und kommt, ist mitten im Leben wieder geboren. Das Leben wurde mir noch einmal geschenkt.

Ein neues Leben beginnt.

Ein neues Jahr hat begonnen, ich fühle mich wie neu geboren. Ich bin neu. Ich bin nicht mehr die Alte und kann einfach da weiter machen, wo es aufhörte. In all der Zeit zwischen den Welten habe ich so viel erfahren, jetzt ist alles neu und es geht anders weiter.

Ein weiterer Stern leuchtet, ich folge ihm, unter ihm ein Tempel. Es ist der Tempel der Seelengespräche, hier können wir uns mit Seelen treffen, mit denen wir zur Zeit auf der Erde leben, wir können den Seelen sagen, was wir im normalen Leben dem Menschen nicht sagen können.

Ich bitte die Seele meines Sohnes zu mir in den Tempel, er sagte mir, er hatte solche Angst um mich, er hatte noch nie solche Angst. Er braucht mich noch für sehr lange Zeit, er hat mich sehr lieb.

Ich sehe in seine wunderschönen Augen und sage ihm, dass es mir sehr leid tut, dass ich ihm solche Sorgen bereitet habe, dass ich viel lieber für ihn da sein würde. Ich liebe ihn so sehr.

Als nächstes bat ich die Seele meines Mannes, ich danke ihm für alles, was er für mich tut. Ich weiß das sehr zu schätzen. Er versichert mir, dass er alles aus Liebe zu mir tut.

Nun bat ich die Seele meiner Schwiegermutter, auch ihr dankte ich für ihre Hilfe und dass es mir leid tut, dass ich den Respekt vor ihr verloren habe. Ich fühle, sie hilft mir nicht, um etwas für mich zu tun, sondern nur, dass sie in einem guten Licht vor den anderen steht. Egoismus und der Schein nach außen sind die Motivationen. Sie sagt, dass das so sei und dass sie es schade findet, dass man vor mir nichts verbergen könne. Sie hat ihren Mann, der an einer schweren Tumorerkrankung litt nur auf mein Drängen hin in einer anonymen Klinik die letzten Stunden auf seiner Reise begleitet.

Es fehlt das Herz, aus dem man leben sollte. Alles wird vom Kopf und vom Ego gesteuert, eine Bekannte legt viel wert auf Äußerlichkeiten und auf Materielles, es ist ihr wichtig, wie sie nach Außen wirkt und nicht, womit sie ihr Herz füllt. Sie hat ein völlig anderes Wertesystem, als ich. Was ihr wichtig ist, ist mir unwichtig. Sie beachtet das Geschwätz der Menschen, wenn es darum geht, wichtig zu sein.

Sie möchte immer wichtig sein und legt viel Wert auf ihre Persönlichkeit. Es ist ihr wichtig, dass sie von anderen wahrgenommen wird und wichtig ist. Im Tempel sage ich ihr, dass sie überhaupt nicht wichtig ist. Sie ist nicht wichtiger, als alle anderen, egal, welche Kleidung jemand trägt oder welche Bildung er hat.

Diese Dinge sind am Ende vor Gott so unwichtig. Wenn das Leben gelebt ist, wird man uns fragen: "Was hast du von dir dem Leben geschenkt?" Es geht nicht darum, was wir uns materiell angeschafft haben, sondern, ob wir unsere Gaben ins Leben gegeben haben. Es geht um unsere Motivationen, warum wir etwas taten. Ging es um die

Sache oder um das Aufwerten des Egos? Wie werden wir dann dastehen? Eines ist klar, wenn unser Lebensfilm läuft, kommt die Wahrheit ans Licht, es gibt keine Ausreden, kein Vertuschen mehr.

Was im Dunkeln ist, wird ins Licht kommen. Wir haben dann keine Macht mehr, denn wir stehen vor der Allmacht. Hier erhalten wir das wahre Zeugnis. Wer sind wir wirklich und welche Noten erhalten wir für Mitgefühl, Hilfsbereitschaft, Altruismus und Mitmenschlichkeit.

Die Reise geht weiter

Durch Gottes Gnade geht meine Lebensreise weiter, sie wird anders sein. Ich stand an der Schwelle zum Jenseits. Jetzt bin ich wieder im Leben, danke barmherziger und gütiger Gott. Ich bin anders, ich habe neue Erkenntnisse gezogen. Nun wird mein Leben ebenso anders. Ich sortiere meine Wertigkeiten, pflege das, was mir wirklich wichtig ist und werde bewusst mich von Menschen und Dingen trennen, die mir nur meine Energie rauben.

Sie betonen, dass sie Freunde sind. Freunde helfen sich, doch wenn es dann um Hilfe geht, sind sie plötzlich weg. Andere, die nur gute Bekannte sind oder alte Freunde und Kollegen von früher, waren plötzlich für mich da. Unerwartet kamen sie wie aus einem Versteck und taten mir unaufgefordert viel Gutes. Zwischen den Welten traf ich Menschen aus dem Jenseits, die mir Hilfe anboten. So gewann ich neue Freunde aus anderen Welten. Das war selbst für mich unglaublich.

Carmen begleitete ich ehrenamtlich im ambulanten Hospizdienst. Sie meldete sich jetzt aus dem Jenseits und dankte mir, für das, was ich für sie getan habe, sie möchte mir gern in meiner Not jetzt etwas zurückgeben. Carmen gab mir ihre Hand und sagt mir, sie sieht, dass ich wieder gesund sein werde und noch vielen Menschen helfen werde, ich solle dann unbedingt ihre Tochter noch einmal behandeln, ich versprach Carmen, dass ich das tun werde.

Carmen war traurig, weil sie während ihrer Krankheit nicht so einen guten Mann hatte, der sich um sie kümmerte. Ich habe einen sehr guten Mann, der mit sehr viel Liebe für mich da ist. Ohne diese starke Hilfe hätte ich keine Chance wieder gesund zu werden. Ich erkenne, dass das der Maßstab für wahre Liebe ist. Den Partner in seiner Not zu sehen und das für ihn zu machen, was er im Moment, selbst nicht tun kann. Das ist das Wertvollste, was man in eine Beziehung tragen kann. Nicht die wundervollsten Reisen, der Sex oder sonst ein schönes gemeinsames Erlebnis machen eine gute Partnerschaft aus, sonder sich gegenseitig zu stützen und zu tragen, ist die Wahrhaftigkeit einer Partnerschaft. Dann beweist sich, was wahre Liebe ist. Gemeinsame Urlaubsfotos sind oft nur der Schein einer Partnerschaft, die nie in eine Tiefe und Wahrhaftigkeit kommt.

Ich kenne ein Ehepaar, der Mann erkrankte schwer, die Frau war nur auf Drängen einer Verwandten bereit, ihn in einer anonymen Klinik auf seiner letzten Reise ein paar Stunden zu begleiten. Nach Hause nehmen das wollte sie nicht, weil sie Angst hatte, es nicht zu schaffen. Sie dachte dabei nur an sich und ihre Bedürfnisse, nicht an den Partner in der Not. Daran erkennt man, was eine Beziehung ist, in guten wie in schlechten Zeiten. In guten Zeiten ist es einfach, in schlechten Zeiten zeigt sich die Wahrhaftigkeit. In schlechten Zeiten kommt ans Licht, was in guten Zeiten im Dunklen zerbricht. Doch der Mensch will Mensch werden und nicht ein Egoist. Menschen, die nur an sich selbst denken, versinken in der Armut dunkler Energien und eines dunklen Geistes, sie werden nicht geläutert, um wirklich Mensch zu werden, wofür sie sind auf Erden. Ein geläuterter, reiner Geist ist immer von Vorteil, um die Lebensaufgaben zu meistern. Den reinen

Geist sollte der Mensch anstreben, um wahrhaftig zu leben und auf Erden Mensch zu werden. Alle wollen glücklich sein, dabei wäre der freie reine Geist erst einmal viel wichtiger und die Grundvoraussetzung des Glücks. Glück ist ein Gefühl, welches man von Innen selbst hervorbringen muss, wer das kann unabhängig vom Zustand und den äußeren Umständen, ist ein starker und weißer Mensch und auf dem besten Weg auf Erden, ein Mensch zu werden. Glück kommt aus jedem Menschen selbst und entsteht durch dessen Gedanken und Gefühle. Während meiner Krankheit ging es mir oft sehr schlecht, ich hatte Schmerzen und viele Nöte, trotzdem fühlte ich mich gleichzeitig manchmal auch glücklich, weil ich auch das Gute sah und dafür dankbar war. So hatte ich garantiert immer die Hoffnung.

Veränderung

Das Leben verändert sich ständig, nichts bleibt, wie es ist. Ich kann die Dinge positiv oder negativ betrachten, das ist ganz allein meine geistige Entscheidung. Es geht mir schlecht, aber ich habe immer wieder Hoffnung, es wird wieder anders werden. Ich hoffe, alles wird besser werden. Nichts bleibt für immer. Das ist gut, dass nichts für immer bleibt und es wird sich verändern. Trotz schlechter Umstände empfinde ich Glück. Ich entscheide mich zum Glück, anstatt die Katastrophen zu sehen. Viele sehen in allem nur das Schlechte und erwarten förmlich die Katastrophen, die dann selbstverständlich auch eintreten. Ein Wind ist ein Orkan, ein Unwohlsein eine schwere Krankheit. Sie glauben sie hätten das, was sie haben, nicht verdient. Das Leben ist kein Beruf, wo jeder das bekommt, was er verdient. Vielleicht geschieht oft das, was man durch Denken erhofft, doch verdienen kann man im Leben nichts. Man kann im Leben wachsen oder verzweifeln. Ich habe mich für das Wachsen entschieden, dabei unterstützen mich die himmlischen Mächte. Beim Verzweifeln freut sich die satanische Macht: Man kann in allen Umständen Katastrophen sehen und das ist schlimm. Ständiges Jammern macht die Dinge nicht besser. Geduld, Hoffnung und Mut in einem reinen Geist, Vertrauen in die göttliche Kraft lassen uns in gute Zeiten gleiten.

Als ich aus dem Koma erwachte drehte ich mich wieder dem Leben zu. Ich habe das nicht bewusst erlebt, doch ich habe erlebt, dass irgendetwas anders war und ganz leise in mir etwas erwachte. Damals wusste ich nicht, was da erwachte, jetzt weiß ich, das Licht in mir war erloschen, nun sage ich, es war der göttliche Funke, der erloschen war, nun leuchtet das Licht wieder. Die Liebe in meiner Familie, die Gnade Gottes, mein Wille zum Leben habe das Licht wieder angezündet. Es war erloschen, jetzt muß ich es gut hüten, dass es nicht wieder erlischt. Das hatte ich vergessen, und so hatten die bösen Kräfte die Chance, die Herrschaft über mich zu bekommen.

Ich bin überzeugt, dass Gott es wieder angezündet hat. Ich darf weiter meinen Lebensweg gehen und beschreiten und lasse mich begleiten von dem gütigen und barmherzigen Gott, von Jesus Christus, unserem Retter und Heiland, von den Engeln, die für mich bestimmt, von den Freunden im Diesseits und im Jenseits. Danke für das Leben und für die zweite Chance.

Der Kampf von Gut und Böse

Es gibt die guten Mächte, die himmlischen Kräfte, die guten Gedanken und Gefühle.

Aus Ihnen geht das Gute hervor, wie Gesundheit, Liebe, Frieden und Hoffnung.

Dann gibt es die bösen, satanische Kräfte, die aus dem Bösen hervorgehen, die sich von Gott abgetrennt haben. Egoistische Menschen, die nur an sich und ihr eigenes

Wohl denken, negative Gedanken und Erwartungen ziehen die bösen satanischen Mächte an, die das göttliche Licht erlöschen können. Dann entsteht im Körper der Menschen Krankheit.

Das Böse kämpft mit dem Guten und wir fühlen das in verschiedenen Symptomen. Wenn die Beschwerden fühlbar werden, erleben wir den Kampf.

Wir müssen uns in aller Konsequenz von allem Negativen, wie eigene negative Gedanken oder auch negativer Gedanken anderer fern halten. Die satanischen Kräfte dürfen sich aus mir und von mir zurückziehen, nur Gott hat die Allmacht und die Macht über mich. Wir selbst entscheiden, wem wir Macht erteilen.

Von allen Negativen müssen wir uns trennen, um die satanische Kraft von uns weg zu lenken. Zur Güte und zum Mitgefühl sollten wir streben, um im göttlichen Licht zu leben.

Wenn nach einer Krankheit, die Gesundheit wieder wächst, nach einem satanischen Angriff göttliches Licht wieder entfacht, geraten wir körperlich in Heilungskrisen. Müdigkeit, Schlappheit und Schmerzen quälen uns körperlich, dann wissen wir, das Schlimmste ist vorbei, es wird jetzt besser werden. Die bösen Kräfte wollen nicht weichen, sie kämpfen weiter. Gesundwerden dauert. Nun hilft Hoffnung, Glaube und Zuversicht und Getragenwerden in Gottes sicheren Händen. Aus ihnen können wir nicht fallen.

Die persönlichen Engel bewachen uns, behüten uns und unterstützen uns. Gott selbst hat es ihnen befohlen. Wir brauchen nur zu Glauben und das Gute hüten.

Ich kennen viele Menschen, die nur jammern und negativ denken und immer das Schlimmste erwarten. Sie sind trotzdem frei von Krankheit. Doch tief in ihrer Seele kann man wahrnehmen, sind sie unglücklich.

Die Schleuse

Als ich aus dem Koma erwachte und wieder ins Leben ging, führte der Weg durch eine Schleuse, zuerst stand dort Gott und gab mir das Drehbuch meines Lebens. Er sagte liebevoll: „Denke immer daran, es geschieht nichts, womit du hier nicht einverstanden warst. Zu allem, was geschieht, hast du Ja gesagt. Und du bist nicht allein, ich bin bei dir und ich habe dir Engel gesandt."

Dann segnete er meine weitere Reise. Meine Führung trat hervor und bekam eine Fackel, mit dieser ging sie voran, ich schaute ins Drehbuch und las den ersten Satz. Du hast eine schwere Krankheit überlebt und darfst durch dein Beispiel zeigen, dass es geht, dass man mit Vielem fertig werden kann, wenn man die richtige Einstellung hat und einen klaren, reinen Geist bewahrt.

Du hast erkannt, dass nur Gottes Gnade uns heilt. Alles, was du jetzt erfahren hast, kannst du als Erfahrung weitergeben und zeigen, was wichtig ist.

Nun beginnt deine weitere Reise und dein weiteres Werk,

Ich klemme das Drehbuch unter meinen Arm und beginne meinen Weg. Viele Engel hüllen mich ein, sie gehen mit mir und sind für mich da, sie erklären mir, dass sie meine Diener sind, und auch ich bin eine Dienerin der himmlischen Kräfte. In meinem Drehbuch steht auch, dass ich die Botschaften der himmlischen Mächte verkünden soll. Dazu brauche ich meine Priesterin und meine Autorin ganz besonders. Sie helfen mir, die Botschaften in die Welt zu bringen.

Abschied

Und wieder ist ein Wochenende mit meinem wunderbaren gütigen Sohn vorbei. Ich nehme Abschied, streichle ihn noch einmal und dann fährt er weg. Das schmerzt mir so sehr. Ich eile in den Tempel der heiligen Mutter Maria. Sie erwartet mich schon und nimmt mich in ihre Arme, erklärt mir, dass sie versteht, wie ich mich fühle. Sie schenkt mir eine Rose, sie steht für die unvergängliche Liebe. Weil die Liebe so groß ist, ist es auch der Schmerz.

Maria ermahnt mich, an die Liebe zu denken und sie zu fühlen, so verringert sich der Schmerz. Tatsächlich, so ist es, die Liebe ist stärker als der Schmerz. Die Liebe ist eine der stärksten Kräfte. Wenn sie ehrlich und wahrhaftig ist, ist sie Macht und überwindet Leid.

Maria strahlt in ihrem Rosentempel, sie ist wundervoll, die königliche Mutter, die Vertreterin der Liebe.

Eine Rose hat sie mir geschenkt, meine schmerzvolle Seele zur Liebe gelenkt. Sie ist bei uns und schenkt uns das, was wir von ihr brauchen.

Ich wurde in einen kleinen Raum am Rande des Tempels geführt, in ihm erwartete mich die Patentante meines Vaters, die wir Pati nannten, doch ihr Name war Maria.

Sie erklärte mir, dass sie nie so eine liebevolle, warmherzige Mutter sein konnte. Sie konnte es einfach nicht und hatte es selbst auch nicht durch ihre Mutter erfahren, sie war froh, dass ihre Schwester Theresia oft das auch für ihre Tochter tat, was eine Mutter tat. Das war ihr immer fremd. Doch, wenn sie jetzt mich sieht, tue ihr das Leid, dass ich jedes mal so leide, wenn ich Abschied von meinem Sohn nehmen muss, sie schickt mir all die Kraft, die sie noch hat, dass ich die Abschiede besser verkrafte, und sie schützt uns als Maria, der Mutter und des Kindes. Ich danke ihr, ich habe sie sehr gemocht. Wir tragen die Seelenanteile alle in uns und diese geben uns Kraft, wenn wir darum bitten und es zulassen können. Maria ist die Mutter all ihrer Kinder, sie ist voller Liebe und Fürsorge, behütend und beschützend. Sie streichelt die Kranken und die Kinder.

Immer wieder zieht es mich in den Tempel der Maria, hier ist eine ganz besondere Energie. Es ist ganz viel Liebe,

Trost und Mitmenschlichkeit und Mütterlichkeit. Eine Mutter hat Heilungsenergie. Sie tröstet und hüllt den Kranken ein in die Decken der mütterlichen Liebe und Heilkraft.

Maria selbst nahm sich nicht wichtig, sie lebte für das göttliche Kind. Das war ihre Aufgabe und Bestimmung.

Heute noch lässt sie ihre Energie zu bedürftigen Menschen fließen, um Heilung, Segen und Trost und mütterliche Liebe zu schenken.

Maria, heilige Mutter, bringe uns deine Kraft, dass wir heilen und in Liebe sein können, heilige Mutter, hülle uns ein in deinen mütterlichen Schutz und in deine Liebe. Trage uns an deinem Mutterherz, dass wir getröstet sind. Heilige Mutter, reiche uns deine Hand, dass wir uns festhalten können wir uns an ihr halten können, sei mit uns und führe uns auf unseren rechten Weg, wie die Mutter ihr Kind führt.

Maria empfiehlt den Müttern: Hört auf, eure Kinder zu erziehen, nehmt sie an die Hand und führt sie auf ihren eigenen Weg, lasst sie eure Früchte essen, aber esst nie ihre Früchte, führt und lasst euch nachahmen, aber ahmt ihr sie nicht nach. Ihr geht voran und führt eure Kinder, sie folgen euch, nicht umgekehrt. Segnet sie und hüllt sie in eure Liebe, lebt euch selbst, dass auch eure Kinder sich selbst leben können. Begegnet euren Kindern immer in Liebe, macht sie neugierig aufs Leben, weil ihr das tut, was euch Freude macht.

Maria wirkt aus ihrem Tempel heraus und wacht über uns. Sie ist in Liebe und Gnade, eine Dienerin der Schöpfung. Sie steht uns Menschen bei, wenn wir sie bitten. Sie schenkt uns die Marienenergie, wenn wir sie brauchen.

Ich bitte Maria und fühle sofort mütterliche Wärme, ein Heilstrom durchfließt mich, ich atme ihn tief ein.

Die himmlischen Mächte stehen uns zur Verfügung und sind für uns da. Für etwas da sein, gibt dem Dasein einen Sinn.

In medizinischen Berufen kann man sehr gut für andere da sein. Ich habe in den Kliniken, die ich aufgrund meiner Erkrankung kennen gelernt habe, beim Pflegepersonal immer wieder erlebt, dass sie nur halbherzig ihre Arbeit machen. Sie sind nicht mehr für die Kranken da. Wofür bist du da? Daraus ergibt sich der Sinn.

Maria war die heilige Mutter, dafür war sie da, daraus ergibt sich ihr Sinn. Sie braucht keine Anerkennung, es geht ihr nur um die eine Sache. Dem göttlichen Kind Mutter zu sein.

Heutzutage machen sich Viele komplizierte Gedanken über den Sinn des Lebens. Therapeuten sind ausgebucht und der Klient dreht sich immer wieder, um dieses Thema, es wird immer wieder kompliziert versucht, einen Sinn zu finden. Es gibt nicht einen Sinn, jeder hat seinen Sinn.

Ich frage mich auch immer wieder, warum ereilte mich diese Krankheit und welchen Sinn soll sie machen.

Maria antwortet mir: Es gibt keinen Sinn, doch du hast erkannt, wo die Liebe ist.

Du hast gesehen, welche Welten dich umgeben, und du lernst, wie Heilung geschieht und wodurch sie funktioniert.

Du kannst das, was du andere lehrst mit eigenen Erfahrungen unterlegen, es gibt nichts besseres, als lernen durch Erfahrung, das weißt du auch.

Ich denke, okay. Ich hätte gern auf die Erfahrung verzichtet, etwas leichter hätte ich es lieber gehabt. Doch nun ist es so und ich muss das Beste daraus machen. Erfahrungen können sehr schwer sein.

Ich brauche das jetzt nicht mehr, ich habe verstanden. Maria will wissen, was ich verstanden habe. Ich habe verstanden, was die Krankheit mir sagen will. Gott, unser

Vater ist der einzige, der alles lernt, seine Gnade entscheidet über unser Schicksal.

Jesus Christus ist und war der einzige und wahre Heiler, es gibt keinen Heiler unter den Menschen, der solche Wunder vollbringt. Nur Jesus hat die Kraft, um wahre Heilung zu vollbringen, er ist der Heiland, seine Kraft kann wahre Wunder der Heilung bewirken. Der Mensch hat nur kleine Macht, Gott hat Allmacht.

Alles das wusste ich auch vor der Krankheit schon, warum musste ich das noch erfahren, fragte ich Maria.

Sie schickte mich in die Schleuse zum Leben zurück mit der Frage. Dort stand Erzengel Michael mit der Antwort: Achte gut auf das, was du glaubst zu wissen, musst du noch erfahren.

Ich verstand und rannte zurück zu Gott, kniete vor ihm nieder. Barmherziger Gott, ich bin nur ein kleiner Mensch und lege alles, was ich bin, in deine Hand. Du bist allmächtig und allwissend, meine Macht und mein Wissen sind klein. Ich will nach deinem Plan leben. Gott nickte und sagt: Dein Wissen ist klein und durch Erfahrung wird es größer. Doch dein Herz ist rein und das ist dein versprochenes Himmelreich, du darfst in meinen Händen ruhen.

Ich ging wieder in die Schleuse. Erzengel Michael reichte mir seine Hände, die ich sofort ergriff, er blickte mit seinen wunderschönen blauen Augen ganz tief in meine Augen und hüllte mich ein in sein Licht.

Hier bist du geschützt, wenn du zurück auf die Erde gehst, Durch dieses Licht kann nur Gutes zu dir.

Als ich zurück auf der Erde war, hatte ich weniger Angst. Immer, wenn es um wichtige medizinische Entscheidungen ging, machte ich mir den Schutz von Erzengel Michael bewusst und traf nur die Entscheidung, die sich gut an fühlten.

Ich vertraute der irdischen Kompetenz weniger, der himmlischen umso mehr.

Erzengel Michael schickte mich noch einmal in den Garten der Heilung. Im Haus der Heilung wurde ich in ein Therapiezimmer geschickt. Ich saß auf einen Stuhl und war an ein Gerät angeschlossen. Mein neuronales Netz wird durch die Impulse dieses Gerätes neu verknüpft und regeneriert.

Miriam fragte mich entscheidende Dinge und nach den Antworten kamen Impulse durch meinen Kopf. Elektroden wurden wie bei einem EKG an meinen Kopf befestigt.

Danach gingen wir gemeinsam durch den Garten der Heilung und in einen anliegenden Wald. Auf dem Weg erzählte mir Miriam Geschichten, die mich heilen sollten. Dann kamen wir an einen See und setzten uns. Miriam erzählte: Ein schneeweißer Schwan hob seinen langen Hals weit nach oben und blickte zum Himmel, er erblickte einen Chor der Engel und stimmte mit ein, Halleluja.

Ich erkenne den Schwan auf dem See und spüre, wie sich mein Hals nach oben windet.

Miriam führt mich zurück in das Therapiezimmer. Ich werde von den Elektroden befreit Miriam legt ihre Hände sanft auf meinen Kopf und sagt: Du bist jetzt gesund und heil. Komme jeden Tag einmal zum See, beobachte den Schwan und du wirst spüren, wie sich deine Gesundheit stabilisiert.

Ich danke Miriam, sie zeigte zum Himmel und erklärte, bedanke dich da, nicht bei mir, ich bin nur eine Vermittlerin. Sie legt ihre Hände auf mein Herz und sagte mir, alles was ich brauche ist da, wie der Schwan.

Ich ging wieder zur Schleuse. Erzengel Michael nickte mir zu und sagte, ich solle nun wieder in mein Leben gehen, das tat ich und ich fühlte mich angekommen, öffnete meine Augen, ich bin da. Jetzt weiß ich, wo meine Heimat ist. Ich sehe meinen Sohn, meinen Mann, ich liebe sie.

Weiter weg sehe ich Freunde, die ich neu gewonnen habe. Ich sehe alte Freunde, die ich verabschiede, von denen ich einfach enttäuscht bin, sie waren da mit Worten und haben viel versprochen, doch am Ende fehlten die Taten. Ich habe ihnen immer meine kostbare Zeit geschenkt und ihre Fragen stundenlang beantwortet, als ich Hilfe brauchte, gab es sie, aber sehr eingeschränkt.

Und so entdeckte ich etwas, was gerade in der Krankheit sehr wichtig ist: Verlässlichkeit. Wenn mich eine befreundete Therapeutin ein bisschen behandelt und jedes mal verspricht: Nächste Woche gebe ich dir eine ganze Behandlung, dann kommt es nicht dazu, weil wieder etwas dazwischen kommt. Das ist sehr unverlässlich und tut doppelt so weh. Einmal, weil die Behandlung fehlt, man hätte sich um einen anderen Therapeuten kümmern können. Dann tut es auch weh, weil auf die Freundin kein Verlass ist. Mit einer schweren Krankheit bricht eine Stabilität zusammen, wenn dann noch Unzuverlässigkeiten hinzukommen, dann ist das für den Kranken sehr schwer auszuhalten. Ich brauche aber einen Halt, um mich selbst wieder zu stabilisieren.

Mir gaben die himmlischen Mächte Halt, die Liebe meines Sohnes und meines Mannes gaben mir Halt. Mein Mann, der mich fürsorglich und liebevoll pflegte und beistand gab mir Halt. Viele Freunde, die mit hundertprozentiger Verlässlichkeit immer da waren, gaben mir Halt. Doch ich habe erkannt, den wahren Freund von dem falschen Freund zu unterscheiden und darf nun sortieren, wen ich in meiner Nähe möchte und wer ein Stück von mir wegrücken darf.

Verlässlichkeit

Wenn mich vieles verlässt, verliere ich den Halt. Wir brauchen Halt, um uns selbst zu stabilisieren. Menschen, die unverlässlich sind, können keinen Halt geben, im Gegenteil, sie sägen noch am wackeligen Stamm.

Denn wer in schlechten Zeiten wirklich gebraucht wird und dann verschwindet, den darf man als Freund verlassen. Worauf man sich nicht verlassen kann, das sollte man verlassen. Ein Freund, der nur in guten Zeiten da ist, sollte überlegt werden, ob das wirklich ein Freund ist.

Unverlässlichkeit ist etwas sehr Trauriges, was man einen anderen zufügen kann. Vor allem kranken Menschen gegenüber sollte man darauf achten, wirklich verlässlich zu sein.

Das ist einfach. Als erstes sollte man nur das versprechen, was man auch halten kann und möchte. Das was man versprochen hat, sollte man auch halten. Wenn man nur das verspricht, was man auch halten kann, ist das nicht schwierig. Große Worte kann jeder gebrauchen, aber große Taten zeigen das Wahre. Der Mensch ist Mensch durch das, was er tut.

Das Wort ist oft nur der Schein.
Die Tat ist das Sein.
Wer sein will, muss tun.
Wer scheinen will, darf reden.
Vieles reden bringt keinen Segen.
Viele Taten sind Gnaden.
Des Menschen Wahrheit zeigt nicht sein Reden.
Des Menschen Wahrheit zeigt seine Tat.

Viele große Reden und Versprechen, die nicht eingehalten werden, drücken einen kranken Menschen noch mehr nieder. Besonders da, wo man Verlässlichkeit braucht, weil sämtliche Stabilität fehlt, ist es fast schädlich noch zusätzlich Unverlässlichkeiten auszuhalten.

Ich erkannte in der Zeit die Menschen, die mich umgaben, wer wirklich ehrlich war und ein echter Freund ist. Ganz klar habe ich neue und gute Freunde erkannt und falsche Freunde ebenso.

Ich ging weiter durch meine Schleuse ins Leben, es stand hier nun Erzengel Raphael, er war für die Heilung zuständig, er segnete mich und sprach: Du bist schon gesund. Du brauchst nur noch Kraft. Diese bekommst du durch gutes Essen, Ruhe und Schlaf, Sonne und frische Luft, den Anblick von Blumen und schönen Dingen. Gehe auch viel in deinen inneren Garten.

Der innere Garten ist die Pforte in andere Dimensionen und zeigt das Unterbewusstsein. Ist der innere Garten in Harmonie und Schönheit, ist auch der Mensch selbst in Harmonie und gesund.

Ich gehe nach der Schleuse in meinen inneren Garten, ich finde ein wunderschönes Feld voller Blumen in allen Farben, lieblicher Duft strömt. Ein Teich mit Seerosen, eine Bank lädt ein, Platz zu nehmen. Ich sehe auf den Teich zwischen den Seerosen mein Spiegelbild im Wasser. Mein Gesicht ist blass, die Wangen sind eingefallen, dann beginnt sich mein Gesicht zu wandeln: rosige Haut, volle Wangen, ich erkenne ein weiteres Gesicht, es ist ein Engel, er spricht: „Ich bin dein Engel der Heilung. Du bist gesund." Plötzlich fühle ich mich gesund, meine Brust wird weit, der Atem geht leicht. Ich fühle mich frei.

Nun wird mir klar, dass die Krankheit eine Fessel des Bösen ist, die Fessel Zersprang in der Gegenwart des Engels der Heilung. Das Böse hat Macht, das Gute hat Allmacht. Der allmächtige gütige Gott, sein Sohn, unser Heiland und seine Engel haben die Allmacht, uns aus den Fesseln des Bösen zu befreien. Allein wir entscheiden, welcher Macht wir uns zuwenden. Erlöse mich von dem Bösen. Dein Wille geschehe. Nur deine Allmacht führ uns in das Gute.

Wir haben hier auf der Erde als Menschen den freien Willen, somit entscheiden wir selbst, welcher Macht wir uns hingeben.

Das Böse lauert überall und will uns vom Guten entreißen.

Die Krankheit selbst kommt vom Bösen. Alles beginnt mit der Versuchung, uns zunächst vom Guten abzuwenden und Machtspiele mit zu tragen.

In schweren Krankheiten hat uns das Böse in der Macht, es fesselt und raubt uns Energie. Wir können uns schwer dem wieder entreißen und aus der Fessel kommen. Es funktioniert nur, wenn wir uns dem Guten zuwenden und das Gute, also den barmherzigen Gott um Erlösung bitten.

Gütiger Gott, allmächtiger Schöpfer, erlöse mich von dem Bösen, allein du hast die Macht über mich.

Dem Bösen entziehe ich alle Macht und entferne mich mit aller Konsequenz aus deinen Bereichen. Ich habe mit dir nichts gemeinsam, du bist nicht mit mir verbunden. Ich befehle dir, mich zu verlassen. Ich gehe durch die Schleuse ins Leben und erkenne, wie dunkle Energien von mir weg fliegen. Mein Engel rät mir, nicht zu fragen, was das ist, damit gebe ich dem Bösen wieder Aufmerksamkeit und Macht.

Ich hätte es wirklich gern gewusst, doch ich unterließ es und widerstand der Versuchung.

Ich befand mich nun wieder in meinem inneren Garten und sah mich völlig gesund und frei.

Der allmächtige Gott begrüßte mich in meinem inneren Garten.

Das zeigte mir: Gott ist immer in mir und bei mir.

Nur der gütige Gott hat die Macht über mich und mein Sein.

Ich gehe weiter in meinem inneren Garten durch eine Schlucht. Die großen felsigen Wände rechts und links bahnen meinen Weg, es ist feucht und kühl. Eine Stimme erhebt sich aus den Wolken über mir: „Ich bin der Engel der Zuversicht und führe dich durch diese Schlucht in dein neues Leben." Wir gehen weiter und kommen auf einer großen Wiese an.

Die Sonne scheint und es ist warm, die Wiese blüht und duftet. Wir pflücken einen bunten Sommerblumenstrauß und gehen in ein helles, lichtdurchflutetes Haus, den Blumenstrauß stellen wir in eine Vase und schmücken den Tisch mit ihm.

Das ganze Haus war wunderschön, von Licht durchflutet, kunstvolle Möbel zierten die Räume, der Duft von Blumen durchströmte das Haus. Frauen kamen mit großen Tabletts und brachten Speisen. Die Frauen bewegten sich wie Elfen, die Speisen nähren die Seelen. Chöre sangen Lieder, Musik ertönte in jedem Raum. Das ist das Haus der heiligen Zeiten.

Jeder, der geheilt ist, heilig ist, darf hier verweilen und das Heilige begrüßen und genießen.

Ich ging weiter und kam wieder in die Schleuse zum Leben. Hier begrüßte mich die heilige Martha, die Schwester Marias, eine himmlische Heilerin. Sie sagte mir, alles, was mir zu schwer geworden ist und ich nicht mehr tragen kann, solle ich ihr geben, ich soll es nicht mit ins Leben nehmen. Ich gab ihr die Krankheit. Sie nahm sie und erdrückte sie, mich segnete sie und sprach: „Gehe nun frei und gesund in dein Leben, bringe zu anderen den Segen, der gebraucht wird."

Martha streichelte über meinen Kopf und wies mir den Weg ins Leben. Dann war Jesus da und fragte mich: „Was hast du noch abzugeben, was willst du noch nicht mitnehmen ins Leben. Ich gab meine Traurigkeit ab. Weiter wurde ich durch die Schleuse geschickt, Sternenstaub rieselte auf mich. Mir wurde erklärt, der Sternenstaub reinigt mich und gibt mir neue Lebenskraft. Nun fühlte ich mich frei von aller Last und bereit, wieder ins Leben zu gehen. Ich trat aus der Schleuse und war wieder im Leben, sehe meinen Lebensweg vor mir, er ist gesegnet. Ich bitte Gott, dass er mich führt auf meinen Weg und bei mir bleibt. Ich nehme Gott wahr: vor mir, hinter und neben mir. Seine Gegenwart gibt mir Kraft und Sicherheit.

Ich nehme mein Leben an und mache etwas daraus. Alles, was Gott für mich gedacht hat, was auf meinem Weg liegt und meiner Erkenntnis dient, alles ist richtig und für mich. Auch, wenn ich nicht alles gleich verstehe, hat es irgendwo seinen Sinn. Manchmal verstehe ich den Sinn erst viel später. Dann hat das auch seinen Sinn. In allem liegt ein Stück der göttlichen Wirklichkeit.

Ich gehe durch meinen inneren Garten und gestalte ihn neu. Auf meine Blumenwiese stelle ich eine Bank, ich setzte mich auf sie und lade Jesus Christus ein, sich zu mir zu setzten, was dann auch geschah. Ich fragte ihn, was noch wichtig ist für mich in meinem weiteren Leben. Er sagte mir, ich solle wieder Vertrauen haben. In die Mächte, die mit mir sind und in mich und in meinem Körper.

Das stimmte, ich hatte das Vertrauen mit dem Schlaganfall verloren, jetzt muss ich es mir wieder holen, ich ging in meinen inneren Garten und von dort aus in den Tempel der Zeit. Ich ging zum Zeitpunkt des Schlaganfalls und sah mein Vertrauen neben mir stehen. Ich bat es, zurück in meinen Körper zu kehren und seine Aufgabe dort zu übernehmen. Das Vertrauen ging wieder in meinen Körper und wird ihm weiter dienen. Das Vertrauen bat noch um Unterstützung. Die Kraft gab dem Vertrauen Unterstützung, die es brauchte, um wieder ins Leben zu gehen. Manchmal fehlt mir Kraft, nicht nur die körperliche Kraft, sondern vor allem die seelische und geistige Kraft.

Im inneren Garten finde ich sie am Rande stehend. Als ich zweifelte, sind sie von mir gegangen. Ich sage ihnen, dass es jetzt Zeit sei, zurückzukehren, und schon fließen sie wieder in meinen Körper zurück. Ich nehme mir vor, nicht

67

mehr zu zweifeln und meine Zweifel, sollten sie kommen, Jesus zu übergeben.

Ich lief zu Jesus und verneigte mich vor ihm und sagte ihm: „Lieber Heiland, ich lege dir alle meine Zweifel zu Füßen. Ich kann sie nicht mehr aushalten und nicht mehr tragen, ich bin nur ein kleiner Mensch, du bist mein Erlöser, bitte hilf mir, die Zweifel zu erlösen."

Jesus hielt seine Hände über die Zweifel, augenblicklich gingen sie in Flammen auf, in wenigen Sekunden waren sie verbrannt. Jesus Christus wandte sich nun zu mir: „Ich segne dich und der Segen begleitet deine weitere Lebenstour. Achte gut auf dich und dein Leben. Du hast keine Zweifel mehr. Sie sind weg. Du hast sie zu mir gebracht, sie sind verbrannt, du kannst nun wieder weiter in dein Leben gehen und gesund werden. Du hast alles, was du dazu brauchst."

Heute ist mein erster Geburtstag, vor einem Jahr hat mich der Schlag getroffen, ich habe überlebt, das Leben wurde mir noch einmal geschenkt.

Unser Pfarrer ist da, wir feiern Abendmahl, dann segnet er mich für mein weiteres Leben und Gesundwerden.

Aus meinen inneren Garten heraus, sehe ich meinen Lebensweg. Ich gehe ihn mit viel guten Segen und soll selbst ein Segen sein für die, die mir begegnen. Ich nehme mein Leben in die Hand, atme es tief in mich ein und gehe Schritt für Schritt.

Es ist nicht einfach, doch ich bin nicht allein. Die himmlischen Mächte sind mit mir. Gott ist mein Trost und meine Zuversicht, er schenkt mir Segen und Gnade. Das macht mir Hoffnung und macht mich reich. So habe ich Liebe und Leben zugleich. Was brauche ich mehr?

Im inneren Garten

Wieder gehe ich in meinen inneren Garten. Ich erschaffe mir einen ruhigen Platz, an dem ich verweilen kann. Ein

Liegestuhl steht im Schatten von Bäumen, ich sitze auf ihm, die Füße nackt im Gras. Jemand legt die Hand auf meine Stirn. Ich öffne die Augen und sehe nach.

Ich sehe Maria, sie sagt: „Schlaf ruhig und ruhe dich aus, da wirst du gesund und stark und kraftvoll. Hier ist dein Kraftplatz, du holst dir hier die Energie, die du brauchst." Neben Maria steht eine Frau: „Ich bin deine Zwillingsschwester, ich bin nicht mit ins Leben gekommen, ich habe hier meine Aufgaben übernommen. Ich achte dich sehr, wie mutig und stark du mit der Krankheit umgehst, ich möchte dir helfen. Gib mir einen Teil, ich trage ihn für dich." Ich gebe ihr gern einen Teil ab.

Gleich fühle ich mich erleichtert. Meine Schwester nahm den Teil gern. Sie gibt mir dafür ein Stück Leben, was ich für sie mit leben soll. Ich nehme den Teil mit ins Leben und meiner Schwester zur Ehre mache ich etwas Gutes daraus.

Ich sehe nun in meinen inneren Garten mein Leben, was jetzt auf mich wartet. Ich sehe den Weg, gesegnet und voller Licht und Schutz. Ich sehe Menschen, die mit mir gehen, andere, die andere Wege gehen und die ich auf meinem Weg nicht mehr haben möchte.

Manch einer möchte nur wichtig sein und mit diesem Schein anderen imponieren. Glanz liegt im äußeren Erscheinen. Die Frisur sitzt, die Kleidung ist aufpoliert, glatt und gebügelt. Nur der Geist ist schlecht informiert, satt und geprügelt, von falschen Gedanken und oberflächlichen Geschwätz. Der Mensch erkennt nicht, wie er sich dabei selbst verletzt. Land unter, der Geist geht baden. Schade, dass die Menschen keine Dämme bauen, um ihren Geist zu retten. Geist und Seelen sind in Not, der Verfall ihnen droht. Äußerer Schein wird überbewertet. Verloren geht uns, was uns erdet. Die Mitmenschlichkeit wird dem äußerlichen schein geopfert. Rennen wir ins Verderben? Mensch, wache auf. Du bist auf Erden , um wirklich Mensch zu werden.

Dein Engel

Leise, ganz leise,
ist stets ein Engel an deiner Seite.
Dein Engel ist direkt von Gott zu dir gesandt,
nimmt dich an die Hand, ist immer bei dir.
Leise, ganz leise,
begleitet er dich auf deiner Reise.
Er stützt dich
und schützt dich,
hält dich,
berührt dich
und führt dich
auf deinem Weg.
Wenn du stolperst,
hält er dich,
wenn du hinfällst,
hebt er dich auf.
Dein Engel bewacht dich,
er lässt dich nie im Stich.
Wann immer du ihn rufst, ist er da für dich.
Er flüstert dir ins Ohr und
plötzlich hast du einen Gedanken
und weißt wie es weitergeht.
Weg sind dein Schranken.
Leise, ganz leise,
geht er mit dir auf die Reise.
Wo immer du bist,
was immer du tust.
Dein Engel ist bei dir.
Er nie ruht.
Bei Tag und bei Nacht, dein Engel stets wacht.
Wenn du ihn brauchst,
rufe ihn und
er ist da,
ganz nah.

Viele glauben nicht an Engel oder an Gott. Sie sind oft sehr allein. Denn die irdischen menschlichen Begleiter sind nicht immer da und können auch oft nicht helfen. Ihre Ratschläge sind oft Schläge, die nicht weiterhelfen. Gut, wenn man dann seinen Engel hat. Nichts bleibt für immer, das Leben ist Wandel. Das ist gut so, wer krank ist, wird gesund. Dieses Wissen hilft mir, daran zu glauben, dass ich wieder gesund werde.

Die Ärzte machten meinem Mann am Anfang meiner Erkrankung, als ich noch im Koma lag, wenig Hoffnung. Jetzt war ich bei einer Neurologin, die ein Gutachten erstellen musste. Auch sie gab kaum Zuversicht auf weitere Besserung.

Ich lasse mir meine Hoffnung durch derartige Meinungen nicht mehr nehmen. Sie hindern mich nur an meiner Aufgabe, heil zu werden, und diese Verhinderungen kann ich nicht gebrauchen. Ich brauche Mut und Kraft. Da ist ein Aufenthalt im Wald besser und trägt mehr zum Heilwerden bei, als vielleicht ein Besuch beim Arzt.

Die Natur unterstützt das Heilwerden, sie gibt uns frische Luft, das Licht ist gut für unsere Zellen in vielerlei Hinsicht (Vitamin D3 kann hergestellt werden und die Körperzellen leben durch die Biophotonen), die grüne Farbe der Natur spendet Ruhe, Heilung und Hoffnung. Vieles, was die Natur uns schenkt, hilft uns, uns selbst zu heilen. Wir haben so viel Gutes um uns herum, wir brauchen nur die Geschenke der perfekten Schöpfung erkennen, zu nehmen und das Beste aus ihnen zu machen. Schöne Musik macht gute Gefühle, uns glücklich und unterstützt die Heilung. Jeder sollte sich dabei von seinem Geschmack leiten lassen, ob Rock, Pop oder Klassik, Hauptsache es gefällt und hört sich gut an. Genauso gibt es nicht die eine bestimmte und richtige Ernährung. Es muss sich gut anfühlen und schmecken. Schöne Worte in Form von Gedichten oder

Geschichten können uns positiv beim Heilwerden unterstützen. Jeder findet entsprechend das Seine.

Manchmal bringen auch liebe Besucher entsprechend dazu etwas Gutes mit.

Liebe Besucher unterstützen uns ebenso im Gesundungsprozess. Besucher sollten einfach da sein, Zeit schenken, zuhören und verstehen. Viele Fragen und Ratschläge sind anstrengend für den Kranken. Zuhören und Dasein sind die Zauberworte, die dem Kranken gut tun.

Es ist so viel Gutes möglich. Viele fühlen sich hilflos und behaupten, sie stehen daneben und können nichts tun. Doch ich wusste schon immer, das stimmt nicht, man kann so viel tun und jetzt aus der Sicht eines Kranken fühle ich mich darin noch bestätigt.

Ich habe viele gute Freunde und jeden Tag kommt jemand und bringt wunderbaren Kuchen mit, wir trinken dann gemeinsam Kaffee und essen den Kuchen, das ist sehr schön und bringt ein bisschen normales Leben in das Kranksein. Ich möchte nicht immer viele Fragen beantworten und erzählen, wie es mir geht, welche Fortschritte es gibt oder auch nicht, das ist anstrengend. Besucher sind da, um ein Stück normales Leben zu bringen und nicht, um ein Therapiegespräch zu führen.

Ich gehe in meinen inneren Garten und frage die Kranke, was sie noch braucht, um endlich zu gehen oder gesund zu werden. Sie würde gern gehen und mich verlassen, doch sie weiß nicht wohin sie gehen soll. Ich schlage ihr vor, sie soll dahin gehen, wo sie hergekommen ist, sie läuft in die Dunkelheit, in ihr stehen dunkle Gestalten, sie erzählen etwas von Neid, doch ich kann das im Moment nicht verstehen. Jesus steht hinter mir und sagt: „Du musst nur an das Gute glauben."

Ich knie vor ihm nieder, bedanke mich und bete, ich glaube an unseren Vater im Himmel, mehr als je zuvor, ich bin ihm selbst begegnet und ich glaube an seinen Sohn, Jesus Christus, unseren wahren Heiland und Erlöser.

Die Krankheit kommt aus den bösen Kräften und darf dorthin zurück gehen, ich gehe mit den guten, himmlischen Kräften meinen Lebensweg und Gottes Schutz und sein Segen sind bei mir.

In meinem inneren Garten fließt ein Fluß mit einem wunderschönen, klaren Wasserfall, ich verweile oft hier und lasse mich mit neuer Energie aufladen. Ich weiß, dass ich wieder laufen werde und wieder gesund sein werde.

Aus mir selbst und von den himmlischen Mächten kommt die Kraft dazu. Die Krankheit ist zurück gegangen, wo immer sie herkam und hat mich verlassen, ich brauche sie nicht mehr. Ich möchte gern wissen, wofür ich sie gebraucht habe. Ich bin wieder in meiner Schleuse, ein großer Engel breitet sich vor mir aus: „Ich bin ein Engel des Karmas. Du hast zwischen den Welten so viel erfahren und gesehen, dafür war auch die Krankheit da, jetzt hat sie dich verlassen und kehrt dorthin, wo sie hingehört.

Du hast erfahren, was Liebe bedeutet und wo sie in deinem Leben ist. Du hast erfahren, wie Heilung geschieht. All diese Erfahrungen trägst du bei dir und hütest sie als deinen Schatz."

Der Engel verneigt sich und bewundert mich für meinen Mut. Er sagte mir, dass nur wenige Menschen so stark sind, so ein hartes Schicksal anzunehmen und die Herausforderungen zu bestehen. Die Worte des Engels ehrten mich sehr und geben mir Kraft für die nächsten Schritte.

Es fällt mir schwer, geduldig zu bleiben und mir die Zeit zu geben, die es braucht, um wieder gesund zu werden. Wenn diese Ungeduld und Unruhe ganz stark werden, denke ich an die Liebe und an die Verbindung zu meinem Sohn, sie geben mir dann Kraft weiter zu machen.

Es ist sehr mühselig mit so einer schweren Krankheit fertig zu werden. Wenn dann Besucher über kleine Beschwerden jammern, ist das einfach nur gruselig. Daran erkennt man, wie wichtig sich die Menschen nehmen und wie wichtig sie auch sein wollen. Das ist schon erstaunlich. Ich kann mich kaum bewegen, neben mir sitzt eine Besucherin, die jammert über ihre Beschwerden in den Händen durch Einengung der Nerven, eine andere jammert, weil ihr Lebenspartner Burnout hat. Das ist einfach nur grausam. Die wissen nicht, wie es ist, wenn das Schicksal wirklich zuschlägt. Eine andere Bekannte erzählt mir am Telefon, sie hätte in ihren Seilen gehangen. Ich sagte ihr, na dann ist es ja gut, wenn ihre Seile noch so stark sind, dass sie daran hängen kann.

Das höre ich mir alles an und es fällt mir schwer in meiner Situation Verständnis dafür aufzubringen. Ich kann nur feststellen, dass diese Menschen rücksichtslose Opfer sein wollen, die mit wirklicher Schwere im Leben noch nichts zu tun hatten und die zu Egoisten geworden sind, wodurch auch immer.

Jesus hat sein Kreuz getragen, ohne zu klagen, ist gestorben und begraben, er ist auferstanden und hat uns gezeigt, dass Leben immer möglich ist.

Es ist Karfreitag, in Gedanken knie ich vor seinem Kreuz, lege die Stirn auf den Boden, halte mich an seinen Füßen und bitte von ganzem Herzen: „Herr Jesus Christus, mein Heiland, mein Erlöser, ich bitte dich, befreie mich aus meiner Not. Gib mir Kraft und Segen, dass ich gesunden kann." Ein Kribbeln ging durch meinen Körper. Und ich wusste, ich werde gesunden und auferstehen.

Ans Kreuz gehen, heißt auch auferstehen. Alles, was wir nicht schaffen, legen wir unserem Heiland hin, nur er kann uns erlösen und wahre Heilung bringen. Das ist sein Auftrag. Als er auferstanden war, erkannten ihn seine

Freunde zunächst nicht. Erst als er das Brot brach, war klar, wer er war.

Man erkennt den Mensch besser an seinen Handlungen, als an seinen Worten. Geredet wird viel, doch ob es dann auch zur Tat kommt, bleibt abzuwarten.

Eine Freundin, die selbst auch einige Therapien erlernt hat, versprach mir immer wieder, mich bei ihrem nächsten Besuch zu behandeln, doch es kam nie dazu. Ich war sehr enttäuscht. Vor meiner Krankheit telefonierten wir oft, wobei sie mich viel fragte. Ich fühlte mich nach den Gesprächen oft wie eine ausgepresste Zitrone, ohne Energie und vollkommen kraftlos. Dann, als ich sie wirklich brauchte, machte sie sich rar, Besuche waren selten bis gar nicht. Anfänglich machte mich das traurig, dann sah ich, es ist nicht schlimm, ich erkenne nur eine unechte Freundschaft. So wird mir klar, dass ich mit dieser Art Menschen nicht zusammen gehöre, schon gleich keine freundschaftliche Basis besteht. Enttäuscht bin ich aus der Täuschung entkommen, sie ist zu Ende. Das ist gut, denn so ist man nicht mehr getäuscht, wenn man enttäuscht ist. Schöne Worte sind erst von Wert, wenn auch entsprechende Taten folgen. Erst an den guten Taten erkennt man den wahren und guten Menschen. Nur die schönen Worte sind nicht von Wert.

In all der Zeit bin ich getragen und behütet bei dem gütigen Gott, unseren Vater und seinem Sohn, Jesus Christus. Hier werde ich nicht enttäuscht, nur immer wieder erstaunlich überrascht.

Besonders gut tut mir auch der Kontakt zum Jenseits und zu den Verstorbenen, die mir nahe waren und nahe sind. Meine Freundin Jana erzählt mir, dass die Menschen im Jenseits auch den Sternenhimmel sehen und Sonnenstrahlen genießen. Sie sind nicht weit weg, sie sind gleich nebenan.

Während meiner Krankheit erlebte ich intensiv die Dinge zwischen den Welten. In keinem Seminar, während keiner schamanischen Reise habe ich derartige beeindruckende Erlebnisse der geistigen Welt gehabt. In dieser Krankheit, so hart sie auch körperlich ist, sammelte ich die bisher spirituellste Erfahrung meines Lebens, es ist sehr spannend.

Eine meiner Freundinnen ist Astrologin und sie hat mir ein Horoskop zum Zeitpunkt des Schlaganfalls gestellt, welches ganz klar beweist, dass es in der Krankheit um spirituelle Themen geht.

Ein Mit-Patient mit dem ich in der Reha-Klinik viele Gespräche führte, sagte immer: „Frau Herbig, wir waren beim großen Chef, bei Gott. Das ist tief in uns verwurzelt und es kann uns keiner mehr nehmen." Was wir genau erlebt haben, darüber haben wir nie geredet, doch diese Aussage meines Mit-Patienten hat mir verraten, auch er war zu Hause bei Gott, unserem Vater. Ich wusste immer, dass Gott unser Schöpfer und die wahre Liebe ist, ich wusste es, doch jetzt habe ich es erfahren. So fühle ich göttliche Gnade und Segen in meinem Leben. Er hält die ganze Welt und alles Leben in seiner Hand, er hat es erschaffen, er segnet und hütet es, wie der Schäfer seine Schäflein auf der Weide. Der Psalm 23 beschreibt es: „Der Herr ist mein Hirte…" Wenn wir uns in Gottes Hand begeben, wird es uns an nichts mangeln, er führt uns zu frischen Wasser und aus der Krankheit in die Gesundheit, tröstet uns und selbst im finsteren Tal, fürchten wir uns nicht, denn der allmächtige und gütige Gott zeigt uns den Weg nach Hause.

Gottes Güte ist größer als alle menschlichen Worte, seine Gnade ist größer als alle ärztliche Kunst. Ich bin mir sicher, nur durch Gottes Barmherzigkeit habe ich überlebt und werde gesund.

Ich trainiere und bekomme weiterhin Therapie und das alles hilft, doch nur mit Gottes Gnade gibt es wahre Heilung.

Ich ging mit meiner Freundin Jana durch einen Birkenwald, zwischen den Welten, Jana sagte: „Lasse alles hier, was du nicht mehr brauchst." Unter einem wunderschönen großen Baum gab es ein tiefes Loch. Da sollte ich alles hinein geben, was ich nicht mehr brauche. Ich gebe meine Lähmung, die mich immer noch begleitet hinein, und höre die Stimme Gottes. „Siehe, was dich lähmen will und gebe auch das mit ab und lasse es hier." Ich gebe den Hochmut, den Neid, der mich von anderen trifft und falsche Freundschaften mit in das Loch und lasse alles begraben. Ein tiefer Frieden erfüllt mich. Ich sitze im Birkenwald auf einer Bank und Gott sitzt neben mir. Er sagt mir, ich solle diesen Frieden in mir hüten und gut auf ihn aufpassen, dann hat all das andere, was wir begraben haben, keinen Platz mehr.

Ich erwache im Irdischen und fühle tiefen Frieden. In diesem Frieden vergebe ich allen, die mir in letzter Zeit bewusst oder unbewusst, nach meinem Ermessen, Unrecht getan haben - das Pflegepersonal der Kliniken, enttäuschende Freunde.

Nun fühle ich mich frei und den Frieden noch intensiver. Wieder bin ich bei Gott und bedanke mich für all die Gnade. Mir wird klar, Gott hat alles erschaffen, auch den Geist des Friedens. Gott erklärt mir: „Du bist auch ohne deinen Körper. Dein Bewusstsein existiert. Nimm deinen Körper nicht so wichtig, somit minimierst du auch seine momentanen Gebrechen. Lasse dein Bewusstsein wieder stark werden und verknüpfe es mit deinen Körper, nehme all deine Seelenanteile zu dir zurück, die du durch den Zweifel, während der Krankheit verloren hast." Da ist mein Vertrauen, meine Kraft meine Königin. Ich atme alle tief ein und mache sie mir bewusst. Gott rät mir noch, ich solle nichts mehr tun, was nicht mit meinem Inneren übereinstimmt. Zuerst verstehe ich das nicht, dann erklärt er mir, ich soll mich trennen von zerstörenden Dingen, wie falschen Freunden oder Tätigkeiten, die mich schwächen.

Ich gehe weiter durch den Birkenwald an einem Fluss entlang, da blühen Veilchen, sie duften und verzaubern den Wald. Ich höre hinter mir wieder Gottes Stimme: „Ich habe dich erschaffen als Veilchen, du verzauberst mit deinem Dasein deine Umwelt. Lasse dich nicht aussaugen. Das Veilchen duftet auch nicht weniger, wenn viele daran gerochen haben. Als Veilchen bist du erschaffen und ein Gänseblümchen bist du jetzt, auf dem jeder herumtrampeln kann. Bleibe das Veilchen und fliege wie ein Schmetterling. Singe deine Lieder, sing nur das deine."

Gott hält mich fest und ich weine in seinen Armen, ich weine alles heraus, was sich angestaut hat. Ich lasse mich nicht mehr lähmen, lasse fließen all die Tränen, die mich niederdrücken. Ich lasse mich nicht mehr bücken, will mich aufrichten zu den Lichten, die immer bei mir sind. Nun kann ich mein inneres Kind sehen, das Trost und Schutz bedarf, es ist es, was erkrankte. Ich tröste und schütze es, es ist meine Pflicht. Ich bekomme eine neue Sicht auf mich und mein Sein, was in mir ist klein, hat ein großes Verlangen nach Liebe und Sanftheit. Dann kam die Krankheit.

Meine Freundin Jana streichelte mich sanft und erklärte meinem inneren Kind, keiner war für dich da. Du warst für deine Eltern und deine Großmütter da, dabei hätten sie für dich da sein müssen. Meine Freundin Jana hat es erfasst .

Gott sagt mir: „Ich bin dein wahrerer Vater und deine wahre Mutter. Ich habe dich erschaffen und dir deinen Geist gegeben und ich habe einem Engel befohlen, dich zu behüten und ich befehle jetzt dir: Behüte dich und tue dir gut, passe auf dich auf, schütze dich und tröste dich."

Wieder weine ich erlösend in Gottes Armen. Ich selbst muss gut für mich sorgen. Ich halte mit meinem rechten Arm, meinen gelähmten linken Arm, wie ein Kind, welches ich stille. „Ganz ruhig, meine Kleine, ich bin für dich da, ich streichele dich und ich liebe dich, auch wenn dir das deine Mutter nie gesagt hat. Ich sage es dir: Ich liebe dich. Du musst keine Leistung erbringen, die Liebe bekommst du sowieso.

Was du auch tust, wie du dich auch verhältst, ich liebe dich, egal wie du bist. Du darfst sein wie du bist, egal, ob die anderen das mögen oder nicht. Du bist meine Kleine, ich habe dich immer lieb und halte dich fest in meinen Armen und gebe dir all meine Liebe."

„ Sehr gut", sagt Gott, „So wirst du gesund. Die Kranke ist dein vernachlässigtes inneres Kind, wie bei deiner Freundin Jana. Ihr habt eure Kindheit ähnlich erlebt. Und du hast jetzt die Chance, es zu erkennen und wieder auszugleichen, um gesund zu werden. Was du jetzt an deinem inneren Kind heilst, heilst du auch für Jana mit, dann kann sie in hellere Sphären gehen. In einem früheren Leben, lange zurück, wart ihr Schwestern, ihr seit euch nahe und kennt euch gut. Jetzt werdet ihr heilen und für euch beide gibt es ein neues Glück. Auf Jana wartet eine neue Geburt und auf dich noch ganz viel von deinem Leben."

Jana hat große Sehnsucht nach ihren Kindern, das verstehe ich sehr gut. Wir sind beide Mütter. Jana ist auch ganz oft für mich deutlich fühlbar bei mir und behandelt mich, manchmal reden wir auch, wie früher, als sie noch im Leben war. Sie erzählt mir vom Jenseits und ihren jetzigen Erfahrungen. Meine Probleme betrachtet sie aus ihrer Perspektive und korrigiert so manche Sichtweise und so manche Erfahrung.

Jana war ein Mensch, der sehr viel wusste und Dinge auf den Punkt brachte. Ich stelle fest, das hat sich auch nicht verändert. Jana ist auch jetzt noch sehr wissend und weise. Bewusstsein besteht auch ohne Körper. Ich kann meinen Körper trainieren, dass er wieder Kraft aufbaut, und das tue ich auch, doch ich muss mich bewusst auf alle Bewegungsabläufe konzentrieren, dass sie mein Körper irgendwann wieder durchführen kann. Meine Ergotherapeutin und meine Physiotherapeutin versuchen mir diese Bewusstheit bei den Bewegungen zu geben. Nur durch das Bewusstsein kann man bestimmte Vorgänge im Körper steuern.

Wir können anspannen und entspannen, den Atem lenken und Schmerzen verbessern und auch ganz eliminieren, alles durch bewusste Steuerung. Auch bei schweren Krankheiten habe ich das selbst erfahren und erfolgreich angewendet.

Jetzt bin ich schon über ein halbes Jahr aus der Reha zu Hause. Ich fühle mich wohl und erhole mich besser als in der Rehaklinik. Ich muss keine Launen missmutig gestimmten Pflegepersonals mehr ertragen. Meine Therapeuten kommen zu mir nach Hause und behandeln mich in einer wohlwollenden, liebevollen Umgebung. Der Pflegedienst kommt früh und abends, um mir bei der Körperpflege zu helfen, mein Mann versorgt mich liebevoll den ganzen Tag. Wenn ich an die Zeit in der Reha denke, wird es mir heute noch gruselig. Das war wirklich sehr unschön und auch nach so langer Zeit kann ich mich noch genau an all die Unmenschlichkeiten und zum Teil Bösartigkeiten des Pflegepersonals erinnern. Ich habe vergeben, aber noch nicht vergessen.

Jetzt ist Frühling, jeden Tag höre ich in meinem Garten den Frühlingschor der Vögel. Heimat, danke, was braucht es mehr? Ich bin immer noch körperlich sehr krank und eingeschränkt, doch oft bin ich glücklich. Es gibt so viele Gründe, glücklich zu sein. Heimat, Liebe, Sonnenschein, Zwitschern der Vögel, blühende Blumen. Körperliche völlige Unversehrtheit ist nur ein Grund, aber nicht alles. Ich bin geistig fit, kann Gespräche führen, Bücher lesen, dieses Buch schreiben. Wenn das nicht möglich wäre, alles nicht möglich wäre, dann wäre das noch viel schlimmer. Mit körperlichen Einschränkungen kann man leben, wenn der Geist klar ist. Natürlich arbeite ich daran und wünsche mir sehr, dass mein Körper wieder ohne all die Einschränkungen funktioniert, allein schon, dass ich nicht mehr auf ständige Hilfe angewiesen sein muss. Doch was ich sagen will: Der Körper ist nicht alles, wir sind auch geistige Wesen und haben eine Seele. Wenn der Geist und die Seele verarmen oder krank sind, dann kann das auch sehr grausam sein.

Der Körper ist wichtig, aber nicht alles. Der Körper bin nicht ich, ich bin ein geistiges Wesen mit einer Seele. Oft sagt man: die inneren Werte sind wichtiger, als äußeres Erscheinen. Doch viele Menschen legen sehr viel Wert auf Äußerlichkeiten, ohne Lippenstift und ohne, dass Schuhe zur Handtasche passen, würden sie nicht das Haus verlassen. Bei all dem Getöne um ihr Äußeres verkümmern sie immer mehr innerlich, ist das nicht traurig?

Die inneren Werte gehen verloren, die äußeren Werte werden immer wichtiger, Seelen verkümmern, Äußerlichkeiten werden verehrt und sind da als leere Hüllen. Stolz bleiben sie und schreiten wichtig daher. Da schreiten sie, die leeren Hüllen auf der Show durchs Leben. Sie sprechen viel und haben nichts zu sagen, Geist und Seele sind irgendwo begraben, die leeren Hüllen wandeln daher, sind aufgeputzt und angekleidet, keiner sie beneidet. Es wäre gut die leeren Hüllen wieder zu füllen mit Geist und Seele, anstatt die Hüllen zu schmücken mit allerlei Stücken. Das bleibt nur oberflächliches Verrücken, nie werden sie sich beglücken. Schön oberflächlich ist das Leben vieler geworden, ohne tiefer nachzudenken oder sich herein zu fühlen, werden Dinge getan und gesprochen. Da wird gelogen, betrogen, gejammert und an falschen Dingen wird sich verhaftet, Kleider machen nicht die Leute sie verschleiern nur die leeren Hüllen. Ein guter Geist und eine gute Seele macht den Mensch zum Mensch. Bei vielen meiner Bekannten und Verwandten sehe ich das Problem. Sie beschäftigen sich mit Äußerlichkeiten und verkümmern innerlich. Sie werden unsicher, wenn sie meinen kranken Körper sehen, meinen Geist und meine Seele erkennen sie nicht. Sie jammern, weil ich krank bin, sie geben keinen Trost, woher sollen sie es auch geben, denn ihre Hüllen sind leer, da ist nichts woraus sie schöpfen können.

Da bin ich froh, dass ich so einen großen inneren Reichtum habe, er hilft mir jetzt mehr, als es aller äußerer je könnte, er hilft mir überleben und durchzuhalten, um gesund zu werden.

Ich pflege meinen inneren Garten und erhole mich in ihm, reise durch ihn in die geistige Welt, komme so in Kontakt mit Gott, unserem Vater, mit Heiligen, wie Jesus Christus, Mutter Maria, mit Engeln und geistigen Wesen, mit bereits Verstorbenen, die uns noch so viel geben können. Dass ich all das erleben darf, dafür bin ich zutiefst dankbar.

Dass ich das alles auch bewusst wahrnehme, ist nur möglich, weil ich geistig und seelisch trotz des schweren Schlages unversehrt geblieben bin. Mein Geist und meine Seele können dem Körper helfen, auch wieder zu gesunden.

Und wieder halte ich mit meinem rechten Arm meinen linken, gelähmten Arm, mein Metapher für mein verletztes inneres Kind, es möchte noch Liebe und Zuwendung, ich streichele bewusst meinen linken Arm und gebe ihm alle Liebe und Zuwendung, die ich habe, habe, zusätzlich bitte ich den gütigen Gott, um einen Engel oder ein geistiges Wesen, welches mir hilft, mein inneres Kind zu heilen, da kommen die Engel der Zuwendung und halten mein inneres Kind auf dem Arm. Ich weine vor Glück, der gütige Gott bittet mich zu sich und wir sitzen an einem Meer an einem breiten Sandstrand. Ich beobachte das Spiel der Farben im Meer und im Himmel. Gott zeigt mir, das alles hat er erschaffen. Er hat Gesundheit, Glück und Freude erschaffen, er hat die vollkommene Harmonie erschaffen, auch für mich. Dass ich jetzt so leide ist, weil ich aus dieser Harmonie und göttlichen Ordnung herausgefallen bin. Ich darf einfach wieder eintreten in die Harmonie und göttliche Ordnung. In Bewusstheit und tiefer Entspannung gehe ich in meinen inneren Garten und stelle mir vor, dass ich von dort aus wieder eintrete in die göttliche Harmonie und Ordnung. Ich fühle mich gut und im Licht getragen. Daraufhin fühle ich mich vollkommen in Liebe und Glück.

Weiter gehe ich in neues Leben, ich danke für diese Gnade. Ich gehe zurück in meinen inneren Garten und gehe in eine Pyramide, in ihr ist eine riesige Bibliothek. Ich höre Gottes Stimme: „Was suchst du nur immer in den Schriften? Die Erfahrungen, die du jetzt gesammelt hast, findest du nicht in den Schriften." Ich möchte noch wissen, was ich in früheren Inkarnationen getan habe und wer ich war. Ein Engel steht vor mir. „Ich bin der Engel der Inkarnation. Du warst Priesterin, als diese hast du Kranke gesalbt und gesegnet. Du warst Gelehrte und lehrtest die Schriften, du warst damals die Vertraute deines Sohnes, du warst Künstlerin und alles, was du damals erlerntest und du getan hast, darf in dein heutiges Dasein mit einfließen. Du weißt, künstlerisches Betätigen macht frei und ist heilsam, Betrachten von Kunstwerken ebenso. Du kennst viele Menschen, die dir nahe sind, schon lange auch aus früheren Leben, in diesem Leben hast du sie erkannt. Deine Zeit mit ihnen zu verbringen tut dir gut und hilft dir auch jetzt im Heilungsprozess. Wieder andere rauben dir die Kraft und tun dir nicht so gut, diese von den anderen zu unterscheiden und dich mutig von ihnen zu trennen, ist jetzt eine wichtige Aufgabe. Es fällt dir schwer und du möchtest weinen. Doch lieber lässt du dich verletzen oder verletzt dich selbst. Dein inneres Kind weint noch, tröste es und bewahre es vor falschen Freunden." Der Engel des Karmas traf es auf den Punkt.

Eine Freundin, mit der ich schon viele Jahre befreundet bin, kam zu Besuch, sie brachte leckeren Kuchen mit, den nur sie so wundervoll zubereiten kann, wir saßen im Garten und genossen das sommerliche Frühlingswetter und wir waren uns, ohne viel reden zu müssen, auch wortlos nahe.

Eine alte Bekannte besuchte mich, sie ist Therapeutin und hatte eine Methode erlernt, bei der bestimmte Punkte im Körper gedrückt werden und somit der Körper die nervlichen Verbindungen wieder herstellen kann. Ganz selbstverständlich behandelt sie mich.

Weitere Menschen, die sich als Freunde bezeichnen und auch Therapien beherrschen, die mir jetzt helfen würden, nehmen sich dafür keine Zeit, ich werde mutig diese Menschen ein Stück von mir entfernen und meine Konsequenzen daraus ziehen. Ich werde dann künftig auch nicht mehr endlos telefonieren und Fragen beantworten, was mich aussaugt und leer quetscht. Damit möchte ich mich nicht rächen, denn Vergeltung ist nicht meine Aufgabe, ich möchte nur mein inneres Kind und mich vor Schaden bewahren.

Ich frage den Engel des Karmas noch nach weiteren Aufgaben und nach meinen weiteren Weg. Der Engel sagt mir, dass ich es sehen werde beim gehen. Die Priesterin in mir will wieder leben und ich habe die Aufgabe, sie leben zu lassen, Menschen zu berühren, ihre Herzen zu öffnen, Kranke zu trösten, zu salben und zu segnen.

Ich sollte erst einmal gründlichst mein Leben sortieren und nur das, was noch zu mir passt, ob Freunde, Bekannte oder auch Tätigkeiten darf noch einen Platz einnehmen, alles andere darf gehen. Ich soll gut aussortieren, denn vieles sei längst überfällig und nimmt mir nur die Kraft, das kann alles verabschiedet werden, rät mir der Engel des Karmas. Ich hatte mich schon von Tätigkeiten getrennt, die meine Energie nur sinnlos rauben. Ich gebe keine Seminare mehr. Ich sehe wie im Nebel das Gesicht meiner Freundin Jana, sie grinst schemenhaft und teilt mir mit, dass das längst noch nicht alles sei. „Sortiere alles, was du tust, du wirst sehen, was da weg von dir muss", sagt Jana. Okay, ich werde sortieren und mich besser schützen.

Viele von meinen bekannten Therapeuten haben mir auch hin und wieder versucht, mit Ratschlägen ihr Bestes von sich zu geben. Nichts von den Dingen hat mich berührt und sich richtig angefühlt, aber das vom Engel des Karmas und von Jana ist klar und wahr und wird mir helfen.

Kitty

Wieder erkenne ich jemand im Nebel, es ist Jesus Christus, er schließt mich fest in seine Arme und ich fühle mich geschützt.

Er führt mich in einen Tempel und erklärt mir, dass ich in diesem Tempel immer sicher bin und nur mit hinein nehmen darf, was zu mir passt. Wie mein innerer Garten, ist das mein innerer Tempel, ich kann mich hier ausruhen und Kraft tanken, mich mit anderen Seelen treffen oder Schulungen aus der Astralebene besuchen. Ich sitze in meinem Tempel in einem Schaukelstuhl an einem Fenster. Durch dessen Scheiben berühren Warme Sonnenstrahlen mein Gesicht. Ein kleines Mädchen schaukelt sanft den Stuhl und ruft mit zarter Stimme. „Mama, Mama" ich schaue sie an, „Ich bin nicht deine Mama" sage ich ihr. „Aber fast wäre es so, ich war vor etwa 10-12 Jahren ganz in deiner Nähe und wäre gerne von dir geboren worden. Doch du fühltest dich zu alt und wolltest keine Kinder mehr. Als ich das merkte, zog ich mich als kleine Seele in der Astralebene von dir zurück. Ich bin hier bei Mutter Maria. Mir geht es gut. Ab und zu komme ich zu dir, schaukele dich und streichle dich sanft, irgendwie bist du trotzdem meine Mama. Ich liebe dich. Paul ist auch irgendwie mein großer Bruder, ihn beschütze ich. Ihr könnt mich auch rufen, wenn ihr mich braucht. Ich bin Kitty." Ich schloss Kitty in meine Arme und legte meine Wange an ihr wuschelweiches Haar. Es gab vor etwa 10 bis 12 Jahren eine Zeit, in der dachte ich ernsthaft darüber nach, noch einmal Mutter zu werden und ich fühlte, dass eine Seele in meiner Nähe war. Doch ich hatte so viel zu tun, mit der Pflege meiner Eltern und war als Mutter erfüllt durch meinen Sohn Paul und wollte kein weiteres Kind mehr. Das hat Kitty vernommen. Und ich habe mir das damals nicht eingebildet. Es war tatsächlich eine Seele da. Als ob Kitty meine Gedanken lesen konnte, nahm sie behutsam meine Hand und gab mir zu verstehen, dass sie nicht böse ist. Paul hätte immer an erster Stelle bei mir gestanden, auch wenn sie gekommen wäre. Sie ist nicht gekommen, weil sie Angst hatte vorm Leben. Sie hat schon viel Schmerz und Trauer erlebt, das wollte sie nicht mehr. Doch sie will jetzt aus der astralen Welt für mich da sein, so wie eine Tochter für ihre Mutter, wir waren Mutter und Tochter in einem früheren Leben, dort habe ich ihr das Leben gerettet und sie in schwerer Krankheit gepflegt. Jetzt will sie ein wenig zurückgeben. Ab und zu würde sie sich mir als Schmetterling zeigen und mit mir spazieren gehen. Unglaublich, ganz oft begleiten mich Schmetterlinge, wenn ich über Felder und Wiesen schlendere. Ich bedanke mich bei Kitty. Es ehrt sie sehr, dass sie nach so vielen Leben noch etwas zurückgeben möchte.

Der Engel des Karmas erklärt mir, Kitty sei im damaligen Leben ein wahrer Mensch geworden und sie sei eine sehr einfühlsame Seele, ganz voller Liebe. In dem früheren Leben lehrte ich in einer Klosterschule, Kitty war meine

Tochter und meine Schülerin, sie übernahm das Erbe des Lehrens.

Kitty wird wieder inkarnieren, in meine Nähe, ich bin gespannt. Ich werde sie erkennen, wenn sie in mein Leben tritt. Ihr sanftes Wesen, ihre Liebe, ihr blumiges Sein sind unverwechselbar. Als mein Sohn, Paul geboren ist, blickte ich in seine wunderbaren, blauen Augen, und habe ihn sofort erkannt.

Die inneren Barometer wahrnehmen

Ich sitze wieder in meinem Tempel im Schaukelstuhl, da kommt ein Mann zu mir und sagt: „Hallo, ich bin Ronaldo, der Zwillingsbruder deiner Schwiegermutter, Renate, wir waren gemeinsam auf dem Weg ins Leben, doch dann bekam Renate Angst, dass es für uns beide nicht reicht. Da bin ich zurückgetreten und habe ihr den alleinigen Platz gelassen. Ich war froh, denn ich hätte mit dem Vater kein gutes Leben gehabt." Da kamen auch schon Renates Eltern. Die Mutter sehr gebückt und ausgelaugt, der Vater stolz, dominant und hochmütig. Sie wissen, dass sie ihre Tochter zu sehr verwöhnt haben und sie wie eine Prinzessin behandelt haben. Der Vater fühlte sich wie ein König, sein Haupt erhoben, er hätte auch gern einen Sohn gehabt, der sein Erbe weiterträgt. Doch neben ihm konnte nichts bestehen, er hat keine Meinung, außer seine eigene gelten lassen. Seine Tochter hat den Hochmut und Stolz übernommen.

Der Hochmütige muss auf die Knie sinken, um demütig zu werden, oder er wird tief fallen und tief liegen bleiben bis er aufwacht und einsieht. Menschen, die nicht aus dem Herzen leben und geben, sondern nur, sich selbst zur Ehre, um bewundert zu werden, sind auch auf Erden. Sie sterben im Leben, sind kein Segen, bis sie verstehen, dass sie sich wandeln können. Öffne dein Herz und verschenke deine Liebe mit vollen Händen. Bleibt dein Herz jedoch verschlossen, wirst du es bereuen, doch wenn du erloschen, ist es zu spät, neue Wege zu gehen. Nicht lange ist die Zeit, die dir bleibt, sonst musst du erneut auf die Reise gehen.

Welche Medizin ist nützlich, welche ist eher kontraindiziert, der sensible Kranke hat dafür eine gute Wahrnehmung. Die inneren Abläufe und auch die äußeren Bedürfnisse werden klar wahrgenommen. Ein Erkrankter ist sensibler für die Worte und Taten der anderen und bemerkt sofort, wer es ehrlich meint. Im gesunden Zustand kann man so mancherlei besser abblocken. In schwerer Krankheit nimmt die Sensibilität zu. Niemand in der Umwelt kann unehrlich vom Kranken unentdeckt bleiben. Oder sich hinter Lügen verbergen. Der Kranke erkennt ein falsches Spiel. Die höhere Sensitivität lässt auch gut erkennen, was ehrlich und was unehrlich ist. Der Körper teilt mit, wenn ihm etwas nicht gut tut. Auch die Seele und der Geist zeigen uns an, wenn etwas nicht gut ist. Diese Barometer funktionieren bei einem Kranken noch intensiver, vielleicht auch weil sie im Krankheitsfalle noch wichtiger sind, um wieder gesund zu werden.

Wir werden besser gesund, wenn wir uns Gutes tun. Was uns gut tut, zeigen uns die inneren Barometer an. Oft versuchen uns andere Menschen oder auch wir selbst, mit unseren bisherigen Wissen, die inneren Barometer auszureden, sodass wir uns manchmal nicht trauen, unsere inneren Bedürfnisse wahrzunehmen und ihnen zu gehorchen, da sind angebliche Instanzen, die uns Glauben machen wollen, die intelligenteren zu sein.

Doch es geht nichts über unsere innere Wahrnehmung, sie weiß und fühlt, was unsere Bedürfnisse sind und was das Richtige für uns ist.

Wenn es durch eine Therapie zu einer Verschlechterung des körperlichen Zustandes kommt und unsere innere Wahrnehmung uns anzeigt: Hier ist was unangenehm, dann sollte man gut überprüfen, ob die Therapie sinnvoll zur Gesundung beiträgt, oder gar uns noch schwächt.

In der Homöopathie gilt: Verschlechtert sich nach der Einnahme des homöopathischen Mittels der Zustand des Kranken, so sind die Selbstheilungskräfte aktiviert und das Mittel ist richtig. Man spricht von einer Erstverschlechterung, die anzeigt, dass der Mensch günstig auf das Homöopathika reagiert. Gibt man dann das Mittel weiter, immer bei Verschlechterung, kommt es zur Heilung. Das entsteht deshalb, weil durch die Homöopathie die Selbstheilungskräfte aktiviert werden und am Ende mit dieser Hilfe, der Körper sich selbst heilen kann. Im Heilkreis Bruno Gröning ist das auch die Auffassung. Geht es in die Heilung, kommt es zunächst zur Verschlechterung des Zustandes, hier wird es erklärt, das seien Regulationen. Der Körper muss sich einregulieren und deshalb reagiert er mit Symptomen.

Ich möchte jedoch zu Bedenken geben: Der Körper reagiert auch mit Symptomen, wenn er durch Therapien und Anwendungen überfordert ist. Darauf sollte man achten und Therapien abbrechen oder entsprechend anders anwenden. Es ist schon möglich, dass der Körper zunächst mit einer Erstverschlechterung reagiert, doch man sollte achtsam Erstverschlechterungen von Kontra-Therapien unterscheiden, um sich am Ende nicht noch mehr zu schaden.

Die Atmung fühlen und mit ihr die Wahrnehmung nach innen lenken. Dort bleiben wir dann mit unserer Aufmerksamkeit und stellen uns die Therapie so genau wie möglich vor. Nun nehmen wir wahr: Wie fühlt es sich an? Stärkend oder schwächend. So zeigt uns unser inneres Barometer was uns stärkt oder schwächt und wir nehmen es wahr. Unser inneres spricht mir uns, wir müssen ihm nur lauschen. Oft wissen wir es auch, was uns stärkt oder schwächt. Wir müssen nur unserer inneren Stimme vertrauen.

Es gibt so viele Menschen, die ständig erzählen und etwas zu wissen scheinen. Lassen wir sie reden, wir müssen nicht alles ernst nehmen und es zu uns nehmen, unsere innere Stimme und innere Weisheit aber sollten wir achten und ernst nehmen. Jeder weiß selbst am besten, was das Richtige ist. Alles hat ein Für und auch ein Wider. Dazwischen dürfen wir entscheiden.

Jeder sollte für sich selbst entscheiden. Wer Entscheidungen ständig an andere abgibt, im Krankheitsfalle ausschließlich an Ärzte, ohne dabei noch auf sein Inneres zu hören, kann sehr enttäuscht erwachen.

Nur die innere Wahrnehmung zeigt uns unsere eigene Wahrheit. Das, was unser Inneres weiß, kann niemand im Außen so genau wissen. Wir können uns beraten lassen. Entscheiden aber sollte jeder selbst, nachdem er sein Inneres befragt hat.

Wer selbst entscheidet, muss keinem Vorwürfe machen, wenn am Ende etwas schief läuft.

Versprochen wird viel, gerade in der Medizin. So vieles Versprochene aber lässt sich nicht halten. Auch ein Arzt kann nicht das Gelingen garantieren, aber jede Maßnahme erwirtschaftet die Einnahmen, Gesundheitseinrichtungen sind immer mehr wirtschaftliche Unternehmen geworden, die Gewinne einbringen müssen. Wer erstrangig wirtschaftlichen Erfolg bringen muss, denkt natürlich in diesen Regionen.

Und weil das so ist, sollten wir uns jede Operation und jede Maßnahme gut überlegen, ob wir sie durchführen lassen, vieles muss man auch nicht sofort entscheiden, oft bringt auch Zeit neue Einsichten und notwendige Ruhe. Eine Entscheidung schnell treffen zu müssen, setzt unter Druck; ausgenutzt wird hier die Angst, die jeder um seine Gesundheit hat. Da kann man sich natürlich als medizinische Einrichtungen diese Angst zum Nutzen machen, um gewinnbringende Maßnahmen möglichst schnell zu entscheiden. Das macht für den Leidenden Druck. Der Kranke will ja schnell wieder gesunden und denkt, er müsse schnellstmöglich einer vorgeschlagenen Therapiemaßnahme zustimmen.

Dabei ist es so wichtig, sich bei den Entscheidungen Zeit zu lassen und alles gut zu durchdenken und mit den inneren Barometern abzustimmen. In medizinischen Einrichtungen wird oft das angeboten, was sich verkaufen lässt. Das sollte man immer bedenken und ruhig bleiben. Wir müssen vieles nicht gleich entscheiden. Für derartig wichtige Dinge sollten wir uns Zeit nehmen und auch weitere Experten befragen, man muss nicht gleich auf das erste Pferd steigen, wenn da eine ganze Herde steht.

Ich war in einer Rehaklinik, die immer wieder in der Presse oder auch im Internet für ihre guten und einzigartigen Therapien wirbt. Nach jeder Therapie musste ich erst fragen oder darum bitten, angeboten wurde wenig. Zu Hause war ich mit meiner Physiotherapeutin in einem Thermalbad im Therapiebecken. Durch das tragende Element Wasser konnte ich mit meinem Körper plötzlich wieder Bewegungen ausführen, die so nicht mehr möglich waren. Das hat mich regelrecht beflügelt. In der benannten Rehaklinik hat man mir Wassertherapien nicht angeboten, obwohl es dort ein Therapiewasserbereich gab. Vielleicht wäre ich jetzt schon weiter, hätte man gleich am Anfang gezieltere Therapien durchgeführt. Wenn ich jetzt zurück denke, zweifle ich an der Kompetenz der damaligen Ärzte und Therapeuten.

Einfachheit

Der Aufenthalt im Wasser hat mir auch gezeigt, dass mein Körper sich noch bewegen und aufrichten kann, abends im Bett habe ich dann etwas Wichtiges wieder in mir gefühlt und begrüßen dürfen: das Vertrauen in meinen Körper. So einfach kann es sein, einen verlorenen Seelenanteil zurück zu bekommen.

Manche schamanischen Therapeuten machen einen riesigen Hype daraus, dabei kann eine kleine Bewegung ausreichen, um einen verlorenen Seelenanteil nach Hause zu bitten. Es muss nicht immer kompliziert sein, oft sind es einfache Dinge, die große Erfolge nach sich ziehen. Es müssen nicht immer hochkomplizierte Therapien sein, die die beste Heilung bringen.

Zwei in schamanischen Therapien ausgebildete Freundinnen besuchten mich in der Rehaklinik. Die eine erklärte mir: „Du musst nur den Stecker wieder hineinstecken, dann funktioniert alles wieder." Die andere sagte: „Hast Du schon einmal darüber nachgedacht, dass andere Menschen nicht schlechter sind, auch, wenn sie gewisse Dinge nicht so gut können?" Ich dachte: Okay, das hilft mir alles im Moment nicht weiter und es berührt mich auch nicht, Fräulein superschlau. Ich habe die Krankheit nicht, weil ich andere hin und wieder beurteile und es reicht auch nicht, einen Stecker hineinzustecken, von dem ich nicht mal weiß, wo er sein soll. Solche Aktionen brauche ich im Moment nicht.

Eine andere Freundin ist Fußpflegerin. Sie war erst kürzlich zu Besuch, sie hat mir die Füße gemacht, dann hatte sie Materialien mit, mit denen wir ein Mandala gestaltet haben. Das hat Freude gemacht und sie sagte, weil ganz viel blau sich hervorhob: „Du musst ganz viel in deinem Gefühl sein und auf deine Gefühle achten." In der Tat, so ist es, es sind so viele Gefühle in mir, die respektiert und gelebt werden wollen. Alle Begegnungen, die ich jetzt haben durfte, zu den Heiligen und den Verstorbenen im Jenseits berühren mich zutiefst in meinem Herzen und lassen mich fühlen.

Auch die Beziehungen hier im Leben, die voller Liebe sind. Besonders die Beziehungen zu meinem Sohn und zu meinem Mann sind so bestehend aus Liebe und Zuneigung. Das entstandene Mandala zeigte mir, dass es in Ordnung ist, die tiefen Gefühle zu leben und mit ihnen zu heilen.

Mit meinem Sohn malte ich einen wunderschönen Regenbogen, somit wusste ich: ein Regenbogen verbindet die Herzen im Diesseits und auch im Jenseits.

Wenn ich an Menschen hier oder dort denke und einen Regenbogen von meinem Herz zu ihrem Herz entstehen lasse, sind sie da und ich kann mit ihnen kommunizieren. Dann sind wir über die Regenbogenbrücke miteinander verbunden. Diese Verbindung ist viel intensiver als ein Telefonat mit viel Gerede. Mein Schutzengel, Ellasira, bestätigte mir diese Erkenntnis und Wahrnehmung.

Der Aufenthalt im Therapiebecken, das Legen des Mandalas und das Malen eines Regenbogens brachten mir mehr Heilung als der Versuch von zwei schamanischen Therapeutinnen.

Oft sind es die kleinen Dinge, die viel mehr bringen, als gute Ratschläge und viel Getue und Wichtigmacherei. Auf dem Weg in die Gesundung merke ich immer mehr, wie wichtig es ist, dass unser Inneres mit dem, was außen ist, übereinstimmt. Therapieerfolg ist abhängig davon, ob der Kranke selbst ein positives Gefühl zu der jeweiligen Maßnahme hat. Nicht viel Werbung oder Gerede sind wichtig, sondern ein Ja des Kranken und sein gutes Gefühl, schalten die inneren Parameter auf Nein, dann ist es zumindest im Moment nicht das Richtige.

Die Frage: Na, wie geht's denn? Machst du schon Fortschritte? Dazu vielleicht noch eine mitleidige Stimme oder ein mitleidiger Blick, sind das Letzte, was man als Kranker gebrauchen kann.

Ich bin nicht mehr krank, doch ehrlich, ich bin auch noch nicht gesund. Ich bin auf dem Heilungsweg, auf dem Weg, gesund zu werden.

Natürlich mache ich Fortschritte, jeden Augenblick bewege ich mich ein Stück weg von der Krankheit und hin zur Gesundheit. Wie viele Schritte ich noch brauche, bis ich wieder gehen kann, weiß ich nicht. Was ich weiß, was ich brauche: Lasst mir meine Zeit, die ich brauche, erspart mir euer Leid, ich hab keine Kraft euch noch zu trösten. Schenkt mir lieber euer Mitgefühl und versucht mich zu verstehen. Macht euch kein Bild davon, wie es mir geht und tragt eure Vermutung eurer Sicht nicht hinaus in die Welt. Das erschafft nur zusätzliches Leid. Ihr könnt nicht wissen, wie es mir geht, durch das, was ihr seht. Nur ich weiß es. Ich wache jeden Tag mit mir auf und halte mich aus. Ich weiß, wie es mir geht, nicht so, wie ihr es seht. Wenn ihr reden wollt, redet mit mir, nicht über mich. Seid einfach ehrlich, eure Lügen erkenne ich sowieso. Diese oberflächlichen Spiele, spiele ich nicht mehr mit. Ich will nicht mehr reden zum Zeitvertreib, ich will nicht mehr nachdenken über selbstorganisierte Probleme. Jetzt ist anderes wichtiger geworden. So trennt uns mehr als wir glauben. Meine Zeit und mein Leben lass ich mir nicht mehr rauben. Auf den Dächern sitzen die Tauben. Sie gurren es in alle Welt: Es gibt etwas, das über alles zählt. Was jeder für sich wählt, muss jeder für sich entscheiden: Die Engen oder die Weiten, Oberfläche oder Tiefe. Gerede oder Taten. Was bringt die Saaten zum Licht? Es sind nur die Taten. Sie sind das Wachstum natürlich, sonst nichts.

Es ist immer wieder verblüffend, wenn mir Leute erzählen, sie hätten von irgendjemand, der mich besucht hat, gehört, wie es mir geht. Das ist schon erstaunlich, was andere dann so darüber wissen, wie es mir geht.

Dann denke ich, komme doch selbst zu mir und rede mit mir, ich erzähle dir auch, wie es mir geht. Du musst nicht den Vermutungen Dritter glauben. Meist haben diese Dritte noch nicht einmal zugehört, sie haben mich gesehen, dann sind sie der Meinung, es geht mir gut, sie müssen es ja wissen.

Eine andere Sache, die ich belächeln musste und von der ich mich genervt fühlte, waren die klugen Ratschläge, was man so alles machen muss. Zum Beispiel besuchte mich eine Bekannte in der Rehaklinik, sie erzählte mir, sie habe im Aufenthaltsraum der Reha andere Rollstuhlfahrer beobachtet, die nehmen ein Bein zur Hilfe beim Fahren des Rollstuhls, „Das musst du auch so machen." Weiter später hob mich mein Mann von der Bettkante in den Rollstuhl, die Bekannte stand daneben und beobachtete den Vorgang mit den Kommentar: "Du musst dich hinstellen, los, stelle dich auf deine Beine." Ja das tue ich, so gut es geht und so gut es mein Körper mitmacht. Die Bekannte selbst ist ein wenig ungeschickt und tollpatschig, sie ist nicht mal in der Lage mich im Rollstuhl ein Stück zu fahren, aber sie sagt mir, was ich machen muss. Das trägt bestimmt nicht dazu bei, dass man sich nach einem solchen Besuch besser fühlt.

Noch dazu kommt, dass all jenes, was man muss, Druck macht und nicht förderlich auf die Genesung wirkt.

Unsere inneren Barometer zeigen uns, was uns gut tut und was eher nicht. Eine schwere Krankheit macht schon Druck genug, da brauchen wir nicht noch zusätzlichen Druck. „Du musst…" macht Druck. Was wir müssen und nicht können, steht wie ein großer Berg vor uns, der unüberwindbar erscheint. Druck wirkt sämtlicher Heilungsmöglichkeit entgegen. Dass, was uns möglich ist und ohne Druck auszuführen ist, geht irgendwann wie von selbst, ganz leicht.

Das tut uns gut und die Bewegung wird wieder möglich. So erging es mir im Wasser, leicht waren Bewegungen wieder möglich, ohne Druck, durfte ich erkennen, was mein Körper noch kann und noch schafft.

Der Körper möchte von sich aus, gesund sein, deshalb wird er alles, was ihm möglich ist, dafür tun. Bekommt er Druck, wehrt er sich. Druck erzeugt immer Gegendruck. Besser ist, wir sprechen dem kranken Teil Mut zu, dass wir an ihn glauben. Dann entsteht Heilung. Durch Druck entsteht nur wieder Druck und am Ende Verzweiflung.

Ein Kind, welches schreiben lernt und dabei ständig ermahnt wird, dass es schön und ordentlich schreiben muss, gerät unter Druck, irgendwann will es nicht mehr schreiben. Macht man dem Kind Mut und sagt ihm, dass seine Schrift immer schöner wird, hat es Lust zum Schreiben. Genauso funktioniert die körperliche Heilung.

Unter Druck, macht der Körper gar nichts mehr und reagiert vielleicht sogar noch mit zusätzlichem Schmerz. Mit Mut gewinnt er Kraft und das Vertrauen in die Gesundung.

Gebet:

Gütiger, barmherziger Gott, nimm den Druck von mir, den Druck, den ich mir selbst mache, wie auch den, der durch andere zu mir kommt. Lasse mich frei sein von sämtlichen Druck und hilf mir, dass Heilung geschieht. Lasse meinen lebendigen Geist nun auch meinen Körper erwecken. Lebendiger Geist, durchdringe mich mit deiner Wachheit und Lebendigkeit, erwecke meinen Körper, dort, wo er noch schläft, dass ich in meiner Gesamtheit wieder im Leben bin.

Mein linker Arm ist noch im Tiefschlaf. Es stellt mein inneres Kind dar. Es erzählt mir, es möchte nicht mehr schlafen, aber es braucht noch Aufmerksamkeit und Liebe.

Ich verbinde mich über die Regenbogenbrücke aus meinem Herzen zu meinem inneren Kind. Das Kind steht einsam im Kindergarten und wartet auf seine Mutter, dass es abgeholt wird, doch sie kommt nicht, ein Gemeindearbeiter holt es ab, die Mutter hatte keine Zeit. Ich gehe jetzt zu dem Kind, hole es ab und verspreche ihm, immer Zeit zu haben. „Ich bin für dich da und lasse dich nicht allein, ich sorge für dich". Ein großes Versprechen, was ich da gegeben habe. Jetzt sollte ich gut für mich sorgen und sollte mich um mich kümmern und für mich da sein.

Bisher war ich zuerst immer für andere da, wenn jemand Hilfe brauchte, war ich da. Für mich selbst war ich weniger da. Doch das werde ich jetzt ändern, ich schwöre: Zuerst ich, dann die anderen. Ich werde nicht egoistisch mich zum Mittelpunkt machen, um den sich alles dreht. Doch ich werde mich mehr beachten und Menschen, die mit ihren endlosen Fragen und Kommentaren nur Energie rauben von mir fern halten. Andere, die wirklich meiner Hilfe bedürfen und dankbar sind, werden immer auch meinen Respekt und meine Aufmerksamkeit erhalten. Ich werde konsequenter Freunde aufnehmen und auswählen und mich somit schützen und ich werde mich konsequenter um mich selbst kümmern und auf meine Bedürfnisse hören. Ich werde meinem inneren Kind eine gute Mutter sein.

Ich lasse einen Regenbogen zu meiner Mutter ins Jenseits entstehen. Sie weiß um die Dinge, sie sagt mir, sie konnte es damals nicht besser, sie war nur darauf konzentriert, von anderen gemocht und geliebt zu sein, dass sie für ihre wahren Aufgaben, keine Zeit mehr hatte. Sie weinte sehr und so tat sie mir Leid, dann hörte ich hinter mir eine Stimme: „Ich bin die Familienseele. Alle vor Dir haben ihre Aufgaben nicht wahrlich übernehmen können, mütterliches Dasein war ihnen nicht möglich, bettle bei ihnen nicht mehr um Liebe, da ist keine. Lebe deine eigene Liebe und lasse sie in dein Leben fließen. Auch ich, die Familienseele werde mit dir heilen. In der Familienseele deines Ehemannes fehlt auch mütterliche Liebe. Auch sie darf mit uns heilen. Dein Mann schenkt dir jetzt viel Liebe und darf damit viel wieder gut machen, was seine Vorfahren versäumten."

Ich fragte den Engel des Karmas, ob immer die Menschen die Versäumnisse ihrer Ahnen ausgleichen. „Sie müssen es nicht", sagte der Engel, „aber sie werden es tun, weil die Familienseele es braucht. Wenn die Familienseele heil ist, ist kein Leid mehr abzutragen. Die Familienseele braucht Frieden, dann kann für alle Individualseelen ein leidfreier Frieden sein und keiner muss mehr etwas ausgleichen, sondern kann sich um seine Aufgaben kümmern." Der Engel des Karmas erklärte mir noch, dass meine Krankheit meinen Mitmenschen der Familie dient, um die Versäumnisse ihrer Ahnen auszugleichen. Die Mutter meines Ehemannes hat ihren Mann nicht zu Hause in seiner Sterbestunde gepflegt. Mein Mann gleicht es aus, weil er mich jetzt in der schweren Krankheit versorgt und pflegt. Der Engel erklärt, dass wird die Familienseele heilen. „Bald bist du vollkommen gesund.", spricht der Engel weiter "Lasse einfach Heilung geschehen. So viele Engel sind dir gesandt, um dich zu erlösen aus deinem Leid."

Gebet:
Kommt alle ihr Engel von Gott gesandten, erlöst mich von meinem Leid, nehmt von mir die Krankheit, und führt mich in die Heilung. Danke."

„Ich bin der Engel der Heilung und führe dich aus dem Leid in die Heilung". Der Engel der Heilung nimmt mich an seine Hand und führt mich einen Weg entlang, links und rechts wachsen Sträucher und Bäume, die Sonne scheint, Vögel fliegen hoch am Himmel. Dann verschwindet der Engel und ein anderer erscheint. „Ich bin der Engel des Friedens", sagt er. Er segnet mich und nimmt mich mit in einen großen Tempel, der im blauen Licht erstrahlt. Ruhe und Frieden erfüllen mich. Der Engel erklärt mir, dass ich immer hier einkehren darf, wenn ich mich unruhig und aufgewühlt fühle. Ich weiß, dass ich ganz viel Ruhe brauche, nur in der Ruhe kann mein Körper regenerieren und heilen.

Der Engel des Friedens verschwindet und ich sehe einen großen Regenbogen, der aus meinen Herzen entspringt, am anderen Ende verbindet er mich mit lieben Menschen, an die ich denke und mit denen ich verbunden bin. Über die Farben des Regenbogens sind wir verbunden, wir sind verbunden über unsere Kraft, in der Farbe rot, wir sind verbunden über die Freude, die Farbe orange. Die Kraft braucht die Freude, dass sie frei von Gewalt ist. Wir brauchen die Kraft, um unseren Platz im Leben einzunehmen. Das dürfen wir freudig tun. Freude ohne Verstand kann albern werden. Über die Regenbogenbrücke verbindet uns der Verstand mit der Farbe gelb. Das Leben und die Hoffnung und das Wachstum verbindet uns mit der Farbe grün, mit der Farbe blau verbindet uns der Frieden. Die Farbe violett symbolisiert unsere spirituelle Verbindung. Alle Farben und Themen sind in unserem Herzen und über diese Farbenbrücke sind wir miteinander verbunden von Herz zu Herz.

Ich verbinde mich über die Brücke mit meinem Sohn Paul und teile ihm geistig mit, dass ich ihn über alles liebe.

Ich brauche noch etwas für meine Heilung, aber ich weiß nicht was, es fehlt noch etwas, aber ich weiß nicht, was es ist.

Ich verbinde mich mit meinen Schutzengel und frage ihn, was mir fehlt. Er lächelt und zeigt mir ein wunderschönes Wesen, es sagt: „Ich bin dein Seelenanteil, du hast mich verloren. Ich bin deine Orientierung, sozusagen deine innere Führung." Ich nehme diesen Anteil dankbar wieder an. Und ich frage gleich, ob mir noch ein Seelenanteil fehlt, es wurde verneint. Nun gehe ich mit meiner Orientierung weiter und fühle, wie alles wieder klarer wird und der Nebel von mir weicht.

Ich stehe zwischen den Welten auf einem Bahnhof an einem Kartenschalter. „Wo möchten sie bitte hin?" fragt mich eine freundliche Dame im Schalterhäuschen. „Zur Gesundheit" antworte ich.

Die Dame gab mir eine Karte, wollte aber kein Geld. Der Preis war etwas anderes, auf der Karte stand: „Schenke weiter deine Liebe und deine Mitmenschlichkeit deinen Brüdern und Schwestern." Ich verspreche, dass ich das tun werde. Schnell steige ich in den Zug, neben mir nimmt ein Wesen Platz, „Ich bin deine vollkommene Gesundheit, wenn du mit mir wieder vereint bist, wirst du wieder frei."

Jetzt wird mir klar, dass eine Krankheit vollkommen unfrei macht. Man kann nicht mehr einfach etwas tun, manches ist einfach unmöglich geworden. Ich habe es immer sehr genossen, einfach frei sein zu dürfen. Dass das nicht selbstverständlich war, war mir immer bewusst.

„Was ist für dich frei sein?" fragte mich die Gesundheit neben mir. Mich frei bewegen können, verreisen, in einem Hotel wohnen können, fremde Toiletten benutzen können, allein ins Auto steigen und wieder heraus. Das alles lässt mich frei sein. Gemütlich schaukelt der Zug weiter. „Du verstehst nicht, dass ich schon neben dir sitze, obwohl du zu mir fahren wolltest", sagt neben mir die Gesundheit. Das habe ich tatsächlich gerade gedacht, da hält der Zug, wir steigen aus. Wir verlassen den Bahnhof und stehen auf einem großen Platz, in Kübeln wachsen Blumen, Straßenmusiker spielen ihre Musik, Maler malen Bilder. Die Gesundheit drückt mich auf eine Bank und setzt sich daneben. Wir beobachten das bunte Treiben um uns herum. Die Gesundheit holt ein Buch aus ihrer Tasche und liest mir daraus vor: „Ein Regenbogen entsteht, wenn es gleichzeitig regnet und die Sonne scheint. Zwei Extreme begegnen sich und etwas Schönes entsteht. Die Gegensätze begegnen sich und erschaffen etwas Vollkommenes."

Das ist eine Weisheit: Gegensätze ziehen sich an. Sie sind im Austausch miteinander, jeder gibt das Seine und etwas Neues entsteht. Wenn jeder das Seine gibt und dem Leben schenkt, wird Gutes erschaffen. Wir sollten uns dem Leben verschenken. Die Natur, die vollkommene Schöpfung zeigt es uns, in unserem Beispiel: der Regen gibt das Wasser, die Sonne gibt ihr Licht, der bunte Regenbogen entsteht. Der Regenbogen ist die Brücke der uns verbindet, in den Himmel und auf der Erde. Engel hüten den Regenbogen und tanzen auf ihm: auf dem roten Strahl ist der Engel des Lebens und der Kraft, orange bewohnt der Engel der Freude, auf gelb ist der Engel des Wissens, auf grün ist der Engel der Herzenswärme und der Hoffnung, blau beherbergt den Engel des Friedens und des guten Miteinander, violett ist die Transformation und der Veränderung. Aus Wasser und Sonne entstehen all diese Farben. Würden die Wolken das Wasser für sich behalten oder die Sonne das Licht, gäbe es den Regenbogen nicht. Behält der Mensch seine Gaben nur für sich, gäbe es den Menschen nicht. Verschenkt Eure Gaben mutig ins Leben, dann ist nichts umsonst, was ihr gegeben.

Das Leben braucht von jedem sein Stück, zusammen entsteht daraus das Glück. Wer nichts hat zu geben, für den war es im Leben so manches Mal vergeben.

Über die Regenbogenbrücke verbinde ich mich zum Engel des Karmas, ich möchte von ihm noch wissen, was gutes Karma oder schlechtes erschafft. Er erklärt mir diese Regeln des Karmas:

Suche deine Gegensätze und verbinde dich mit ihnen, nicht Gleiches bringt dich weiter, sondern Anderes, das,

101

was dich ergänzt. Was dich ergänzt macht dich vollkommen.

Schenke das, was du besonders gut kannst, dem Leben, behalte es nicht für dich allein.

Komme in Verbindung mit deiner inneren Führung, vertraue ihr.

Versetze dich gedanklich in die Situation anderer, um sie zu verstehen. Schule so dein Mitgefühl.

Unterstütze andere bedürftige auch in ehrenamtlichen Funktionen, um Güte in die Welt zu bringen.

Nutze die Zeit auf Erden, um ein wahrer Mensch zu werden.

Der wahre Mensch ist menschlich: Er hilft Bedürftigen, versteht den anderen und den Leidenden, hilft das Leid zu verringern, bringt Liebe und Güte, so nur steht er in voller Blüte.

Das bisher genannte schafft gutes Karma.

Schlechtes Karma erschafft der Mensch, der egoistisch und selbstsüchtig sich nur um sich selbst kümmert, der kein Mitgefühl aufbringen kann. Ich danke dem Engel des Karmas für seine Botschaften. Über die Regenbogenbrücke verbinde ich mich mit dem Engel der Freundschaft, der mir erklärt, dass ich wunderbar selbst erkannt habe, Freundschaften neu zu sortieren und zu bewerten, er zeigt mir Freunde, die in diesem Leben noch als solche wertvoll sind und welche jetzt gehen dürfen. Freundschaften, die es nicht mehr wert sind, binden nur wertvolle Energien, erklärt mir der Engel. Ich danke dem Engel und verbinde mich mit dem Engel der vollkommenen Gesundheit. Er sagt mir meine Heilung braucht noch Zeit, der Weg war weit und groß das Leid, jetzt braucht es noch Zeit, dann ist der Körper bereit, das Alte zu belassen, Schmerz und Krankheit wird ihn verlassen, neue Stärke wird er gewinnen, ein neues Leben wird beginnen. Gott allein wird es verwalten und in seinen Händen halten. Oh Heiliger Geist, durchströme mich, ich lade dich ein, in mir zu sein. Du wirst mich befreien von all meinen Leiden und mir den Weg ins Leben neu zu bereiten. Nur das Gute wird mich noch begleiten. Das Gute kommt zu mir herein und schließt die Tür fest hinter sich zu. So ist mein Raum vom Guten besetzt, da ist kein Platz mehr für die bösen Kräfte. Geblendet von all dem Licht, verlassen sie mich Stück für Stück, all die Neider und gehässigen Gestalten haben in mir keinen Platz mehr, können allein sich gestalten, gebe nichts mehr von mir an sie her. Ihnen gehört nichts von mir, nie mehr.

Ich vertrete auf Erden den guten Geist, dessen Kind ich bin, in hohen Ehren. Mein Gott, mein Vater in der Höhe, Kraft des Guten und der Liebe, nur du bist auf der Seite der Siege, du hast mich erschaffen, hältst mich in deinen Händen. Lass doch die Neider reden und hochmütig sich erheben. Allein Gott ist am Höchsten, so bleibe ich in seinen Händen, hier darf ich ruhen, muss mich nicht wenden.

Ich kann mich nicht allein beschützen, drum komm ich zu Dir, mein Gott und bleibe hier. Du hast mir mein Leben zum zweiten Mal geschenkt, allein durch Dich wird es in die richtigen Bahnen gelenkt. Ich lasse meinen Willen los, Dein Wille geschehe, dann wird das Gute groß.

Aus Deinen Händen kann ich nicht fallen, Deine Worte werden in mir hallen. Des Bösen Kindes, eine andere Macht, sie weg von mir bleibt, darüber mein Gott, halte Wacht. Gebe Du auf mich acht, ich allein bin zu schwach.

Ich möchte aufstehen und gehen, wohin Du mich gehen lässt, verlassen werd ich nie das Nest Deiner Hände, in dem ich bei Dir liegen darf. Mein Gott, ich lebe in Deinem Geist, so bin ich nie verwaist, bei Dir darf ich immer sein und Du hältst mein Herz rein, weil nur Dein Heiliger Geist darin sein darf allein, mit ihm ich verschmelze, Dein Geistes Kind ich bin. Du hast mir das Leben gegeben, deine Gnade, die Du mir schenkst, Dein Segen, der mich lenkt auf meinen Lebenswegen, wohin sie mich führen, weißt Du ganz allein, du öffnest die Türen, die für mich sollen offen sein.

Wessen Geistes Kind ein Mensch ist, zeigt er in seinen Taten.

Die guten Mächte werden nicht schaden, sie sind erschaffen aus der guten Quelle, der höchsten Kraft, die Gutes will und Gutes schafft. Wessen geistiges Kind ein Mensch ist, zeigt sich in dem was er tut. Daraus wird er das, was er ist.

Der gute Geist stammt aus Gottes Gnade. Der böse Geist, dem Guten neidet, drum er sich von ihm scheidet. Das Gute wird die Macht haben, solange Menschen es wagen, das Gute zu Ehren und sich nicht zu wehren aus Hochmut und Stolz der Größere zu sein.

Zum Leben bringt uns nur der Eine.
Aus Krankheit führt uns nur der Eine.
Das schaffen wir nicht alleine.
Es gibt nur eine heilige Macht, sonst keine.
Wer ist der Eine?

Der Eine ist die Geistige Kraft, die Himmel und Erde gemacht und erschaffen hat. Wir sind alle seine Kinder und dürfen sein in seinem Schutz, dürfen leben durch seine Gnade, werden lebendig durch seinen Atem, den er uns einhaucht, dass wir werden bewegt. Barmherziger Gott, Schöpfer alles Seins, ohne dich, ich nicht wär, ich bin dir zur Ehr, du hast mich erschaffen und das, um mich herum.

Das Jenseits ist auch im Diesseits.

Verstorbene, die in der Ewigkeit leben, halten Kontakt zu uns und helfen uns mitunter sogar. Sie sind bei uns, nur auf einer höheren Bewusstseinsebene. Deshalb ist der Himmel höher, es geht nicht um das Örtliche, sondern um das Bewusstsein. Das Bewusstsein im Diesseits ist eher auf die Materie gerichtet. Materie ist dichter und das wahrnehmende Bewusstsein schwingt niedriger. Der Himmel ist höher, doch genau dort, wo wir auch sind.

Wir können immer auch ein Stück im Himmel sein. Es hängt lediglich davon ab, worauf wir unser Bewusstsein richten. Ich gehe durch meinen inneren Garten direkt zu Gott. „Das hast du alles sehr richtig erkannt", sagt Gott, „Und dafür hattest du auch diese Krankheit, um den Himmel zu verstehen."

Na prima dachte ich mir, dafür muss ich leiden, wäre das nicht auch einfacher gegangen? Doch ich will nicht undankbar sein. Es haben sich mir ganz neue Erkenntnisse und Sichtweisen eröffnet, dafür bin ich dankbar.

Gott segnet mich und schickt mich zurück in mein Leben. Dort angekommen denke ich über das Erlebte nach. Und wieder wird mir bewusst, was wir auch in schweren Stunden geschenkt bekommen. Ganz oft bin ich sehr traurig und leide unter den Folgen meiner Krankheit und dann stellt Gott auf die andere Seit das Gute, so erhalte ich ein Stück vom Himmel und wieder mehr Leben.

Wasser

Meine Physiotherapeutin ist ein wunderbarer Mensch. Sie opfert ihren Sonntag und geht mit mir zur Therapie ins Thermalbad. Nun waren wir wieder gemeinsam mit meinem Mann und meinem Sohn im Wasser. Ich konnte wieder stehen und mit Hilfe kleine, vorsichtige Schritte gehen. Zu Hause viel mir auf, Wasser trägt uns, dadurch fällt es mir leichter, mich aufzurichten, denn ich werde getragen und gehalten vom Wasser. So lag ich mit dieser Erkenntnis in meinem Bett und reiste durch meinen inneren Garten zum Element Wasser und seine Ursprünglichkeit. Das Wasser zeigte mir, dass es auch in mir ist und mich in mir tragen kann. Das Wasser steht symbolisch für das Gefühl. Ich beschließe, dem Wasser und dem Gefühl in mir mehr Raum zu geben, dass es mich tragen kann. Welches Gefühl brauche ich, um mich getragen zu fühlen? Spontan weiß ich es: Freude.

Wenn ich Freude fühle, erhöht sich meine Leichtigkeit und ich fühle mich getragen. Freude empfinde ich in meinem Herzen, wenn ich in die wunderschönen blauen Augen meines Kindes schaue, wenn ich mit lieben und ehrlichen Menschen beisammen bin, wenn sich mir ein Stück vom Himmel zeigt, wenn ich schöne Blumen beschaue und gute Gespräche habe, leckere Speisen verzehre, gute Bücher lese, gute Filme sehe. Es gibt also einiges, womit ich mir Freude erschaffen kann.

Ich hatte Geburtstag und habe nur einen Wunsch: Wünscht mir bitte nicht alle Gesundheit, denn somit werde ich Permanent an die Krankheit erinnert, wünscht mir lieber Freude, dann kommt die Gesundheit automatisch. Viele glauben, ohne Gesundheit, könne man auch keine Freude haben. Dem muss ich aus meiner derzeitigen Erfahrung widersprechen. Auch in schwerer Krankheit kann man Glück und Freude fühlen.

Ich fühle beides, wenn ich mit lieben Menschen beisammen bin. Ich fühle es auch, wenn ich in die Augen meines Sohnes blicke. Ich fühle es, wenn mein Mann mich liebevoll umsorgt. Glück und Freude kann man auch im Kranksein fühlen und sie machen uns gesund. Glück, Freude und Gesundheit gehören zusammen und kommen alle von Gott. Krankheit, Egoismus und Pessimismus und Neid gehören zusammen und kommen aus den niederen satanischen Kräften. Auf der Erde können wir diese beiden gegensätzlichen Kräfte erleben und uns für eine entscheiden: Die göttliche Kraft aus dem Himmel oder die satanische Kraft aus den niedrigen Bewusstseinsebenen. Aus dieser Entscheidung heraus erkennen wir dann auch, wessen Geistes Kind wir sind. Der Geist des Menschen darf sich entscheiden: Himmel oder niedere Kräfte, Optimismus oder Pessimismus, Mitgefühl oder Egoismus, Vertrauen oder Verzweiflung. Aus dieser Entscheidung wächst unser Geist und alles weitere folgt.

Dem Himmel nahe kommen, seine Türen öffnen.
Dem Himmel nahe kommen,
die Tore des Herzens nach oben schieben
und reinlassen,
was der Himmel bereit hält.
Sich einlassen auf die hohe Welt,
die uns reich beschert,
mehr als Gold ist sie wert.
Der Weltenruhm, er wird vergehn',
dir vielleicht sogar im Wege stehn'
Der Himmel, deinen Geist befreit
und bleibt.
Was nützt dir dein Guthaben auf der Bank,
der volle Kleiderschrank,
viele Tasse und Teller.
Das Leben ist schneller
vorbei, als man es braucht.
Wem schenkst du ein, reinen Wein,
wem den verdorbenen?
Wer willst du wirklich sein,
was hast du dir geschworen?
Sein oder Schein?
Was andere über dich denken,
das wirst du nie wissen.

Es ist auch egal.
Wichtig ist, was denkst und fühlst du selbst über dich.
Wessen Geistes Kind willst du sein?
Großzügig oder Klein?
Wer immer du bist,
was immer du vermisst.
Du kannst nur selbst dein Leben leben.
Kein anderer kann es tun für dich.

Wenn einer deiner Mitmenschen neben dir stürzt, hebst du ihn auf? Oder kannst du es nicht, weil danach dein Rücken schmerzen könnte? Denkst du also mehr an dich und schaust zu, wie andere leiden? Wessen Geistes Kind bist du so? Es zeigt sich, das kann man nicht vermeiden. Warum bist du auf Erden? Um zwischen Höhen und Tiefen ein Mensch zu werden. Gutes sollst du tun. Erkenne den Ruhm. Irgendwann musst du beantworten die Frage: Was hast du Gutes getan?

Hast du dann Antworten? Darauf kommt es an. Es kommt die Stunde, dann ist das Leben vorbei. Dann zählt nicht die Anzahl der Stunden, die du lebtest, sondern was du in den Stunden getan hast. Die Lebenszeit wird uns gegeben. Wieviel es ist, das wissen wir nicht. Die Zeit auszufüllen mit guten Taten, das ist unsere Aufgabe auf lange Sicht.

Raum der Begegnung

Im Raum der Begegnung wartet mein Schwiegervater. Ich erkenne ihn sofort. Er zeigt sich wie er zu Lebzeiten aussah: Klein, pummelig, schütteres Haar. Er sagt mir, es tue ihm Leid, dass ich so leiden muss, er würde mir gern helfen. Er möchte wissen, was er tun kann. Er sagt, er habe im Leben viel falsch gemacht, er habe seinem Sohn zu wenig Liebe und Aufmerksamkeit gegeben. Ich sage ihm, dass es jetzt zu spät ist und ich ihm da nicht helfen kann, er solle sich an Gott und die geistigen Helfer wenden.

Dann kam eine Frau, die ich nicht kannte. „Ich bin Schwester Bernadette. Als Schwester helfe ich dir." Sie trug eine Tracht und erklärte mir, es sei ihr von Gott befohlen wurden, mir zu helfen. Wir kennen uns aus dem Leben, als ich Priesterin war. Ich weinte, Bernadette nahm mich in den Arm. In einem weiteren Leben waren wir beide Schwestern in einem Kloster, aus diesem Leben kennen wir uns nicht, doch unsere Seelen sind befreundet und sie ist jetzt für mich da. Ich war so berührt und weinte, Bernadette streichelte sanft meine Wange. „Weine nicht, meine Liebe, alles wird gut", flüsterte sie. „Ich bin für dich da, du warst auch schon für mich da. Als Priesterin hast du an meinem Sterbebett gesessen, als Schwester im Kloster litt ich an einer schweren Krankheit, du hast mich gepflegt. In diesem Leben warst du auch an vielen Sterbebetten, ich war auf der anderen Seite und habe die Menschen abgeholt, die aus dem Leben kamen."

Dann kam meine Omi Theresia und bedankte sich, dass ich in ihre letzten Lebensstunden bei ihr war. Sie sagte mir, ich solle mir nicht einreden lassen, dass ich nicht stehen und nicht laufen kann. Omi hatte auch einen Schlaganfall. „Ich habe einfach alles weiter gemacht und habe gar nicht erst verinnerlicht, dass ich mich nicht mehr bewegen kann, oft wurde mit mir geschimpft, dass ich dies oder das nicht machen soll, davon darf man sich nicht beirren lassen." Meine Omi war eine taffe Frau, sie hat nie gejammert, sie hat alles ertragen und ausgehalten. Zu ihrem 100. Geburtstag sagte sie, auch, wenn es schwer war, der liebe Gott habe ihr immer geholfen. Sie wusste woher die Hilfe kam und hatte sich entschieden, wessen Geistes Kind sie war. Omi nimmt mich in ihre Arme und sagte, dass es ihr Leid tut, dass ich so leiden müsse, sie tut einiges dafür, mein Leid zu reduzieren. Zur gegebenen Zeit werde ich erfahren, was sie tut. Sie sagt mir, es sei noch nicht die Zeit für mich ins Jenseits zu kommen, meine Aufgaben sind noch im Leben, sie hat mir Lebenskraft, die sie nicht verbraucht hatte, geschenkt.

Nun kam ein großer stattlicher Mann mit welligem, zurückgelegten Haar. „Ich bin der Vater von deiner Omi, der Großvater deines Vaters, dein Urgroßvater. Wir sind uns im Leben nicht begegnet, du bist aber trotzdem mein liebes Urenkelkind und gehörst zu meinem Clan. Ich gehöre zu deinen Ahnen und du trägst das Leben weiter. Du hast die heilerische Gabe meiner Frau, deiner Urgroßmutter, Theresia, bekommen und darfst sie in dir mit deinen Kräften vereinen und leben. Dein Sohn trägt in sich meinen Stolz auf das, was er erschafft. Du hast einen wunderbaren Sohn und bist ihm eine ausgezeichnete Mutter"

Großvater Franz, den ich im Leben nicht mehr kennengelernt habe, reichte mir seine Hände und hielt meine, dabei schaute er tief in meine Augen „Du wirst noch glückliche Jahre erleben", sagte er und ließ meine Hände los, dann verschwand er wie durch eine Nebelwand.

Eine Frau zog mich in ein Zelt. Sie heißt Lena und ist Wahrsagerin. Sie schaut in einen Kasten voller Steine und sagt mir, was alles noch auf meinem Lebensweg geschehen wird. Zum Schluss streichelt sie meine Schultern und ermutigt mich, ich solle sie rufen, wenn ich etwas wissen möchte. Sie hilft mir, wenn es möglich ist.

Jetzt zog mich der Engel des Karmas in einen großen Saal, wir setzten uns, eine Leinwand öffnete sich, wie im Kino und ich durfte meine früheren Leben sehen. Ich erkannte Menschen, die mir damals und auch heute nahe waren. Einige Begebenheiten verstand ich. Beziehungen wurden klarer.

Die Krankheit dennoch trug ich nicht für mich, sondern lebte mit ihr Karma meiner Familie ab. „Warum hast du diese Wahl getroffen?", fragte mich Omi. Ich gab ihr alle möglichen Erklärungen, die mir einfielen, dabei wusste ich selbst, es war einfach dumm von mir. Jetzt hatte ich die Wirkung von der Ursache, dass ich mich um etwas kümmern wollte, was ich nicht gebraucht hätte. Nun muss ich es aushalten. Und ich muss es durchstehen.

Die Familienseele bitte ich zu mir und sage ihr, dass ich diese Dinge nicht weiter tragen kann und möchte, ich gebe sie zurück. Die Familienseele sagt, sie werde sie dorthin bringen, wo sie ursprünglich hingehören und so bin ich frei von ihnen. Ich bekenne meinen Fehler. Ich wollte unbedingt mit meinem Mann eine Ehe und Familie. Somit übernahm ich das Schicksal seiner Familie. Dieses Karma hat mich krank werden lassen. Jetzt nützt es nichts, zu bereuen, ich muss es erdulden. Meine Omi kommt und sagt: „Ich rede immer wieder mit denen aus der Herkunftsfamilie deines Mannes, die schon im Jenseits sind, dass sie ihre Schuld selbst tragen. Es ist ungerecht die eigenen Kinder und Kindes Kinder es tun zu lassen. Nicht alle sind einsichtig, der Großvater deines Mannes ist sehr stur und stolz, das hat seine Tochter geerbt." Ich sage meiner Omi, dass ich es nicht schaffe, allein aufzustehen. „Hol dir deine Kraft, zurück, du hast sie verloren", rät meine Omi.

In meinem inneren Garten kommt Schwester Bernadette und überreicht mir einen Beutel. Ich öffne ihn und atme tief die Luft ein, die aus dem Beutel strömt, es ist meine Kraft. Bernadette hat sie für mich aufbewahrt. Dann stehen wir vor einem Wasserfall und halten uns bei den Händen, Bernadette, Omi und ich in der Mitte, die beiden geben mir noch Kraft hinzu, „Wir brauchen sie nicht mehr, wir schenken sie dir" sagen sie. Jemand spielt Musik für mich, es berührt mich zutiefst. Ein anderer überreicht mir einen Strauß wunderbar duftender Blumen, ein nächster streichelt zärtlich meinen Arm und flüstert liebe Worte in mein Ohr. „Alle sind bei dir, du bist nicht allein", sagt

Bernadette. „Das Karma deiner Wahlfamilie musst du ab jetzt nicht mehr mittragen. Es ist nicht deine Aufgabe. Du hast es erkannt und bereut. Damit ist es gut."

„Es sei dir vergeben, du bist erlöst" sagt Jesus Christus, während er seine Hände über meine Schultern legt. Ich fühle mich erlöst und frei. Erzengel Michael schwenkt über mir sein Schwert, dabei fragt er mich, ob er mich von der Familienlast trennen soll. Ich schrie: „Ja, bitte trenne mich davon." Ich hörte vor mir ein lautes Geräusch, wie das einer Sense beim Grashauen. Dunkle Wölkchen zogen von meinem Körper weg. „Macht euren Scheiß alleine", schrie meine Omi zu meiner Wahlfamilie. „Dein Mann hatte Glück. Du hast ihm vor größeren Unheil bewahrt", sagt Erzengel Michael, dann schrie er den Großvater mütterlicherseits an „Beuge dich nieder, du alter stolzer Idiot. Wer bist du schon? Alle buckeln für dich und deine Schulden." Er beugte sich nieder, ich warf ihm das, was ich für ihn trug auf seine Schultern mit dem Satz: „Ich trage es nicht mehr länger für dich, es ist genug." „So hat noch niemand sich getraut mit ihm zu reden", sagte Erzengel Michael. Ich fühlte immer noch eine Last, diese ließ ich zu seiner Tochter fließen, die das jetzt noch auf der Erde ausgleichen darf. „Ich trage nicht mehr eure Schulden ab. Dafür bin ich nicht hier."

Der Engel des Karmas erklärte mir: Die Ursachen, die wir setzen, für dessen Wirkung müssen wir eines Tages einstehen. Nach dem Tod bleibt die Energie der Ursache zurück, dann müssen es nachfolgende Generationen ausgleichen. Wir übernehmen unerlöste Dinge der Vorfahren. Ich ging zur Familienseele und teilte dieser auch mit, dass ich die Schulden der Vorfahren meiner Wahlfamilie nicht mehr abtrage.

Das musste die Familienseele akzeptieren, Erzengel Michael trennte mich nochmals mit seinem Schwert von diesem Karma und sagte zu mir: „Du hast es aus Liebe zu deinem Mann getan. So etwas geschieht ganz unbewusst. Seine Seele wird es dir bis in den Himmel danken." „Was sich mir jetzt alles offenbart", sagte ich zu Erzengel Michael und verneigte mich vor ihm. „Steh auf", sagte Michael bestimmt. „Jetzt ist es an der Zeit, dich zu erheben und alles zu verstehen." „Alles zu deiner Zeit", tröstet mich Erzengel Michael und legt mir sanft seine Hand auf den Kopf. Ich strecke meinen Kopf nach oben und schaue in die liebevollen blauen Augen des Erzengels. Ich bedanke mich für diese Gnade.

Kurz danach stehe ich dem gütigen Gott gegenüber, auch bei ihm darf ich mich für die Gnade und Erlösung bedanken. Nun stehe ich vor Jesus Christus. Er ergreift meine Hände. „Du hast bei deiner Lebensplanung dieses Schicksal auf dich genommen, es ist deine freie Entscheidung. Du hast es aus Liebe getan, um die Seele deines Mannes zu befreien. Das Schlimmste ist vorbei, du hast es geschafft. Falle jetzt nicht in Wut, bleibe in deiner Liebe. Aus der Liebe zu fallen ist jetzt noch deine Prüfung, denn wenn man so viel aushalten muss, kann das geschehen. Ich verstehe dich, ich hatte am Kreuz auch diese Prüfung. Ich verstehe dich sehr gut", sagte Jesus. Ich fühle mich in seine Liebe gehüllt und tief verstanden. Jesus Christus nimmt mich an die Hand und führt mich auf meinen Weg. „Ich bin bei dir, wenn du mich brauchst", sagt Jesus. Ich bin sehr dankbar.

Christus mein Erlöser
Bei Dir bin ich behütet.
Du bist mein Erlöser,
Du bist größer
als meine Not.

Nur Du kannst sie mir nehmen
und mich bringen ins Lot.
Ich kann bringen meine Sorgen zu Dir,
Du erlöst mich von ihr.
Du machst mich neu und frei.
Immer ich bei Dir sei.
Gestirne kreisen neue Runden.
So vergehen viele Stunden.
Wir sind dabei.
Stunden, Tage und Jahre vergehn'.
Das Schicksal wird sich weiter drehn'.
Mancherlei wir nicht verstehn'.
Das Universum ist größer und weiter,
als das, was wir erkennen.
In dieser Größe sind wir ein kleiner Teil,
wer hört dann schon unseren Schrei.
Und doch sind wir Teil im großen Universum,
nichts ist umsonst.
Alle Teile zusammen bilden das Universum,
keines darf fehlen
oder ein anderes stehlen,
sonst wird es verschoben,
zerbrechen, was zusammen gehört.
Teil eines Großen zu sein,
macht uns selber klein,
zeigt uns nicht so wichtig nehmen.
Manches müssen wir nicht erwähnen.
Wer sich nicht klein machen kann
wird vielleicht irgendwann
klein und unsichtbar,
denn es ist wahr:
Wer sich selbst so wichtig nimmt,
dessen Lebenserbe verrinnt.
Keiner sich an ihn erinnert,
keiner will sein Erbe haben,

keiner will das bei sich tragen.
Verschafft es nur ein großes Klagen.
Herzlose dürfen nicht haben das Sagen.
Dann werden die Welten untergehn'.

Mein Mann rollt mich durch einen Garten voll blühender Rosen, dann setzen wir uns in ein Café und essen Eis, als plötzlich neben mir Gott, unser Vater sitzt. Er sieht mich an und legt sanft seine Hand auf meine Schulter. „Atme tief ein und lasse dich von diesem wunderbaren Duft durchströmen", spricht der allmächtige Gott zu mir. „Ich möchte dich nicht nur durchströmen, ich möchte auch das, was in dir noch schläft, erwecken", erzählt mir der Rosenduft. In Gedanken frage ich, was das bedeuten soll.

Der Duft erklärt mir: „Ich wirke belebend und anregend. Deshalb wirke ich für dich wie ein Medikament. Der Teil in dir, der noch schläft, kann durch meine Hilfe erwachen und du wirst wieder ganz. Das Göttliche liebt die Rosen, der Satan meidet sie."

„Den Satan und die Krankheit besiegst du nicht mit Kampf, sondern du überwindest sie mit Gottes Heiligkeit und mit allem, was diese Heiligkeit ehrt, wie der Duft der Rosen, wohlige Klänge, Güte und Liebe."

Ein altes Sprichwort lautet: „Wo man singt, da lass dich ruhig nieder, böse Menschen kennen keine Lieder", ich füge hinzu: Wo Rosen duften und Lieder klingen ist man umgeben von göttlichen Himmeln. Wir ziehen das in unser Leben, womit wir uns umgeben.

Wer seine Räume mit Rosen schmückt, Musik erklingen lässt, der schafft Oasen der Harmonie und holt sich den Himmel nah, wer dazu noch Gutes tut, freundlich seinen Mitmenschen begegnet, Mitgefühl und Liebe lebt, der sei vom Himmel gesegnet.

Der Himmel ist in uns, wenn wir in uns den Himmel schaffen.

Erzengel Raphael steht vor mir in seinem grünen Licht.

Er schenkt mir ein grünes Blatt, ich soll es an mein Herz legen.

Abends im Bett spricht das Blatt: „Du möchtest Heilung und du sollst sie bekommen. In jedem Augenblick geschieht sie. Setze dir dazu keine Ziele, lasse sie geschehen in jedem Moment."

In einer Therapiesitzung eines Heilers fanden wir heraus, dass in meinen Zellen noch alte Traumen sitzen, die durch Ablehnung der Zugehörigkeit ausgelöst wurden.

Als ich in meine Wahlfamilie kam, wurde ich nicht willkommen geheißen, sondern abgelehnt. Das hat sich als ungünstige Blockade in meine Zellen eingelagert, das ist ein wichtiges Thema. Wenn sich dieses alte Traumata löst, kann wieder ein Stück Heilung geschehen.

Nun muss ich wieder aufpassen, nicht in Wut gegen diese Person zu kommen, die mich so abgelehnt hat.

Jetzt betreut mich diese Person oft. Das macht es mir leichter, ihr zu vergeben, und für sie ist es ebenfalls eine Chance, ihr damaliges, ablehnendes Verhalten wieder gutzumachen und auszugleichen.

Neben meinem Bett steht Jesus Christus und nimmt mir eine Last in Form eines Kreuzes aus meinem Herzen, er segnet mich und spricht sanft: „Du brauchst diese Zugehörigkeit nicht, Du hast andere Aufgaben. Der Mensch, der dich ablehnte ist armselig. Dessen Seele trägt keine Liebe in sich, lasse alles ziehen, du brauchst diese Liebe nicht."

Jesus streicht mir behutsam über meine Wangen. Ich fühle mich behütet und geliebt.

„Siehst du!", sagt mein Schutzengel, „Diese Zugehörigkeit ist viel mehr Wert, als die, die dir hier auf Erden verwehrt wurde.

Die, die dir die Zugehörigkeit verwehrte, wird nie zur Einsicht kommen, es fehlt ihr etwas Entscheidendes, nämlich die Liebe und das Mitgefühl. Lasse sie los, sie gehört nicht zu dir."

Erzengel Michael durchtrennt mit seinem Schwert unsere Verbindung und hüllt mich in seine Liebe. Ich fühle mich in einen Schutzmantel gehüllt.

Absprachen im Himmel

Bevor wir geboren werden, planen wir mit den himmlischen Mächten unser Leben, wir beschließen gemeinsam was geschieht, um das zu lernen, was wir lernen wollen und dürfen.

Wir verabreden uns dann mit anderen Seelen, die uns helfen oder denen wir helfen.

Wenn es dann so weit ist und wir begegnen uns, erkennen wir uns.

Die Absprachen, die wir im Himmel getroffen haben, fühlen wir tief in uns, intuitiv erfassen wir die Bedeutung und den Wert einer Begegnung oder eines Ereignisses.

Oft kennen wir uns schon aus anderen Leben und haben uns dort auch schon unterstützt.

Es gibt dann auch Menschen, die neidisch auf solche tiefen himmlischen Verbindungen schauen, weil sie sich selbst gute und tiefe Beziehungen wünschen, aber keine haben. Sie sind egoistisch und wollen ein glückliches Leben mit geringem Einsatz eigener Kraft und Mühen.

Aus Neid und Eifersucht möchten sie gern die himmlischen Beziehungen der Liebe zerstören.

Das kann dann der Schwiegervater sein, der seinen Schwiegersohn nicht willkommen heißt, bis der Schwiegersohn dann seinen Kummer mit Alkohol betäubt.

Das kann auch die Mutter sein, die eifersüchtig auf die Partnerin ihres Sohnes ist, weil er mit der Partnerin viel liebevoller umgeht als mit ihr, oder die Schwiegermutter, die ihre Schwiegertochter nicht als Bereicherung, sondern als Störfaktor betrachtet und ihr somit die Zugehörigkeit zur Familie verwehrt.

Verwehrte Zugehörigkeit löst krankmachende Traumen aus. Wer einem anderen in einer Familie oder in einem Kollektiv oder Freundeskreis die Zugehörigkeit verwehrt und ihn kränkt, wird sich dafür verantworten müssen.

Der karmische Rat erwartet uns und unsere Antworten auf das Leben, welches wir gelebt haben. Dann entscheidet es sich, ob sich das Rad des Schicksals weiterdreht oder ob die Prüfung bestanden wurde.

Die größte und wichtigste Prüfung ist das Leben selbst. Alle Schulabschlüsse und beruflichen Prüfungen haben nicht den Wert wie die Lebensprüfung.

Alles, was wir im Leben richten möchten, dürfen wir dem karmischen Rat übergeben.

Dort wird es gerichtet, wir müssen uns damit nicht beschäftigen. In der göttlichen Ordnung wird Gerechtigkeit und Ausgleich immer wieder hergestellt. Die göttliche Ordnung ist ein Prinzip, um das keiner herum kommt.

Jeder muss sich irgendwann für seine Dinge verantworten. Wir sind verpflichtet, Güte ins Leben zu bringen und mitmenschlich in Liebe zu handeln. Spätestens, wenn wir ins Jenseits gehen, müssen wir Antworten auf die Fragen geben: Hast du deine Aufgaben erkannt? Hast du anderen geholfen als es nötig war? Warum waren dir materielle Werte und Geld so wichtig? Jetzt bist du hier und nichts von dem, was du angehäuft hast, hast du dabei. Es war dir so wichtig, jetzt siehst du, wie unwichtig es ist. Was würdest du anders machen? Was bereust du am meisten? Dann wird eventuell ein neues Leben geplant, in dem wir unerfülltes wieder ausgleichen dürfen.

Verwehrt jemand einen anderen die Zugehörigkeit zu einem System, erhält er später die Gelegenheit, seine

Schuld abzutragen, indem er demjenigen in einer Situation helfen darf.

7 Generationen

Was wir selbst nicht mehr ausgleichen können, müssen die späteren Generationen nach uns tun.

Erkrankt in einer Partnerschaft einer und benötigt die Fürsorge des anderen, der andere aber verwehrt sie ihm, so werden dessen Kinder die Gelegenheit bekommen, das Karma auszugleichen, um die Schuld abzutragen. Schon die Bibel verrät uns, dass die ursprüngliche Sünde 7 Generationen später noch wirkt.

Jeder sollte, um seine Nachfahren nicht zu belasten, Verantwortung übernehmen und seine Aufgaben übernehmen, die das Leben mit sich bringt. Das ist den Betreffenden meistens nicht bewusst.

Wird es bewusst, ist es schwer, nicht in Wut und Rache zu verfallen, denn mit einer Krankheit zu leben, bringt immer Sorgen, Kummer und Einschränkungen mit sich.

Mein Sohn studiert Film und hat mit anderen gemeinsam einen Film produziert. Ich konnte nicht an der ersten öffentlichen Präsentation teilnehmen, da ich mit der Krankheit noch nicht in der Lage bin, die lange Autofahrt zu verkraften. Das zerreißt das liebende Mutterherz. Und so büße ich immerzu für etwas, dessen Ursache nicht in meinem System erschaffen wurde.

Plötzlich sitzt Maria mir gegenüber, nimmt mich mit in ihren Tempel und hält streichelnd meine Hand, sie sagt mit warmer Stimme: „Sei nicht traurig, du wirst noch viele Momente haben, in denen du deinem Sohn deine Anerkennung zeigen darfst." Dann stehe ich vor Gott. „Es wartet noch ein gutes Leben auf dich", sagte er. Ich bedanke mich.

„Ich weiß, wie du dich fühlst", sagt Maria, „ich bin auch Mutter. Du hast als Mutter alles gegeben und wirst noch viele schöne Dinge mit deinem Sohn erleben", erzählt Maria und geht weiter, während sie winkt. Sie überreicht mir ihr mütterliches Segenslicht.

Ich halte es vor mein Herz und atme es tief ein und es erscheint mir ein Bild. Als mein Sohn noch im Kindergartenalter war, beaufsichtigte ihn der Vater meines Mannes. Während der Großvater noch ganz langsam seine Jacke und Schuhe anzog, rannte mein Sohn hinaus auf die Straße und ein Auto raste um die Kurve. Gott sei Dank ist nichts passiert. Der Vater meines Mannes beschimpfte dann meinen Sohn. Dabei war es seine Verantwortung. Er hätte dem kleinen Kind sagen müssen, dass es warten soll und sie dann gemeinsam hinaus gehen.

„Das hast du deinem Schwiegervater noch nicht verziehen", sagt Erzengel Michael zu mir. Das kann ich auch nicht verzeihen, es gab noch viele solcher Unachtsamkeiten. Ich hatte deshalb nie Vertrauen, meinen Sohn mit seinen Großeltern verreisen zu lassen.

Erzengel Michael rät mir, diese Verantwortung, dem Vater meines Mannes zurückzugeben. Erzengel Michael trennt mich mit seinem Schwert aus dem Feld der Familie. Er segnet mich und sagt mir: „Jetzt erhole dich erstmal und lasse all die Last los, gebe sie zurück in das Feld, wo es hingehört."

Wir sind verbunden, verstrickt und verwebt,
solange ein Wesen lebt
ist es verbunden mit anderen,
trägt Lasten und so manche Schrammen und Wunden.
Schön ist das Leben.
Von wegen.
Manchmal ist es schwer auszuhalten und zu ertragen,
ohne es zu wagen, hinauszuspringen,

sich auszuklinken.

Manche Tage ist groß die Not.

Gütiger Gott, dann bist du mein Rettungsboot.

„Das Leid ist nicht dir, du hast es nur auf dich genommen, gebe es dahin, wo es hingehört. Besinne dich auf deine wahren Aufgaben", sagt Erzengel Michael. Ich werde es immer wieder zurückgeben.

Auch die Ablehnung der Zugehörigkeit anfänglich in meiner Wahlfamilie vergebe ich und beschließe: „Ich will gar nicht mehr zu euch gehören. Ich bin eigenständig und frei von eurem Clan, ich löse mich aus den Verbindungen und entsage mich aller alten Versprechen und Pflichten."

„Sei nicht traurig, bald bist du wieder frei, dann hast du es geschafft", sagt Jesus und steht vor mir, er legt mir seine Hände auf mein Herz, „Liebe hast du und jede Stunde, kommt noch mehr hinzu", sagt Jesus weiter, „was brauchst du noch? Liebe ist alles, was wir brauchen. Du hast schon so viel Gutes getan. Verlass dich drauf, es kommt zurück irgendwann, jetzt bist du dran."

Ich verlasse mich auf die Worte von Jesus. Jetzt bin ich dran. Ich verschiebe es nicht auf später. Dann will ich noch Gutes tun. Ich habe noch viel zu geben. Eitelkeit, Stolz und Hochmut entstammen armseligen Menschen. Deren Seele ist arm. Es fehlt Liebe und Mitgefühl. Die Armseligen geben ihre Verantwortung ab, bekennen nicht ihre Schuld, sind egoistisch und rücksichtslos.

In unserem Inneren ist eine tiefe Weisheit, der innere Arzt, der weiß, was wir brauchen oder nicht.

Ich reise oft in diese innere Weisheit, um zu erkunden, welche Therapien sinnvoll sind und mir helfen und welche nicht.

Mit meiner Physiotherapeutin gehe ich oft ins Thermalwasser, ich fühle, dass mir das sehr gut tut und mein innerer Arzt bestätigt mir das ebenso. Wer soll es besser wissen als wir selbst, was gut für uns ist? Wollen wir da wirklich jemandem, der studiert hat mehr vertrauen als unserer eigenen inneren Führung. Wer kennt uns besser?

Mein Mann fragt mich, ob ich jetzt nach einem halben Jahr wieder zur Untersuchung möchte. Ich frage mich, warum ich das sollte, eigentlich sichere ich damit eher die Ärzte ab als mich selbst. Meine innere Führung sagt mir, dass ich auf einem guten Weg bin, gesund zu werden.

Meine innere Führung kennt mich schon lange und möchte selbst auch gesund werden. Die Klinikärzte kennen mich nicht wirklich, sie werten meine Befunde aus während ich vielleicht in einem Nebenraum liege. Am Ende verunsichern sie mich mit wagen Vermutungen.

Seit ich die wahrscheinliche seelische Ursache für die Krankheit kenne, bin ich noch zuversichtlicher in die Heilung zu gehen.

Jedes Problem hat eine Ursache auch auf der seelischen Ebene, hat man dieses gefunden, löst sich der seelische Stau und alle ihm folgende Probleme. Wird die seelische Ursache bewusst, kann hier der Stau gelöst werden und muss sich nicht mehr über den Körper manifestieren und ausdrücken.

Ich konnte der Frau, die ich damals war, als das seelische Trauma geschah, in meinem inneren Garten einladen, sie trösten und das seelische Trauma auflösen. Alle Beteiligten und meine Beziehung zu ihnen wurden sanft geheilt. Danach fühlte ich mich freier und klarer.

Meine geistige Führung zeigt mir meine künftige Lebensspur, die ich voller Liebe mit wunderbaren Menschen und Erlebnissen gehen darf. Ich bedanke mich und nehme es gern an.

„Wer das Schwierige annimmt und meistert, dem wird auch Gutes gegeben", sagt meine geistige Führung. „Du weißt, das Leben ist Wandel, nach schlechten Phasen folgen Gute. Nichts bleibt immer, alles verändert sich."

Oh ja, ich weiß, das Leben ist Wandel. Im Augenblick bin ich darüber sehr froh. Nichts bleibt wie es ist, alles verändert sich. Ich lasse die Veränderung kommen und wirken.

In der Aufarbeitung meines Lebens, erkenne ich, dass ich einem Menschen, der mich sehr liebte, ernsthaft verletzt habe. Ich trete damit zu Gott: „Barmherziger Gott, ich bereue zutiefst mein damaliges Verhalten und, dass ich jemandem so sehr Schmerzen zugefügt habe. Ich bitte um Vergebung meines Fehltrittes und meiner Sünde. Ich habe die Liebe verstoßen und egoistisch gehandelt, ich war nicht fair und habe gesündigt. Barmherziger Gott, ich bitte dich um Vergebung."

„Du bereust wahrhaftig und so sei dir vergeben", hörte ich von Gott. „Wer aufrichtig sein Handeln erkennt und sich dazu bekennt, dem wird vergeben. Ich vergebe dir. Doch wichtig ist, dass dir jener vergibt, dem du weh getan hast."

So reiste ich durch meinen inneren Garten zwischen die Welten, in den Tempel der Seelen und bat die Seele des Menschen, den ich so schlecht behandelt hatte zu mir. Sie kam, ich bat sie um Vergebung. „Es freut mich, dass du dein Handeln bereust, ich war sehr gekränkt, doch ich vergebe dir", sagt die Seele. „Ich bin nicht schuldlos, dass es so weit kam. Auch ich habe dich verletzt. Wir können beide nicht die Zeit zurückdrehen, wenn wir es könnten, würden wir es besser machen?"

Vielleicht, wenn wir dann das wissen, was wir jetzt wissen. Wenn wir es besser wüssten, hätten wir es besser gemacht. Oft machen wir Fehler, weil wir es nicht besser wissen. Später, wenn wir mehr wissen, können wir klug darüber urteilen, was wir besser hätten machen können, aber wir können es nicht mehr ändern. Doch wir können daraus lernen, um Vergebung bitten und es in der Zukunft besser machen. Fehler gehören dazu, wenn man lebt. Man kann das vorwärtsgehende Leben nicht vorhersehen. Erst rückwärts betrachtend erkennen wir, was wir besser oder anders machen können. Fehler sind keine Katastrophe. Schlimm ist es, wer nicht zu seinen Taten und Fehlern steht und Verantwortung zu anderen schiebt. In der Todesstunde wird die Verantwortung wieder auf uns geworfen und wir leiden dann.

Frieden finden

Dabei wäre es gerade jetzt wichtig, Frieden zu finden, um in Liebe den nächsten Schritt am Ende des Lebens zu gehen. Manchmal wird auch ein Gespräch noch einmal notwendig, um Frieden schließen zu können. Deshalb möchten manche Sterbende, Menschen ihres Lebens am Ende noch einmal sehen. Erst dann können sie friedlich auf die andere Seite gehen. Es geht nicht nur um Vergebung, es geht auch darum, dem anderen vielleicht noch zu sagen, was er für mich bedeutet hat. Wir sollten uns im Leben sagen, was uns wichtig ist. Ein: „Ich liebe dich" im Leben ist wertvoller als Blumen auf dem Grab.

„Ich möchte dir noch sagen, dass du die Liebe meines Lebens für mich warst. Dann will ich nicht klagen und ich darf jetzt in Frieden gehen. Ich gehe zur anderen Seite und warte dort auf dich. Ich vergesse dich nicht." So könnten die letzten Worte sein. Wer kehrt so nicht im Frieden heim?

Ich habe Erfahrungen mit der Todesstunde gesammelt. Aus dieser Erfahrung habe ich gelernt, dass man möglichst im Leben mit seinen Mitmenschen und Taten Frieden schließen sollte, um nichts zu versäumen, was wir nicht mehr nachholen können.

Dieses Buch schreibe ich und es soll an die, die es lesen eine Botschaft sein. Wenn wir vorbereitet sind auf das, was am Ende des Lebens zu unserer Todesstunde auf uns wartet, erleben wir keine bösen Überraschungen.

In der Todesstunde erwachen wir. Erst nach dem Erwachen, wenn uns ein Licht aufgegangen ist, gehen wir auf die andere Seite und wir schlafen körperlich ein. Unsere Seele aber ist hellwach und möchte Frieden finden.

Sterben ist nichts für Feiglinge

Wer nur schwer eigene Taten oder Fehler zugibt, kommt schwer in Frieden. Dann wird es schwer, das Leben loszulassen und weiter zu gehen.

Feiglinge, die immer nur die Besten sein wollen, haben oft Angst vor ihrer letzten Stunde. Doch wir werden hier nicht beurteilt und gerichtet, wie es im menschlichen Leben oft geschieht. Wir wollen nur selbst in Frieden finden.

Es gibt kein jüngstes Gericht, das mit uns abrechnet. Wir selbst leiden in unserer Seele und bereuen. Egal, was wir auch taten, für jeden gibt es einen Platz im Himmel.

Jeder hat einen Platz im Himmel

Der Himmel ist in uns und wir sind im Himmel. Wenn der Körper tot ist und alles Leben beendet ist, bleibt nur noch unser Herz. Dann öffnet sich die Himmelstür. Jeder hat sicher seinen Platz. Dann gibt es nur noch Liebe.

Es kann keiner nicht in den Himmel kommen, weil wir schon da sind. In der Todesstunde, wenn alles wegbricht und zu Ende geht, ist der Himmel das einzige, was dann noch bleibt. Das Leben der Seele geht weiter in die Ewigkeit.

Immer bleibt die Seele

Die Seele stirbt nicht. Der Körper vergeht. Es endet das Leben in der Zeit. Die Seele geht in die Ewigkeit. Die Seele geht durch die Zeit von Ewigkeit zu Ewigkeit. In verschiedenen Zeiten erfährt sich die Seele im Leben, sammelt Erfahrungen und inneren Reichtum.

Reiche, weise Seelen

Den Reichtum nimmt eine Seele mit durch viele Zeiten, durch viele Leben. Manche sind besonders weise. Wir haben es dann oft mit alten Seelen zu tun, die einen großen Schatz an inneren Reichtum in sich tragen.

Seelenverwandt

Manche Seelen inkarnieren immer wieder gemeinsam im Leben. So kann es geschehen, wir treffen einen Menschen und denken, wir kennen uns schon ewig. Oft kennt man sich wirklich aus früheren Leben.

Manche sammeln immer wieder gemeinsame Erfahrungen, sind in ihren Seelen miteinander verwandt.

Treffen wir im Leben einen Seelenverwandten, fühlen wir uns in einer tiefen Liebe verbunden. Das ist schwer mit dem Verstand zu begreifen. Seelenverbindungen fühlen wir im Herzen.

Kommt es zu Trennungen im weltlichen Leben von Seelenverwandten, so wird großer Schmerz für die Betreffenden entstehen, und sie werden sich immer wieder suchen.

Himmlische Liebe

Wir brauchen Liebe. Und die höchste Form der Liebe ist die himmlische, bedingungslose Liebe. Rein menschliche Liebe stellt oft Bedingungen. Den anderen für sich allein besitzen zu wollen, den anderen so zu formen, wie man ihn möchte.

Die himmlische Liebe, liebt aus der Liebe heraus, weil sie liebt, nicht, weil sie besitzt. Himmlische Liebe stellt keine

Bedingungen. Himmlische Liebe geht in der Tiefe der Herzen von Herz zu Herz.

Jeder Mensch sehnt sich nach himmlischer Liebe, sie zu bekommen und sie zu geben. Diese Liebe ist die Liebe, die heilt. Himmlische Liebe ist überirdisch. Sie kommt aus dem Himmel und hat die irdischen Bedingungen überwunden. Die irdischen Bedingungen machen krank. Dann brauchen wir die himmlische Liebe, um zu heilen.

Die Umwelt prägt uns

Achte darauf, womit du dich umgibst.
Es kann ein Teil von dir werden.

Die Teile eines anderen, mit dem uns Liebe verband, tragen wir lange in unseren Seelen, von Ewigkeit zu Ewigkeit. In jeder Zeit werden wir den anderen wieder suchen.

Zwei, die ein Herz und eine Seele sind, verstehen sich und werden sich immer wieder suchen. Sie sind füreinander „bestimmt", sind voneinander angezogen, helfen und unterstützen sich, bestenfalls lieben sie sich. Nach jedem Leben bleibt ein Teil der Liebe in der Seele zurück. Deshalb begeben sich verwandte Seelen immer wieder auf die Suche. Wir suchen die, mit denen wir in der Seele verbunden.

Wir treffen aber auch auf die, die wir weniger mögen und müssen manchmal mit ihnen im Leben klar kommen. Aus diesen Beziehungen sammeln wir auch Erfahrungen, die bestenfalls zum Reichtum in unserer Seele werden. Manchmal finden wir unter denen, mit denen wir Schwierigkeiten haben, unsere besten Lehrmeister.

Einen Seelenverwandten zu mögen und zu lieben ist einfach. Aber einen Menschen, mit dem wir Auseinandersetzungen austragen zu mögen, ist schwer. Aber wir wollen lernen. Als Lernaufgaben brauchen wir auch die Schwierigkeiten, mit denen wir umgehen müssen. Auch unsere Ehrlichkeit ist gefragt. Wir dürfen uns von Menschen und Dingen, die uns negative Energie bringen auch trennen und distanzieren.

Der Umgang formt den Menschen. Jeder hat den freien Willen. Jeder entscheidet selbst mit wem und womit er sich umgibt.

Menschen, mit denen wir in Liebe verbunden, vielleicht sogar seelenverwandt sind, heben allein durch einen Gedanken in Liebe an sie, unser Energieniveau erheblich an.

Schöne Dinge, mit denen wir uns umgeben, Natur, Sonnenschein heben ebenfalls unser Energielevel an. Gute Bücher, gute Filme, schöne Kunst dient der Steigerung unserer Energie. Alles, was uns umgibt, formt und macht uns zu dem, was wir werden und sind. Gute, hohe Energie stärkt und unterstützt unsere Heilung, unser Gesundsein. Pessimistische, negative Energie, Frust, Angst und Sorgen schwächen uns und macht uns krank. Positive und negative Einstellungen und Gedanken wirken ansteckend.

Ich suche bewusst Kontakt zu Menschen mit positiven und optimistischen Einstellungen, Gedanken. In ihrer Umgebung fühle ich mich wohl.

Ich richte meine unmittelbare Umgebung mit schönen Dingen ein, an denen ich mich erfreue. Das hebt meine Energie und stärkt mich.

Ich löse mich allmählich von den Dingen und Menschen, die negative und schwächende Energien aussenden.

Ich richte mich auf meinen Himmel und meine Liebe aus. Aus diesen Quellen erfrische und stärke ich mich.

Manchmal ist es nicht möglich, sich von dem, was uns schwächt konsequent zu trennen. Wer beispielsweise seine Arbeit braucht, um seinen Lebensunterhalt damit abzudecken, kann sich nicht einfach trennen. Der

Kompromiss, den derjenige somit eingeht, kann manchmal krank machen.

Entmächtigung

Durch den Kompromiss, die Arbeit weiter zu machen, weil das Geld gebraucht wird, gibt der Betroffene seine Macht ab, in dem Fall an die Arbeit. Während der Versorgungsabhängigkeit in der Krankheit gibt man als Kranker oft die Eigenmacht ab, an Menschen, die versorgen und helfen.

In der Krankheit ist es besonders schwer, sogar unmöglich, seine Macht zu behalten. Durch die Hilflosigkeit in dieser Situation ist man von anderen Menschen abhängig und es gibt keine andere Option, als einen anderen zu ermächtigen.

Plötzlich hat ein anderer die Macht zu entscheiden, wann man vielleicht Wasserlassen muss.

Ermächtigung

Im persönlichen Himmel ist der göttliche Kern sicher, die volle Macht über das Wesen zu haben. Ich möchte jetzt nach drei Jahren Stillstand, Bewegungslosigkeit und Abhängigkeit endlich wieder frei sein und selbstbestimmt leben. Meine innere Weisheit zeigt mir, ich muss meine Macht wieder zu mir nehmen, mein göttlicher Kern segnet mich in meiner Eigenermächtigung.

Ich ermächtige mich selbst als vollständiges Wesen zu Leben und meinen Herzensweg zu gehen.

Ich darf meinen Herzensweg gehen, der mich zu meiner höchsten Freude führt.

Müssen

Ich muss dankbar sein, überlebt zu haben. Ich muss dankbar sein, dass ich zu Hause versorgt werde. Ich muss für irgendwas dankbar sein. Ich muss dankbar sein für den Rollstuhl, der mir als Hilfsmittel dient.

Meine Seele will nicht mehr müssen. Ich darf, wenn es richtig für meine Seele ist, dankbar sein. Doch ich habe auch das Recht, nicht immer zu müssen, und zu jammern, zu weinen, und zu sagen, was ich anders möchte.

Eine liebe Krankenschwester von meinem Pflegedienst ermutigt mich oft, indem sie sagt: „Sag, wie du es möchtest, und so wird es dann gemacht." Ich ermächtige mich selbst, nur noch das zu fühlen, was meine Seele fühlen will und kann. Die eigene Macht und Selbstbestimmung ist wichtig, um in Freiheit zu leben.

Nur der Selbstermächtigte ist frei.

Wovon man abhängig ist, besitzt die Macht.

Darum fange ich an,
nicht erst irgendwann.
Die Vögel singen im Chor
und fliegen empor,
dem Himmel entgegen.
Ihre Leichtigkeit ist ein Segen,
erinnert uns an Freiheit
in der wir wollen leben.
Frei, frei, frei wie ein Vogel im Wind im himmlischen Federkleid
zum großen Leben bereit.
Alles was groß ist wird nie vergehn',
wird Schwierigkeiten überstehn'
und wissend weitergehn.
Großer Gott, du bist größer als wir,

hältst uns in deinen Händen und in deinem Schutz,
bist groß,
um uns zu tragen in deinem ewigen Sein.

Du bist so groß
wirst nie vergehn'
und dafür sorgen, dass wir einiges überstehn'.
Bei dir können wir nicht untergehn' Vater,
hältst uns sicher in deiner Hand
und hältst Böses von uns fern.
Wenn wir selbst Fehltritte taten,
kommen wir zu dir wie ein Kind zum Vater,
du nimmst uns die Last, begrenzt den Schaden,
schenkst uns immer wieder deine Gnade,
bist für und bei uns ewiglich.

Der Tod hat mir „Guten Tag" gesagt. Er hat mich nicht mit
sich genommen. Ich danke Gott, dass ich weiter leben darf.
Meine innere Stimme hat mich gewarnt: „Bereinige in
deinem Leben, was du bereust, wo du Unrecht getan.
Schau dir alles noch mal an. Nimm dein Glück und deine
Freude, nimm auch deine Schuld und deine Reue und
vergib, was du vergeben kannst.
Wessen Geistes Kind bist du? Welchen Spuren folgst du?
Dem Christus am Kreuz, er hat uns das Menschwerden
voran getan.
Belaste dich nicht mit Verführungen, sie könnten kommen
vom Satan, dessen Macht darfst du nicht unterschätzen.
Die himmlische Spur ist sicher und stark, ist voller Liebe
und wahrlicher Friede. Ihre Geistes Kinder erringen
menschliche Siege, sind die Menschseinsgewinner. So hat
mir meine innere Stimme verdeutlicht, dass es wirklich
wichtig ist, sein Leben aufzuräumen und menschlich zu
gestalten. Ob wir Professor oder Doktor sind, welche
Zensuren auf unseren irdischen Zeugnissen standen, ist

irgendwann nicht mehr wichtig. Wenn der Tod uns mitnimmt, ist wichtig, ob wir Mensch geworden sind, dann zählen die guten Taten, die Werte, die wir im Herzen tragen, nicht Zeugnisse und Titelpapiere im Schrank.

Die Herzenswonne ist die Lebenssonne der himmlischen Brücken. Weltlicher Ruhm und Geld, wird die, die darum jagen, zerpflücken. Nur mit Liebe wird es wirklich glücken, zu finden am Ende die himmlischen Brücken.

Ich durfte einen Einblick in den Himmel erhalten, Zusammenhänge begreifen und erkennen und bekam eine Einsicht was mit dem Tod geschieht. Ich bin dafür sehr dankbar. Ich kann einiges in einem ganz anderen Licht sehen: wirklicher, ehrlicher und freier.

Angst müssen wir nicht haben. Wie Könige wird man uns empfangen, wenn wir es geschafft haben zu lernen und wahre Menschen geworden sind. Wenn wir unsere irdischen Augen schließen, sind wir nicht blind, Wir öffnen die himmlischen Augen und sehen dann alles, was und wie es ist, nicht den äußeren Schein, wir sehen aus dem Herzen ins Herz hinein.

Mancherlei, was man da plötzlich sieht, ist auch erschreckend. Manche tun so lieb und sind nur berechnend, sie handeln nicht aus dem Herzen, sondern, um sich aufzuwerten oder dazuzugehören. Das sind niedere Ziele, damit kann man vielleicht auf der Erde in den äußeren Schein investieren, doch im Himmel kann man sich so nicht mehr durchmogeln, hier zählt das Sein, es fällt der Schein.

Der Himmel ist nah, er ist nicht weit weg, jeden Gedanken, jedes Handeln wird wie auf einer Festplatte zwischen den Welten abgespeichert und kann bei Bedarf, zum Beispiel bei Tod eingesehen werden, danach entscheidet sich dann, wie es individuell weiter geht.

In der ganzen Zeit während der Krankheit befinde ich mich zwischen den Welten, ich sehe alles, was in meinem Leben war, erkenne auch die Absichten der handelnden Personen, sehe, wessen Geistes Kind sie sind. Ich darf auch teilweise die Zukunft sehen. Und ich habe Kontakt zu Menschen, die ich auf der Erde kannte, die jetzt im Jenseits sind.

Alles zusammen gibt mir wichtige Informationen, die man im normalen irdischen Leben niemals erhält.

Mein Bewusstsein ist verändert, es fühlt sich wie schlafend an.

Personen, die mich umgeben, nehme ich anders wahr, ich erkenne sie in ihrem Herzen, ob sie ehrlich, wahrhaftig und liebevoll oder berechnend, egoistisch, heuchlerisch und missmutig gestimmt sind. Zu den Menschen, die noch mit mir im Leben sind, kann ich mentale Brücken und Herzensbrücken bauen und ihnen Botschaften übermitteln.

„Dieses Geschenk bleibt dir erhalten", sagt mir Jesus. Dafür bin ich sehr dankbar, es kann im Umgang mit anderen sehr hilfreich sein. Jesus lässt mich in meine Zukunft sehen, die sehr positiv ausschaut. Neue Aufgaben werde ich erfüllen. Vergebung wird gegeben. Meine neuen Fähigkeiten helfen mir, meinen Geist zu bereichern. Ich darf geistreiches Wissen an andere weitergeben. Ich freue mich auf die gute Zeit, die vor mir liegt.

Jesus steht königlich auf einem Berg und bat mich zu sich, wir blicken zurück und erkennen einen anderen Berg: Jesus am Kreuz auf dem Berg von Golgatha, er spricht zu mir: „Ich habe mein Kreuz hinter mir gelassen, lasse auch du dein Kreuz, dein Leid zurück, nimm es nicht mehr mit, es ist viel zu schwer, du hast es genug getragen. Du hast ein Recht zu klagen, doch lasse es zurück, vor dir erwartet dich das Glück." Jesus legt seine Hände auf meinen Kopf, seine heilende Kraft durch mich strömt. „Du hast die Schuld, die du getan hast, auf dich genommen. Das ist sehr mutig und aufrichtig, darum richte dich auf." spricht Jesus weiter zu mir.

Danach hilft mir mein Mann vom Bett in den Rollstuhl, ich drücke meine Beine durch, kippe mein Becken nach vorn, stabilisiere meinen Rumpf. Wir merken beide wie gut ich, natürlich mit Hilfe meines Mannes, stehen konnte.

Was wir auf den Ebenen der Seele und des Geistes lösen und verarbeiten können, muss der Körper nicht mehr stellvertretend tun. Der Körper zeigt uns ein Bild wie es in Seele und Geist aussieht. Zuerst heilen Seele und Geist, der Körper tut es ihnen nach. Die den Mut haben, ihre Schuld selbst zu tragen, können es wagen zu sich Mensch zu sagen. Nur wer frei ist von Lügen und vertuschten Taten, von Täuschungen und Verletzungen an anderen verdient es, beseelt und geistreich Mensch zu werden.

Es gibt welche mit Herzen voller Liebe und welche mit einem Herz aus Stein. Erkannt werden sie an den Himmelsbrücken oder an dem, was sie hinterlassen und sie sind allein. Ein Herz aus Stein drückt nach Unten und macht klein. Wahre Größe nur kommt aus einem Herz voller Liebe und Menschlichkeit.

Eine Mutter füllt das Herz ihres Jungen, dass er es voller Liebe und Mitmenschlichkeit halten kann. Dann kommt die erste Frau und macht den Jungen zum Mann. Wenn er Glück hat ist es die große Liebe, die er finden kann.

Eine große Liebe kann nie vergehn',
kann einiges überstehn',
hat ihr eigenes Feld
von denen bestellt,
die sie schenken aus ihrem Herz.
Hat die Mutter dem Jungen sein Herzchen gefüllt,
muss sie jetzt nicht sein in Tränen gehüllt,
dann wird sie sein voller Freude und nehmen das Geschenk, was sie nun bekommt.

Der Sohn bringt ihr eine Tochter, die sie nie geboren hat.

Wenn sie weise ist, weiß sie es zu schätzen und dankend anzunehmen. Ist sie egoistisch und neidisch wird sie die Frau ablehnen, weil sie erkennt, dass die neue Frau die weisere und liebendere ist, als sie das vom Jungen bekommt, was nur ihr gehört, und wer da stört darf empört zur Seite treten. Wer es unterstützt und der Liebe nützt darf sich wissen selbst beschützt. Gott schützt die, die ehrlich lieben und die wachen Herzens sind.
Wer versucht, Liebe zu verhindern oder zu zerstören aus eigenen egoistischen Zielen, denen wird es gehen wie vielen. Sie werden es bereuen und dafür verantwortlich sein. Sie putzen ihre Weste rein, doch nützt es nichts, im Herzen bleibt der Schmutz allein. Durch putzen wird's nicht rein, nur durch Ehrlichkeit und wahres Bekennen wird das Herz wieder rein, denn dann zieht Vergebung ein.

Wer nie lernte Buse zu tun,
dem lässt irgendwann die Ernte nicht ruhn.
Nur wer seine Schuld bei sich lässt,
bereut und vergibt geht einen Schritt zum Frieden im Leben.
Im Fluß der Ehrlichkeit durchs Leben fließen,
um am Ende Frieden zu schließen
ist ein wahrlicher Gewinn.

In diesem Jahr lade ich zu meinem Geburtstag alle meine Freunde ein, die mich in den Kliniken regelmäßig besuchten, mich unterstützten, mir gute Worte und gute Taten brachten. Ich bin ihnen sehr dankbar, Freunde sind so kostbar. Sie besuchen mich, weil sie mich mögen nicht aus Pflichtgefühl oder anderen Lügen. Keiner muss sich verbiegen, Freunde sind kostbar und wertvoll. Jeder ist, wie er ist. Freundschaften gilt es zu hüten. Sie sind Gottes

Geschenke. Was Gott zusammenführt, kann der Satan zerstören. Er uns verführt, dem sollten wir nicht glauben und nicht darauf hören. Darum öffnen wir Augen und schauen genau, wem wir trauen. Ich habe mich schon täuschen lassen von des Satans List. Bemerkt will ich ihn schnell verlassen ohne Frist. Geld, Ruhm und Autoritäten erheben, sowie alle Form der Gier sind des Satans Verführungsversuche schier. Was er uns verspricht brauchen wir nicht. Es zu erkennen, sich davon zu trennen, kann unsere Rettung sein.

Lieber alter Freund
Du hast goldenes Haar
und Augen so blau wie das Meer,
da erkennt man unschwer
das das göttliche holde ist da,
ist in dir wahr.
Wir wollen jetzt nichts mehr verschieben,
drum sind wir hier geblieben.

Gott legte unsere Hände ineinander,
wir spürten seinen Segen
in unsrem einzigen Leben.
Wir rissen die Hände auseinander und trennten uns, das war Satans Macht.
Wir haben uns täuschen lassen und unsere Hände nicht bewacht.
Auf Gottes Geschenke sollten wir gut geben Acht.
Wer sie uns nehmen will, bestiehlt uns um Gottes Kraft.
Wir müssen das erkennen, dass das keiner schafft.
Wer uns von Gott will trennen, dem geben wir keine Macht.

Weißt du eigentlich,
wen du da hast?

Welch geistreiche Seele,
direkt aus Gottes Hand, eine göttliche Tochter zu uns gesandt,
hilft mit, uns zu erlösen
von allem Bösen,
zeigt uns die himmlischen Brücken.

Du hast sie einst von mir weggelockt.
Jetzt behüte sie gut, zeig Verständnis und dich menschlich.
Ich weiß, das kannst du nicht besonders gut, doch keine Ausrede, was du nicht kannst, musst du lernen.
Du fragst, wer ich wohl bin, woher ich dich kenne.
Ich kenne dich schon lange und weiß auch wessen Geistes Kind du bist.
Mir ist nur bange, weil das Beste, was zu mir gehörte jetzt bei dir ist.
Ich bitte Gott, dass er sie gut beschützt.

Es wird neue Wege geben
in diesem oder anderen Leben,
dann wird sich das verweben, was bei Gott zusammengehört.
Die Hände, die er ineinander legt und die Herzen, die er verbindet,
sie zu trennen gehen nur mit Satans Kraft.
Da erkennt man wo wer zugehört,
wer zerstört oder Leben schafft.
Ich bin der, der mit Liebe ist
und sie nie vergisst.
Ich bin der, der hofft und bereit,
wenn es so weit.
Es dauert nicht mehr lang.

Aus dem Jenseits besucht mich meine Omi Theresia und bedankt sich, dass ich neben ihrem Sterbebett saß und ihr gesagt habe, dass der Krieg vorbei ist. Sie dachte tatsächlich, sie sei wieder im Krieg. Nachdem ich ihr sagte, der Krieg ist vorbei, wurde sie ganz ruhig. „Wer gesund werden will oder wer im Sterben ist, sollte alles in seinem Leben geklärt und verarbeitet haben", sagte Jesus, „Dann geht es leicht. Du wirst leichter gesund, wenn du alles geklärt hast. Unverarbeitetes blockiert dich", sagt Jesus weiter. Er sagt mir, ich solle die alte Geschichte noch klären, dann geht es wieder ein Stück weiter, gesund zu werden und überreicht mir ein Kistchen. Ich öffne es und finde ein Foto darin von mir und meinem Ex-Mann, darauf steht: „Bitte um Vergebung und sage, dass es dir leid tut, dass du so verletzend warst. Du wirst sehen, wie frei du dich dann fühlst und wie es wieder in Richtung Gesundheit geht.

Und „Gebe das Karma an deine zweite Wahlfamilie zurück, entscheide dich neu. Entscheide, dass du es nicht tragen willst, es ist es dir nicht wert." rät mir Jesus weiter.

In meinem inneren Garten setze ich zunächst die Ratschläge um. Mein Engel des Lebens legt meine weitere Lebensspur, rechts und links pflanzt er Rosen und segnet alles mit Liebe und Frieden. Mein Lebensengel lädt mich zu einer Zugfahrt durch mein bisheriges Leben ein, wir sitzen in einem Wagon, meine Eltern nehmen mir gegenüber Platz, ich fahre vorüber an Bildern meiner Kindheit. Ich sehe uns im Garten, im Urlaub an der Ostsee. Der Zug fährt weiter, meine Mutter wird schwer krank und stirbt, ich halte weinend ihre Hand und realisiere, dass sie nicht bei mir bleiben kann. Sie tröstet mich und ich trauere sehr lange um meine Mutter.

Weiter geht die Fahrt, meine Freundin Jana stirbt, ich nehme von ihrem leblosen Körper Abschied, dann stirbt mein Vater, ich bin bei ihm und helfe ihm. Später stirbt meine Omi, auch neben ihrem Bett sitze ich, tröstend und helfend.

Der Zug rollt weiter, mein Sohn, mein holdes Kind geht zum Studium in eine ferne Stadt.

Der Zug rollt weiter, eine Schaffnerin kommt zu mir. Die Trennung von meinem Sohn fiel mir sehr schwer.

Der Zug fährt weiter, ich sehe mich in meiner Praxis im Kontakt mit meinen Patienten, ich liebe die Arbeit.

Eine Schaffnerin betritt den Wagon, ich habe keine Fahrkarte „Wo willst du denn hin?", fragt sie mich. „Nach Gesundheit", antworte ich. Die Schaffnerin gibt mir eine Fahrkarte. Ich lese den Preis: „Helfe und tröste Andere, wenn du wieder gesund bist."

Wir fahren weiter und halten an einem Bahnhof, auf einem Schild steht: Gesundheit.

Ich sehe mich frei und leicht über den Bahnsteig gehend. Eine Ansage ertönt im Lautsprecher, dass der Zug gleich weiter fährt und die Fahrgäste werden zum Einsteigen aufgefordert. Die Schaffnerin hält mich auf und sagt mir, ich solle in die Bahnhofshalle zur Kartenausgabe gehen. Eine freundliche Frau zeigt mir einen Plan der Stationen, die ich bereisen kann, eine Station finde ich besonders interessant, sie heißt: Sehnsucht. Die freundliche Frau sagt: „Okay, du musst wissen, wohin du willst, wenn du gesund bist, dann geht es weiter." Ich entscheide mich für Sehnsucht und gehe mit meiner Fahrkarte zum Bahnsteig, der Zug steht schon da, ich steige ein, der der Schaffner schließt die Türen, der Zug fährt los. Jetzt erst erkenne ich einen alten Bekannten, der mit in meinem Wagon sitzt, er kommt zu mir und legt seinen Arm um meine Schultern.

Der Zug hält, am Bahnhof ein Schild mit der Aufschrift: Sehnsucht. Ich steige aus und werde aus dem Bahnhof geschickt, da sehe ich einen großen Baum, vor ihm eine Bank, eine Frau kommt und überreicht mir ein Buch. „Das wirst du schreiben", sagt sie lächelnd. Ich sitze unter dem Baum und beginne zu lesen.

Alle Sehnsucht
wird zum Traum.
Für jeden Traum
gibt es einen Raum,
in dem er wird wahr.
Bis dahin bleibt die Sehnsucht da.
Die Sehnsucht bleibt im Herzen verborgen
bis sie wird als Traum geboren
und Leben wird.

Ich gehe wieder in den Bahnhof Sehnsucht und in die
Kartenausgabe. Ein netter Herr am Schalter fragt mich:
„Wo möchten sie hin?" Ich sage ihm, dass ich nach Hause
möchte. Jesus nimmt mich in seine Arme und sagt: „Aber
du bist doch zu Hause. Wer bei sich ist, bei Gott und bei
mir, ist zu Hause. Du willst deine Sehnsucht nach Hause
holen. Nimm sie mit."
Ich steige in den nächsten Zug und fahre ganz bewusst
nach Hause. In meinem Wagon sitzt Jesus Christus, der
allmächtige Gott, eine engelhafte Gestalt, die sich als
meine Sehnsucht vorstellt.
So rollt der Zug durch eine wunderschöne Landschaft,
während ich in meinem Buch lese:

Zu Hause kommst du an,
zu Hause bist du dann,
wenn alles stimmt und sich frei anfühlt,
wenn die Sehnsucht gestillt.

Ich muss und möchte nicht mehr weiter fahren, ich bin zu
Hause und in Gottes Segen gehüllt. Das Kind kehrt nach
Haus, zu seinem wahren Vater und der wahren Mutter, zu
Gott.
Dann weißt du, hier bist du angekommen, hier kannst du
ausruhen, dich auftanken. „Nimm dieses zu Hause tief in

dein Herz, dann ist es egal wo du bist, du fühlst dich immer zu Hause", sagt Jesus, er steht hinter mir und schließt mich fest in seine Arme. Ich fühle mich beschützt und im Frieden.

Nun sitze ich in meinem inneren Garten und meine kleine Kitty kommt mit einem Körbchen voller Rosenblütenblätter. Sie wirft sie über mich, dass es Rosenblüten regnet. Es duftet und fühlt sich samtweich an. Kitty lacht, es macht ihr Freude, mich mit den Blüten zu bewerfen. Ich nehme sie an die Hand und wir springen gemeinsam durch meinen inneren Garten. Dann legen wir ein Herz aus Rosenblüten und setzen uns in dessen Mitte.

Nun kommen alle Menschen zu mir in das Herz, die mich tief berührt und begleitet haben auf meiner Lebensreise.

Am Ende kommt der Engel der Liebe und überreicht mir ein Geschenk, ich packe es aus, darin finde ich ein Buch, „Auch das wirst du schreiben", sagt der Engel der Liebe, „Wenn es so weit ist, werde ich es dir diktieren." Ich danke ihm und sage ihm, dass ich mich darauf freue. Ich lese den Titel auf dem Buch, welches ich noch in meinen Händen halte. Das Buch heißt: „ Ein Feld der Liebe"

Der Engel der Liebe legt meine Hände in seine, segnet mich und verlässt meinen inneren Garten, „Steine der Liebe pflastern deinen weiteren Weg", ruft er, während er geht.

Meine linke Seite ist gelähmt und ich kann diese nicht bewusst steuern. Meine linke Hand zieht sich spastisch zusammen und verkrampft. Ein Heiler hält die Hand und spricht die damit verbundenen seelischen Themen an, dabei öffnet sich die Hand ganz von allein, wird weich und die Spastik lässt nach.

Der Körper nimmt seine Funktionen wieder auf, ohne Druck, nur mit Geduld und der richtigen Unterstützung.

Durch die bisherigen Interventionen der Ergotherapie, die den Körper auffordern, die Hand zu strecken und dabei passiv unterstützen, hat sich nichts zum Positiven verändert.

Ohne den seelischen und geistigen Bereich ist eine Therapie, die sich allein auf den Körper ausrichtet, erfolglos.

Der Körper lässt sich nicht mit Druck irgendwohin schieben.

Man kann ihm nur helfen, gesund zu werden. Mit der richtigen Unterstützung kann er den Weg gehen. Unter Druck, Spastiken aufbiegen, erzeugt Gegendruck und die Symptome verschlimmern sich danach, das Gegenteil wird erreicht.

Unser Körper heilt sich selbst, wenn man ihm die Zeit, die richtigen Impulse und die richtige Unterstützung gibt.

Ungeduld und Druck sind die falschen Begleiter, um nach schwerer Krankheit wieder gesunden.

In der Craniosacralen Therapie gibt es eine Technik, sie heißt Unwinding, dabei unterstützt der Therapeut nur das blockierte Körperteil durch eigene Bewegung, sich wieder frei zu winden und somit die Blockade zu lösen. Das geschieht ganz ohne manipulative Vorgehensweise, der Körper löst die Blockade selbst und erhält dabei nur Unterstützung vom Therapeuten.

Kein Druck entsteht, somit kann Heilung entstehen, denn es muss nicht gegen den Druck gearbeitet werden.

Als du ein kleines Mädchen warst, wurde dir erzählt, was du alles nicht kannst,
lernen musstest du noch viel.
So kannst du nicht rumlaufen,
ziehe dich ordentlich an.
Immer wieder war es falsch, was du getan.
Da hattest du keine Freude mehr und bist gegangen.
Ich kann dich gut verstehen,

doch jetzt bist du wieder da, wieder zu Hause, wieder bei
mir, Selbstbewusstsein.
Gut, dass du wieder bei mir bist,
denn ich brauche dich.
Du bist ein Teil von mir,
als Kind bist du gegangen.
Lange warst du weg,
ich habe dich wieder gefunden,
zuerst hats dich erschreckt.
Hab keine Angst, bei mir geht's dir gut.
Ich brauche dich, du stärkst meinen Mut,
und du brauchst mich,
ich bin dein zu Hause und gebe dir Raum,
in dem du kannst sein.
Du bist nicht mehr hilflos und klein,
zeige dich,
du bist nicht mehr allein.
Mit dir ist meine Seele wieder komplett.

Als ich es hatte, hab ich's vertrieben.
Jetzt sehne ich mich danach.
Das Stück im Geist, was damals erfüllt,
liegt jetzt brach.
Was ich damals nicht erkannte,
sehe ich jetzt ein,
jetzt bin ich wach.
Meine Augen sind offen und sehen sich um,
meine Ohren hören besser und kleine Details.
Was ich damals nicht wusste, ich heute weiß.
Vielleicht hätte ich manches anders gemacht,
anderes gewusst mit den gleichen Zweifeln.
Für alles gibt es einen Grund,
und manchmal wird die Sache rund,
dann auch bleibt sie ein Rätsel.
Einiges bekommen wir erklärt,

Anderes erklärt sich selbst.
Mancherlei bleibt für immer offen,
wir können nur hoffen,
dass der Weg, der weiterführt
frei ist und für uns geebnet,
dass die alten Gründe mit göttlicher Gnade sind gesegnet.
Das Schicksal kann man nicht berechnen
und auch nicht allein nur lenken,
so viele mit drehen am großen Rad,
das wenigste ist unsere Saat.

Im Geist und in der Seele ist alles möglich, auch wenn es
körperlich noch unmöglich ist.
Denn der Körper ist in seinen Grenzen.
In meinem Geist bewege ich mich und laufe,
schau es dir an, Körper und mache es nach, du kannst das.
Du weißt wohin du laufen willst,
dann lauf, steh auf.
Geb jetzt nicht auf, so kurz vor dem Ziel,
es ist nicht mehr viel.
Was brauchst du noch, dass dich macht bereit?
Ich brauch noch ein anderes Kleid
mit einem anderen Muster.
Als göttliches Kind wird aus
dem Unscheinbaren, Vertrauenslosen
Gottes geistiges Kind.
Es ist nicht mehr blind,
erkennt mehr vom Leben
und von dessen Streben
nach Wachsen und Vollendung.
Das Kleid im neuen Muster kann sein die Rettung,
ein Muster aus Vertrauen, aus Leben und Glück,
das neue Kleid passt gut,
niemals ins alte geht's zurück.

„Ich habe dich wieder ins Leben geschickt, wir wollten dich noch nicht", sagt der Tod, „und dein Sohn hat dich wieder ins Leben gerufen", spricht er weiter.

„Ich verstehe", sage ich zum Tod „auch du bist mein Freund. Hast du noch eine Botschaft für mich?"

„Tue, was dein Herz dir rät, das rät dir der Himmel. Bleibe gut mit dem Himmel und der von dir aus jenseitigen Welt in Verbindung. Bleibe ein Segen für alle Menschen, die zu dir kommen.

Der Tod wird sehr ernst und sagt: „Ich bin aus Gottes Schöpfung, ein Freund der Menschen, zu ihren Lebzeiten ein guter Berater, am Ende führe ich sie heim. Jeder hat seine Zeit, die er individuell braucht, um seinen Beitrag zu leisten. Ihr sollt nicht euren Körper und euer Fleisch vermehren, ihr sollt geistig reifen und seelisch wachsen."

Der Tod zeigt mir in meinem inneren Garten eine Wiese, auf dieser stehen alle meine Seelenanteile. Eines weint sehr, ich gehe zu ihm hin und frage es, wer es sei und warum es so weint.

„Ich weine, weil ich traurig bin, ich bin die Freude und es gibt einiges, was ich bereue, darüber bin ich traurig und ich fühle gar keine Freude mehr." „Ich verstehe dich gut", antworte ich der Freude und nehme sie fest in meine Arme.

Was brauchst du, dass es dir wieder besser geht?", frage ich die Freude. „Freiheit und Unabhängigkeit" ist die prompte Antwort.

„Ich bin die Freiheit", sagt ein Seelenanteil und stellt sich neben die Freude.

Ein weiterer Seelenanteil stellt sich vor: „Ich bin die Kriegerin, ich habe nie Stop gesagt, wenn andere mich verletzt haben, bin immer wieder Kompromisse eingegangen. Das hat der Freiheit geschadet."

„Ich weiß", sage ich der Kriegerin und rufe für sie die Trösterin, die die Kriegerin sanft streichelt und so kommt auch noch die Sanftmut, sie strahlt in ihrem lieblichen Licht und sagt: „Ich bin immer sanft zu allen Menschen und so ziehen wir auch das Sanfte in unser Leben, das Sanfte, von anderen kommend haben wir sehr vermisst. Es war mal da, dann wars verloren und auch ich, die Sanftheit in dir, wurde immer weniger und hatte keinen Ausdruck mehr. Liebe innere Kriegerin, bitte schütze mich, dass ich nicht mehr zertreten werde von Unachtsamen, schließe die Tür. Öffne die Tür den Achtsamen. Sie werden wieder kommen", weiß die Sanftheit zu berichten.

Die Sanftheit kehrt wieder zurück zu den anderen Seelenanteilen und reiht sich ein.

Ein weiterer Seelenanteil stellt sich vor: „ Ich bin die Liebe und wünsche mir auch mehr Schutz von der Kriegerin."

Die Kriegerin verkündet, dass es ihr Leid tut, dass sich alle so wenig geschützt fühlen. Sie möchte in Zukunft besser ihre Aufgabe erfüllen.

Nun tritt noch ein Anteil hervor, der sich als die Sehnsucht vorstellt und sagt, er möchte alles noch unerfüllte ins Leben holen. Gemeinsam geben die Seelenanteile dieses Unerfüllte an die göttliche Lebensplanung ab. Und somit stellt sich die Hoffnung neben die Sehnsucht. „Du hast zu viele Schuldgefühle, die mich, die Hoffnung, oft daran hindern stark in dir zu wirken. Heile deine Schuldgefühle."

Die Schuld kommt herbei. „Du kannst mich nur heilen, indem du dir überlegst, wie du deine Schulden wieder ausgleichen kannst. Bitte um Vergebung und bringe Ausgleich."

Ich trete mit meiner Schuld vor Gott und erkläre mich als kleiner Mensch, dem es nicht möglich ist diese Schuld allein wieder zu lösen.

Verständnisvoll nimmt der Vater meine Schuld, ich knie nieder. „Da du aufrichtig bereust, sei dir deine Schuld vergeben", sagt der barmherzige Gott, „erhebe dich und bleibe demütig, du wirst deine Schuld als erlöst erleben."

„Gütiger und barmherziger Gott, ich danke dir für deine Gnade."

Ich frage Jesus, wann ich wieder laufen kann.
Jesus mahnt mich zur Geduld. Ich vertraue darauf. Es fällt mir sehr schwer, geduldig zu bleiben. Ich wünsche mir sehr, dass ich mich allein wieder fortbewegen kann, das ist Freiheit. Wer diese Freiheit hat, sollte dankbar sein. Ohne diese Freiheit ist man sehr abhängig von der Hilfe anderer bei den kleinsten Bedürfnissen. Viele Menschen beklagen Zustände, die nicht ihre Freiheit einschränken, viele beklagen leichte Schmerzzustände, Steuern, die sie zahlen müssen oder andere Dinge, die einfach nur ungünstig für sie sind. Dabei geht und ging es ihnen gut, sie sitzen Sonntags auf den Kirchenbänken und beklagen Montags ihre kleinen Pannen, sitzen an Betten von sehr kranken Menschen und beschweren sich über ihr „Leid". Dann möchte ich sagen: „Schäme dich, siehst du denn nicht bei meinem Leid, dass deines doch Glück ist. Sei dankbar, wenn du über siebzig Jahre Lebenszeit geschenkt bekamst und das Leben dich von seiner Schwere verschonte." Doch das sage ich nicht, weil ich niemand verletzen möchte und weil ich denke, der andere wird das noch von selbst einsehen. Ich bin nicht die Gerechtigkeit und nicht dafür verantwortlich, dass andere lernen.
Wer nicht durch Einsicht lernt, darf es durch Erfahrung. Durch Erfahrung lernen, kann das bittere Lernen sein. Je mehr wir uns beklagen, um so mehr bekommen wir davon und werden nicht verschont von dem, wovon wir denken, es sei Leid. Sind wir dann so weit, uns zu bedanken und Güte zu schenken, wird das Leben uns lenken in Gnade und Friede, es zählt nur in deinem Herz die vorhandene Liebe.

147

Je nachdem wohin wir unsere Energie lenken, wird zu uns kommen. Wenn wir uns ständig beklagen über Kleinigkeiten werden wir immer mehr davon bekommen, bis wir vielleicht irgendwann erkennen, dass wir keinen Grund zum Klagen haben. Wer für das, was er hat, dankbar ist, dem fließt immer mehr Gutes zu, für das er dankbar ist.

Heutzutage fordern viele immer mehr und meinen, es wäre ihr Recht im Überfluss zu sein. Somit verlieren wir immer mehr die Dankbarkeit für all das Gute, was wir haben.

Ja, ich leide unter den Folgen eines Schlaganfalles, doch ich habe überlebt und dafür bin ich dankbar. Mein Geist ist klar und unversehrt von dem Ereignis, dafür bin ich sehr dankbar. Ich bin umgeben von lieben Menschen, die mich unterstützen, auch dafür bin ich sehr dankbar. Ich bin gehalten vom gütigen, barmherzigen Gott und kann nicht tiefer fallen als in seine Hand.

Viele Engel und Jesus Christus sind bei mir und helfen mir zu heilen, dafür gehe ich demütig und dankbar auf die Knie.

Ja, es ist anstrengend und mühsam und auch nicht schön mit der Krankheit weiter zu leben. Es kostet viel Kraft. Alle Freiheit ist verloren. Doch in all dem Unglück gibt es noch etwas anderes: Dankbarkeit, Hoffnung, Liebe und gute Freundschaften und ganz viel Leben.

Ganz viel Leben liegt noch vor mir und ich will es noch füllen.

So vieles will durch mich noch gelebt werden und dafür ist mir noch Lebenszeit gegeben wurden durch Gottes Gnade.

Der Tod hat mich nicht ins Jenseits geführt, er hat mich ins Leben geführt und mir die Augen fürs Leben geöffnet. Jetzt verstehe ich, wie er es meinte, als er sagte, er sei mein Freund.

„Wer mich zum Freund hat, der beginnt wahrlich zu leben", sagt er heute und schaut freundlich durch die Hecke meiner Terrasse. Weiter sagt er, er besuche mich ab und zu, dass ich nicht vergesse.

Ich denke an meine verstorbene Freundin Jana und schon sitzt sie mit mir auf meiner Terrasse und erzählt: „Ich hatte auch keine Angst vor dem Tod, er war mein Freund, er hat mich erlöst von der Krankheit, für mich war das nur noch Elend und Qual."

Meine Freundin hatte vor ihrem Tod starke Schmerzen und es ging ihr sehr schlecht. Ich hatte, als sie gestorben war, noch Zeit neben ihr zu sitzen, um Abschied zu nehmen. Ich streichelte ihr übers Gesicht und dankte ihr für all die Zeit, die wir gemeinsam hatten. Ich war trotzdem sehr traurig. Da vernahm ich deutlich Worte mit ihrer Stimme: „Sei nicht traurig, ich bin erlöst und darüber sehr froh. So, wie in der letzten Zeit wollte ich nicht mehr weiter leben. Auch wenn wir in getrennten Welten leben, wir sind verbunden und bleiben in Kontakt."

Wir sind ganz wunderbar in Kontakt. Meine Freundin Jana war im Leben ein toller, gütiger und hilfsbereiter Mensch und das ist sie auch jetzt noch, sie gibt ihre Güte aus der Welt, in der sie jetzt lebt. Sie ist oft bei mir, behandelt mich und steht mit mir im Austausch. Wir reden nicht mehr, wie im Leben, wir reden, indem wir uns Gedanken senden. Wir verstehen uns auf einer ganz tiefen Ebene. Unsere Werte und Vorstellungen sind sehr ähnlich.

Ich will nicht perfekt sein.
Es muss nicht alles wie geleckt sein.
Die Frisur muss nicht sitzen.
Make up verrutscht sowieso nur beim schwitzen.

Wir wollen leben und lieben,
nichts auf die lange Bank schieben,

Wir wollen aus dem Herzen heraus leben,
Gutes verweben.

Wir wollen an das Gute glauben, der Liebe vertrauen
und auf menschlichen Fundament unser Leben bauen.
Wir wollen uns überraschen lassen vom Leben und seinen
Sachen,
wir wollen nicht verzagen,
uns mit den Mitmenschen gut vertragen.
Wir geben nicht auf, Gutes zu bringen
auch ohne Dank und ohne Gewinne.

Wie es auch ist,
wir wollen nicht Klagen oder Jammern,
es gibt immer noch Schlimmeres,
daran wollen wir nicht klammern,
sondern an das Gute glauben.
Irgendwo ist immer das Gute,
manchmal ist's nur versteckt,
wir suchen so lange bis wir es finden
und tragen es dann behutsam ins Leben.
Dann wird daraus Glück.
Wir wollen nicht die Siege,
bewundert von anderen.
Wir wollen lieber die wahre Liebe.
Wir wollen in Liebesschwingen mit den Herzen fliegen,
das Böse besiegen,
Fehler begleichen,
stellen die Weichen,
um anzukommen, wo unsere Heimat ist, wo wir wohnen
und geborgen sind.
Dahin führt uns unser göttliches Kind.

Wir brauchen weder Ruhm noch Geld,
das ist nur wichtig auf der Welt,

Liebe ist, was wirklich zählt.
All das materielle Gehabe landet im Verderben,
nur das Gute tragen die Erben
in ihrem Herzen weiter
und werden davon reicher.
Reich in der Seele und reich im Geist werd reich,
Weisheit macht's sogleich,
nur der Weise ist reich.
Der Wissende und Besitzende ist arm,
im Herz oft voller Kram.
Die Liebe hat keinen Platz mehr.
Der Geist ist leer,
aus ihm kommt nichts geistreiches mehr.

Unsere Werte wir hüten,
ich hier und du dort drüben.
Das geben wir dem Leben
und wer es braucht, darf sich davon nehmen,
um zu erkennen, das Seine zu finden und zu benennen.

Alte Zeugnisse liegen im Schrank.
Gute Noten auf vergilbtem Papier,
keiner will's noch wissen oder sehen.
Sie rechtfertigen kein wirkliches Wissen und Können.
Um das zu erzielen viel geübt und gepaukt,
dem Kind und dem Jugendlichen schöne Stunden geklaut,
ein Stück von wahren Erfahrungen verbaut.
Schade um Zeit und Mühen.
Jetzt zählt nur noch Herz, Liebe und Leben,
schade um verlorenes Glück der Kindheit, es kommt nicht
zurück,
ist für immer gewesen.
Was wurde mit der Kindheit gemacht,
wie selten wurde fröhlich gelacht.
Der Ernst wurde einbezogen,

das eigene Wahre wurde verbogen.
Dann sind wir geworden wie
Kerzen auf Torten,
schön und wichtig.
Sind wir dann auch im Leben richtig?
Leben wir so wie wir sind
oder sind wir für uns selber blind?
In uns gibt es ein Kind, dass
seine Träume hat
und sie endlich leben will.
Sie wurden von der Gesellschaft nicht gewollt,
deshalb hat man sie einfach überrollt,
erschlagen
und dann auch noch begraben.
Irgendwann kommt die Zeit,
da sollte man sie wiederholen und endlich beleben.
Jetzt ist es so weit,
ich hauche ihnen Leben ein und lasse sie entstehen.
Die, die sie einst vernichtet haben,
denen habe ich es vergeben.
Jetzt bin ich dran und entscheide, was soll mit den
Träumen geschehen.
Das Kind in mir wird es verstehen,
dass ich ihm nun Platz schaffe,
um sich zu drehen
und doch noch ins Leben zu gehen.

Ich öffne meine Herzenstür
und trete ein, du bist schon hier. Wir tanzen einen Tanz,
die Elfen binden einen Kranz,
stecken Kerzen darauf und zünden sie an.
Im Himmel ist Hochzeit
und wir sind dabei
für himmlische Liebe bereit.

Dort, wo die Sonne untergeht, bist wahrscheinlich du.
Wo die Sonne untergeht ist der Horizont
hinter dem Neues entsteht.
Wer sich traut, der geht vorbei am Horizont im Vertrauen,
dass es auch dort weiter geht.
Nichts geht verloren.
Am Horizont werden Herzensträume geboren.

Im Herzen wächst etwas heran.
Glaub nur fest daran.
Es wird groß,
bis es geboren werden kann.
Schwanger im Herzen,
ein Traum,
nährt sich durch Liebe,
man merkt es kaum.
Wenn die Zeit gekommen,
wird er geboren ins Leben hinein,
er hat uns geschworen, so soll es sein.

Nun kommt die Mutter meines Vaters, meine Omi aus dem
Jenseits und setzt sich zu mir auf der Terrasse, sie erzählt
mir, dass nur Gott wahre Heilung vollbringt.
Sie macht mir Mut und schenkt mir Hoffnung. Gott heilt
alles, versichert sie mir und sie hat auch ihre schwersten
Stunden nur mit Gottes Hilfe überlebt. Sie erscheint mir
wie im Leben auch.

Tiefe Falten im Gesicht;
Dass Geschichten spricht.
Jede Falte beschreibt eine Erfahrung,
Krieg und Verluste,
aus der Heimat vertrieben,
hast nie aufgegeben zu lieben.
Das Leben ist dir lang geblieben

mit Sorge und Krankheit wurdest du leidgeprüft.
Nie geklagt hast du über das,
was dich plagt.
Tapfer und ruhig hast du alles ertragen
ohne auch nur einmal zu klagen.
Deine Haare schneeweiß,
sie verraten,
das ist weise, was fern von Jammern und Klagen.

Wahre Weisheit schafft nur das Leben,
Für die weltlichen kopfzentrierten Menschen im Leben
zählt die Intelligenz und die Güter, die sie sich angehäuft
haben.
Doch Zufriedenheit und Glückseligkeit erreichen sie damit
nicht. Glück und Freude ernten nur jene, die aus dem
Herzen leben und ihrer Seele dienen. Die Seele will sich
verwirklichen und frei von weltlichen Zwängen sich
erleben.
Wir erkennen, wenn wir glücklich und in Freude sind, dass
wir aus unserem Herzen, in unserer Seele leben.
Wir erkennen auch wahre Freunde, Verabredungen aus
dem Himmel oder Seelen, mit denen wir bereits in
vergangenen Leben zusammen waren. Freundschaft aus
tiefer Verbundenheit findet sich im weltlichen Leben
immer wieder und ist fast untrennbar.

Wozu sind Freunde da?

Wofür sind Freunde da?
Um sich gegenseitig zu unterstützen
und zu helfen in Leid und Not.
Um sich Zeit zu schenken
und manchmal auch Trost und Mut.

Haben die vielen Milliarden Menschen
alle einen guten Freund,

den sie ja brauchen
oder wird bei vielen nur davon geträumt?
Was ist mit denen,
die sich selbst Freunde nennen,
und dann nicht erkennen,
wenn sie gebraucht werden als Freund.
Allmächtiger Gott, ich frage dich deshalb:
Wozu sind denn Freunde da?

Die Antwort auf die Frage wirft alle meine bisherigen Annahmen über Bord. „Wer nicht lernt durch Mitgefühl beim Anblick von Leid eines anderen, der wird es selbst erfahren um es zu fühlen."
Allmächtiger Gott ich bin nur ein kleiner Mensch, du bist allmächtig und allwissend, drum frage ich dich, warum lassen sich Freunde oft im Stich? „Weil sie unachtsam und egoistisch sind. Für das Schicksal der anderen sind sie oft blind."
Wie wollen denn all die Menschen auf der Erde Brüder und Schwestern sein, wenn sie es nicht mal schaffen, einfach nur Freund zu sein?
Und alle Milliarden Menschen, sag mir mal wofür, sind sie gemeinsam hier?
„Gemeinsam sollen alle lernen, sich zu helfen und sich auch zu tragen, dankbar zu sein, dass sie das dürfen ohne sich zu beklagen. Doch für alles Tun wollen die Menschen nur Lob und Lohn." Danke sehr für die Erklärung, jetzt verstehe ich besser, was wahre Freundschaft ist. Viele sind sehr egoistisch, denken zuerst an sich. Nur, wenn dann noch was übrig ist, kommt auch ein anderer noch mal in Sicht. Diese Einstellung ist ein schlechtes Fundament für Gemeinsamkeit, eine Freundschaft führt sie nur ins Elend und enttäuschte Einsamkeit.
Warum gibt es in der Schule kein Unterrichtsfach fürs Kind, worin es um die Bedeutung von Mitmenschlichkeit und

Freundschaft geht und nur von diesen wichtigen Sachen wird der Lehrplan bestimmt?

„Was gelehrt wird in den Schulen, habt ihr Menschen selbst bestimmt und dabei lieber denen, die Wissen erschaffen vertraut."

Die das Wissen erschaffen sind die Wissenschaftler, sie haben nicht gut gebaut. Vieles ist unvollkommen und verschwommen, oft fehlt ihm der himmlische Segen, Gnade und Demut, denn der Erfinder ist ohne Demut vor der göttlichen Gabe nur ein Blinder. Die Staunenden Nutzer werden ohne die Sicht auf das göttliche Geschehen, das Wahre und Gute gar nicht sehen.

Der Erfindung, die sich als göttliches Geschenk nicht erkennt, sich oft in falsche Wertigkeit verrennt.

Ein Mensch, der erschafft, sollte nicht von der Schöpferkraft getrennt sein. Das menschliche Erschaffene braucht die himmlische Gnade und Gottes Segen, um zu leben.

Die Krankheit hat mich sensibel gemacht. Verhalten und Einstellungen meiner Mitmenschen erkenne ich sofort und sie können mir nichts mehr vormachen.

Es gibt auch Freundschaften, die sich während der Krankheit gefestigt haben.

Viele gute Freunde waren von Anfang an mir immer wieder nahe, haben mich getröstet und mir Hoffnung gemacht. Sie haben wenig Zeit und viel Verantwortung für Menschen in ihrer Familie, trotzdem haben sie immer wieder auch mir ihre Zeit geschenkt. Dafür bin ich ihr sehr dankbar.

Meine Physiotherapeutin und Freundin, diese liebe Seele, macht mir immer wieder Mut und schenkt mir Zuversicht. Meine Fußpflegerin und Freundin bastelt nach der Fußpflege mit mir wundervolle Dinge, die mir Kraft und Hoffnung geben. Aus unserer Beziehung hat sich eine sehr schöne Freundschaft entwickelt. Meine frühere

Arbeitskollegin Nicole hat mich schon in der Rehaklinik regelmäßig besucht, jetzt kommt sie einmal in der Woche mit Kuchen mich besuchen. Wir hatten viele Jahre keinen Kontakt, als sie von der Krankheit erfuhr war sie da. Sie hat sogar bei sich für mich ein Kaffeetrinken mit unseren ehemaligen Kollegen organisiert. Ich bin ihr sehr dankbar.

Eine Bekannte, die sich selbst als Freundin bezeichnet, besuchte mich am Anfang ein paar mal in den Kliniken, dann wurden die Besuche immer weniger. Sie versprach immer, sich zu melden und mich zu besuchen. Doch es blieb bei den Worten. Ich bin von diesem Menschen sehr enttäuscht. Meine Konsequenz wird sein, dass ich diese Menschen meide. Es gibt dann kein Essengehen mit ewigen Fragen mehr, es gibt auch keine stundenlangen Telefonate mehr. Das alles raubt mir nur meine Energie. Dafür ist mir in Zukunft meine Lebenszeit zu schade.

Auch Patienten aus meiner Praxis haben mich besucht und mir Gutes getan. Diese lieben Menschen waren regelmäßig da, mit all ihrem Licht und ihrer Liebe.

Dann ist da noch eine Bekannte, die im gleichen Ort wohnt, sie besucht mich oft und regelmäßig, zu ihr ist auch eine Freundschaft entstanden. Uns verbinden auch gemeinsame Werte und Interessen. Wir gestalten gern schöne Dinge, malen gern.

Mein Mann kümmert sich liebevoll um mich und hilft mir bei allen alltäglichen Dingen, die ich allein nicht schaffe.

Ich habe nette Schwestern vom Pflegedienst und bin auch durch sie sehr gut versorgt.

Mein Mann arbeitet viel Zeit von zu Hause aus, so dass er viel bei mir sein kann. Wenn er doch beruflich unterwegs ist, bleibt meine Schwiegermutter bei mir und versorgt mich.

Mein Sohn studiert und ist nur selten zu Hause. Doch, wenn er da ist, hilft er mir auch in vielen Lebenslagen.

Ich bin sehr dankbar für diese wunderbaren Menschen meiner Familie.

Während einer schweren Krankheit zeigt sich, wer wirklich zusammenhält. In guten Zeiten ist es einfach, in schwierigen Zeiten kommt es darauf an, ob die anderen wirklich Menschen sind, die zueinander gehören. Dabei zeigt sich der Wert und die Tiefe einer Beziehung.

Die Küsschen und materiellen Geschenke von selbsternannten guten Freunde sind nichts wert, wenn der Freund in der Not nicht geehrt.

Ich arbeite ehrenamtlich im ambulanten Hospizdienst und weiß, wie dankbar die schwerkranken Menschen waren, wenn jemand da ist, der ihnen zuhört oder ihnen etwas erzählt oder etwas vorliest.

Jetzt erfahre ich es selbst und bin dankbar, wenn lieber Besuch kommt und andere mir einfach ein wenig Zeit schenken. Nun habe ich selbst erfahren, wie wichtig das ist. Ich habe die Arbeit im Hospizdienst immer sehr geliebt und in ihr eine sinnvolle Arbeit gesehen.

Kranke Menschen brauchen andere, die trösten, zuhören, einfach da sind. Wenn man krank und allein immer nur mit sich selbst ist, ist man dankbar, für Abwechslung und Zeit, die man geschenkt bekommt.

Wir sind keine Einzelwesen, wir sind soziale Wesen. Ein Kranker kann oft nicht allein zu anderen gehen, deshalb ist er darauf angewiesen, dass die anderen zu ihm kommen.

Der Kranke braucht keine Küsschen, keine Geschenke, keine Ratschläge kein Mitleid, sondern Mitgefühl.

Er braucht nur Zeit. Er braucht nicht viel. Ein bisschen nur. Es braucht nur ein bisschen Zeit.

Eine liebe Kollegin und Freundin aus gemeinsamer Arbeit in der Krankenpflege besucht mich regelmäßig zu Kaffee und Kuchen, wir plaudern von gemeinsamen schönen Erlebnissen und wieder ist der triste, finstere, kranke Alltag etwas heller.

Es gibt nur wenige solcher altruistischen und liebevollen Menschen. Doch viele von ihnen sind in meinem Freundeskreis. Ich danke für die liebevollen Beziehungen, in denen ich sein darf.

Und ich danke Menschen, denen ich begegnen darf, die mir wertvoll zur Seite stehen. Ich darf sehr viel Liebe erfahren. Das wird in schwerer Krankheit zu Medizin. Diese Medizin ist heilsamer als eine Tablette.

Himmlische Kontakte

Ebenso hilfreich und wertvoll sind die Verbindungen zu himmlischen Sphären. Gott ist da. Gott erhört unsere Gebete, antwortet und hilft uns. Wir nehmen seine Worte in uns als Gedanke wahr, oder ein Mensch kommt und erzählt uns etwas, oder wir lesen eine Antwort in einem Buch oder als Kalenderspruch. Das sind die Fügungen auf die wir achten sollten. Gott ist immer da, wie auch der Himmel, so nah.

Engel begleiten uns

In den himmlischen Sphären warten die Engel darauf, dass wir um ihre Hilfe bitten.

Sie greifen nicht einfach ein, da sie unseren freien Willen respektieren. Wir entscheiden selbst, wen und ob wir um Hilfe bitten.

Christus

Mit Christus ist der Heiland für uns da. In seinem Wirken auf der Erde hat er Kranke geheilt, Blinde konnten sehen, Gelähmte konnten gehen. Jetzt wirkt er für uns als geistiger Meister aus dem Himmel, wenn wir ihn bitten.

Der Heiland schenkt uns seine heilende Energie. Wir fühlen sie in unserem Herzen. Ich fühle mich von Christus unterstützt, gehalten und geheilt.

Meine innere Weisheit fühlt, ich bin geheilt. Ich muss nur einfach wieder laufen.

Mit meiner Freundin konnte ich einige Dinge, die mich noch am Laufen hindern, in einer Aufstellungstherapie erkennen und auf einen Lösungsweg bringen.

Dann haben wir noch passend zur Jahreszeit ein Osterei gebastelt. Als Zeichen für Fruchtbarkeit darf das Ei in meinem Fenster mich unterstützen und zum Laufen bewegen.

Auf dem Lebensweg müssen wir uns bewegen.

Wertvolles Leben

Wir können nur im Leben unserer Seele Ausdruck geben und uns erfahren und erleben. Das macht das Leben einzigartig und wertvoll. Während des Lebens erfahren und erkennen wir uns in unserer Seele.

Die Erfahrungen verändern uns auch, wir sind nach einiger Zeit immer wieder neu und verändert.

Wandlung im Leben

Erfahrungen verändern und verwandeln uns. Ich bin nicht mehr die, die ich vor der Krankheit war. Die Krankheit hat mich aufgeweicht, ich bin mehr in meinem Gefühl, im Herzen und mit meiner Seele verbunden.

Schicksal und Krisen verändern uns. Wir erwachen oft im finsteren Tal. Die Erleuchtung erfahren wir nicht in spirituellen Pseudoseminaren, sondern mitten im Leben.

Ich habe Gott, Christus und Engel gesucht, erst in den finsteren Stunden des Leides habe ich sie gefunden.

Ich habe eine Verbindung zu unseren Lieben im Jenseits gesucht. In meiner Not gab es eine Brücke zu ihnen. So waren sie da und trösten mit ihrer Liebe.

Die Brücke zu anderen Herzen ist die Liebe

Wir erreichen unsere Lieben im Jenseits über die Brücke der Liebe aus unserem Herzen erbaut.

Auch, wenn wir einem Menschen im Erdendasein etwas mitteilen wollen, wir aber keine irdische Verbindung haben, können wir in Liebe an den anderen denken und aus unserem Herzen heraus der Seele im Herzen des anderen unsere Botschaft übermitteln.

Liebe kommt vom Himmel

Mit der Liebe bauen wir Brücken. Ich habe mit meinen Freunden und Bekannten, die mich in meiner Not besuchten, immer die Liebe gefühlt, die sie mir brachten.

Mein Sohn lebt fern von mir in einer anderen Stadt. Ich baue immer eine Brücke der Liebe zu ihm, so entsteht eine schöne Verbundenheit.

Ich wünsche mir sehr Kontakt zu einem alten Freund. Ich fühle, dass es da noch eine alte Liebesbrücke gibt, die uns verbindet.

Die Liebe ist ein göttliches Gnadengeschenk an uns Menschen.

Wir erreichen uns von Herz zu Herz über die Brücke der Liebe, die wir bauen.

Jede Seele will und kann sich in der Liebe erfahren. Wer wirklich liebt und Liebe möchte, braucht keine Eifersucht. Wahre Liebe gibt und stellt keine Bedingungen. Wahre Liebe will das, was sie liebt nicht besitzen. Wahre Liebe lässt das Geliebte frei, dass es zu dem werden kann, was die Seele braucht.

Beziehungen beginnen und gehen zu Ende.

Paare werden getrennt und geschieden.

Doch Brücken der Liebe sind geblieben.

Jede Brücke der Liebe,
die ein Mensch je gebaut,
der diese beschützend gut behütet.

Jede Brücke der Liebe
wird vom Himmel
gut behütet.

Die Liebe,
die eine Seele auf der Erde manifestiert
wird vom Himmel gefeiert, gelobt und geehrt.
Nur der verliert,
der sich der Liebe verwehrt.

Liebe als Manifestation auf der Erde

Eine Seele, die sich in einen menschlichen Körper inkarniert, will sich erleben und erfahren.
In der Liebe hat eine Seele die Möglichkeit, sich zu erleben und zu erfahren.
Die Seele hat im Leben einige Möglichkeiten, Liebe auszudrücken.
In jedem Ausdruck erlebt sie sich selbst und erfährt sich.
Liebe kann ausgedrückt werden, indem sich ein beseelter Mensch an das Leben verschenkt und Gutes in Liebe gibt.
Da ist vielleicht eine Krankenschwester, die liebevoll ihre Patienten versorgt. Da ist eine Lehrerin, die ihren Schülern zeigt, dass es Wichtigeres gibt, als nur gute Zeugnisse. Da ist ein guter Freund, der einem Freund Mitgefühl und Zeit schenkt.
Da ist ein ehrenamtlicher Mitarbeiter im Hospiz der einem Schwerkranken die Hand hält. Überall in diesen Dingen ist eine Form der Liebe ausgedrückt.
Ausdruck der Liebe findet statt, wenn sich ein Mann und eine Frau begegnen und ihrer Liebe Raum geben, in

gemeinsamen Projekten und auch in gelebter Sexualität. Sexualität ist die körperliche Ausdrucksform der Liebe.

Die Liebe wird ausgedrückt, indem man sich selbst gut versorgt und sich selbst Dinge schenkt, die Freude bereiten.

Wahre Selbstliebe ist Annahme der eigenen Seele in höchster Form. Egoismus ist das Gegenteil dazu.

Die Selbstliebe kommt aus der Weisheit des Herzens. Egoismus hingegen ist aus dem Verstand und will besitzen. Ein vom Ego gesteuerter Mensch kann nur lieben, was er besitzt. Und er will besitzen. Das ist seine Motivation zur Liebe, die allerdings an Bedingungen festhält.

Ein aus dem Herzen Liebender liebt bedingungslos aus Liebe. Liebe die Gott uns schenkt, ist bedingungslos. Der Mensch, der sie an Bedingungen anhaftet, liebt nicht aus seinem Herzen. Er denkt im Verstand sich etwas aus, was er für Liebe hält, aber doch nur begehren und besitzen wollen ist.

Die Herzensliebe ist frei von Ansprüchen und Erwartungen. In Nachbars Garten blüht mitten im Winter eine Rose. Sie erinnert mich an Liebe. Ich besitze sie nicht. Ich freue mich einfach, dass sie blüht und liebe sie.

Vorm Tod geht es um das Leben

Jeden Augenblick kann das Leben auf der Erde zu Ende sein und im Himmel erwartet man dich, zeigt dir deine neue Wohnung und inspiziert dein Gepäck. Deine Seele trägt das erlebte Leben heim und will von dir wissen:

Was hast du auf der Erde gelernt, erkannt und erlebt? Hast du deine Seele selbst und mit anderen erfahren? Hast du alles gelebt und erkannt, was deine Seele erleben wollte? Bist du den Weg deiner Seele, deinen Herzensweg gegangen oder hat dich das Ego eingefangen? Hast du neue Türen aufgeschlossen? Hast du dich dem Leben geschenkt?

Oder hast du deine Geschenke lieber zurückgehalten, weil du dachtest, sie gehören nur dir allein? Wer warst du, als du in die Lebensschule gingst und wer bist du nun? Was hast du gelernt von dem, was das Leben dich lehrte? Was zählt nun für dich, was sind deine Werte? Wessen Geistes Kind wolltest du sein, folgtest du dem Heiligen Geist, der im Herzen wohnt, oder bist du dem Geist des Egoverstandes auf den Leim gegangen? Wohin hat dich dein freier Wille geführt?

Hast du auf Gottes Stimme gehört und ihr vertraut?

Die Führung Gottes ist immer da

„So wahr mir Gott helfe", habe ich vorm Traualtar versprochen, doch dann war unsere Beziehung doch zu Ende. Gott hat mir Menschen geschickt, die mir Hinweise gaben. Ich habe sie nicht verstehen wollen. Gottes Hilfe war da, aber ich habe sie nicht erkannt.

Als ich den Schlaganfall hatte, haben die Ärzte meinen Körper versorgt und wussten nicht, ob ich überlebe. Sie warteten ab. Gott schickte mich ins Leben. Ich vertraute ihm. Als ich aus dem Koma erwachte, wusste ich, Gott kann ich vertrauen. Gott gibt mir die Zuversicht, dass ich wieder laufen werde. Ich vertraue ihm. Gottes Stimme sagt mir in meinem Herzen, dass ich einen Menschen, nach dem ich Sehnsucht habe, wieder sehen werde. Doch ich muss dafür etwas tun und nicht bequem warten.

Wir sind hier, um unsere Seele auszudrücken und selbst zu handeln und nicht, um uns bespaßen zu lassen. Das Leben ist nichts für die Bequemen. Es ist bei denen, die es nehmen.

Leben will bewusst gelebt werden

Das Leben schult uns, nur wenn wir bewusst etwas geben und gestalten haben wir das Leben aktiv gelebt. Wer nur abwartet, bis etwas vielleicht geschieht, ist nur passiver Zuschauer und verpasst vielleicht sein Leben.

Dann könnte es am Ende etwas geben, was man bereut. Eine Frage am Lebensende heißt: Was bereust du?

Oft bereuen wir das, was wir nicht getan oder gesagt haben. Alle verpassten Gelegenheiten bereuen wir mehr, als das, was wir taten.

Das Leben möchte berührt, angefasst und von unserer Seele beseelt werden.

Die Seele will sich ins Leben geben und nicht das Leben verpassen. Da hätte sie auch nicht inkarnieren müssen.

Den Himmel im Herzen finden

Ich habe gelernt, dass der Himmel ist nah, er ist nicht da oben und wir sind hier unten. Der Himmel ist in unserem Herzen. Er ist nicht weit weg und getrennt von uns. Der Himmel ist in uns. Unser Herz ist die Tür zum Himmel. Wer seine Herzenstür öffnet, öffnet sich für den Himmel.

Die himmlischen Mächte kommen durch unser Herz zu uns, auch die Toten sind bei uns und sind da.

Alles ist im Herzen, wo der Himmel ist nah. Ich habe gelernt, dass es immer eine Hoffnung gibt. Ich habe gelernt, dass Gott unser barmherziger Vater immer da ist und sich unserer annimmt. Ich habe gelernt, dass Menschen im Leben sehr gut getarnt sein können und man sich mit ihnen sehr täuschen kann. Ich habe gelernt, dass nur die Schätze in Geist und Seele wertvoll sind.

Wir sollten nicht vergessen,

wir sind Brüder und Schwestern.

Wenn wir's noch nicht sind, sollen wir's werden.

Alles Leben wird nur schwer.

Die Schwere verwandelt nur die Liebe.

Der Weg zurück zur Liebe ist lang.

Mit Gott als unseren Hirten ist er leichter.

Dann sind wir nicht allein.

Gottes Hand ist über uns, um uns zu segnen und zu beschützen.

Gottes Hand ist vor uns, um uns zu begleiten, Gottes Hand ist rechts und links an unseren Seiten, um uns zu stützen und mit und zu gehen.

Gottes Hand liegt in unserem Rücken, stärkt und gibt uns die Kraft, um vorwärts zu gehen.

Gottes Hand ist unter uns, um uns aufzufangen, in sie können wir fallen.

Dort sind wir behütet, getragen in Liebe.

Das ist das, was wir brauchen auf unseren Lebensweg.

Kurze Lebenspause mit Eintritt in den Himmel

Da wir unsere himmlischen Verabredungen und Beschlüsse im weltlichen Geschehen oft vergessen, erhalten manche während einer kurzen Lebenspause, während Krankheit, in Todesnähe, einen kurzen Besuch im Himmel. Dort dürfen sie einen Einblick erhalten, um sich wieder an ihren himmlischen Lebensplan zu erinnern, oder uns unseren Herzensweg zu zeigen.

Mir wurde auch ein solcher Einblick gewährt. Und ich erkannte, dass ich beruflich noch einige Aufgaben zu erledigen habe, und dass es noch Einiges gibt, was ich zu tun habe und auf den Weg bringen muss.

Ich erkannte auch, dass einige Freundschaften, die ich auf der Erde wichtig empfand, nicht richtig sind. Sie müssen gelöst werden, da es keine himmlischen Seelenverbindungen sind, ich sah auch, wobei noch Vergebung notwendig ist, und ich wurde an meine wahren Seelenverwandten erinnert mit dem noch dringend Klärung notwendig wird.

Für alle diese Einsichten bin ich sehr dankbar. Mit werden diese Einsichten Sicherheit mein zukünftiges Leben beeinflussen und Entscheidungen werden anders getroffen werden.

Am wichtigsten ist, den Herzensweg aus einem Herz voller Seele und Liebe zu gehen. Wir wollen im Leben das finden, womit wir vom Herzen, in der Seele verbunden sind. Da finden wir die wahren Seelenverwandten und himmlische, große Dinge, wie Talente und Gaben, die unsere Seele ins Leben bringen möchte, um sich selbst zu entdecken und zu erfahren.

Ich habe durch die Krankheit eine Unterbrechung meines bisherig gewohnten Lebens erfahren und habe die himmlischen Sphären besucht. Viele Fragen, die ich nie beantworten konnte, haben hier eine Antwort gefunden, habe ich neue Einsichten auf meinem Himmelstrip, erhalten.

Oft kann man beobachten, dass Menschen nach dem Erleben von schweren Krankheiten viele Dinge in ihrem Leben ändern und nach der Krankheit ein scheinbar anderes Leben führen. Vom Ändern der beruflichen Ausführung bis zum Beenden von Freundschaften, ist Vieles möglich.

Nach einer überwundenen Krankheit mit Besuch im Himmel ist man nicht mehr der Mensch, der man war.

Mit neuen Einsichten und Klarheiten kommt man als veränderter Mensch wieder im Leben an und weiß, auch hier braucht das Leben Veränderung.

Leben ist Veränderung

Die neuen Einsichten, die man nun hat, im Leben einzubringen und mit ihnen verbundene Veränderungen zuzulassen und durchzuführen, bedeutet, ein Stück vom Himmel auf die Erde zu bringen. Veränderung ist ein

Lebensgesetz. Das Leben selbst ist ein ständiges Bewegungsstreben. Und was sich bewegt, verändert sich.

Wenn wir in Krisen und Krankheiten wachgerüttelt werden, verändern wir uns, unsere Sichtweise und unser Handeln. Die Einsichten, die uns auf unserer Reise gegeben wurden, sollten wir im Leben integrieren und gegebenenfalls einiges neu sortieren. Der Herzensweg, der Weg der Seele will gegangen werden.

Wer krank ist braucht Veränderung, um wieder gesund zu werden. Oft ist der Schritt von Krankheit in Gesundheit begleitet von einer weiteren Lebensveränderung, die gleichzeitig auf der Lebensreise vollzogen werden möchte und notwendig ist.

Einweihung ins Leben

Jesus kam auf die Erde und ging als junger Mann vierzig Tage durch die Wüste.

In vielen Kulturen gibt es Einweihungen ins Erwachsendasein. Jugendliche gehen von ihrem gewohnten Umfeld weg, allein in die Natur und sollen dort aus eigener Kraft überleben.

In unserem komfortbezogenen Land gibt es dafür einfach eine Feier, die wir „Jugendweihe" nennen, bei der das Einweihungsritual aus einem „Besäufnis" besteht. Was soll dabei gelernt werden? Hier zeigt sich schon ganz klar der Kleingeist und die Oberflächlichkeit unserer Kultur.

Wahre Einweihungen in die Mysterien des Lebens zeigen sich durch die Weisheit im Geist, die ein Lebenseingeweihter erreicht.

Bekannte eingeweihte Persönlichkeiten

Jesus Christus ist ein großer Eingeweihter, seine Mutter Maria, der wir noch in den himmlischen Sphären begegnen können, ist eine große Eingeweihte. Sie saß nach der

Geburt ihres Sohnes im Stall an der Krippe und weinte, sie wusste, dass sie bald vorm Kreuz ihres Sohnes weinen wird.

Maria Magdalena, die weibliche Jüngerin von Jesus Christus, und ihre Schwester Marta waren zwei große Eingeweihte.

Rudolph Steiner, der Begründer der Anthroposophie, war ein großer Eingeweihter. Durch die Weisheiten, die er mit der Anthroposophie vermittelte, brachte er ein Stück vom Himmel auf die Erde und stärkte den Geist der Anthroposophie: „ Anthroposophia"

Viele Menschen, die geistige Weisheiten mit zur Erde brachten, waren große Eingeweihte. So auch Goethe, der seinen „Faust" ins Weltliche brachte, in ihm viel über die Mysterien des Lebens erklärte.

Überall, wo Menschen große Visionen haben und auf die Erde bringen, sind vielleicht große Eingeweihte. Man darf es so vermuten. Die großen Eingeweihten sind nicht immer die berühmten Bekannten um die viel Ruhm und Mediengewimmel herrscht. Es kann auch die kleine Krankenschwester oder ein Bettler, der unter der Brücke nächtigt, sein, die mit ihren Visionen einen wertvollen Beitrag für das Leben erschaffen und somit ein Stück vom Himmel auf der Erde manifestieren.

Manche Dinge, die verloren gingen, werden später durch große Eingeweihte wieder neu zur Erde gebracht.

Der Japaner Dr. Mikao Usui ging auf einen Berg, weil er innerlich auf der Suche war. Auf dem Berg meditierte er in Einsamkeit und Stille. Nachdem nichts geschah, beschloss er den Abstieg, da wurde es in der letzten Nacht ganz hell, als bräche der Himmel auf. Usui durchströmte die Reikienergie und er nahm wahr, dass er in diese heilende, göttliche Energie nun alle, die es möchten, einweihen soll und darf. Reiki verbreitet sich auf der Erde, um mit dieser universellen Lebensenergie den Menschen eine Quelle göttlicher Heilkraft zu schenken.

Jesus Christus hat seine Hände auf Kranke aufgelegt und heilsame, göttliche Energie übertragen. Viele wurden so geheilt, Blinde konnten sehen, Gelähmte konnten gehen.

Reiki wurde nicht neu entdeckt. Usui ist der Wiederentdecker der universellen Lebensenergie, die es schon immer gab. Sie brauchte nur einen Eingeweihten, wie Usui, der half, göttliche Energie wieder auf der Erde zu manifestieren. So erfüllte Usui seine Aufgabe, indem er ein Stück vom Himmel, als Reiki bekannt, in das Leben auf die Erde manifestierte.

Usui erfuhr die Einweihung in Reiki direkt aus den himmlischen Sphären, gleichzeitig erhielt er die Ermächtigung, Reiki anderen weiter zu geben und auch Reikimeister/lehrer auszubilden, die wiederum andere in Reiki einweihen können und dürfen. So hat sich diese universelle, heilende Energie über die Menschen immer weiter verbreitet und viele dürfen mit ihr genesen.

Der Himmel sucht und braucht menschliche Wesen, die seine Gaben zur Erde bringen. Um im Weltlichen etwas zu manifestieren bedarf es der Materie der Körperlichkeit. Bei der Manifestation stehen den Menschen himmlische hohe Energien zur Seite, wenn der Mensch in Demut um Hilfe bittet.

Die Hilfe des Himmels ist immer da. Wir erfahren sie direkt in unserem Herzen.

Auch, wenn Viele denken, alles im Griff zu haben, merken sie dann doch, dem ist nicht so. So vieles können wir als menschliche Wesen nicht lösen. Dann erkennen wir, wie klein und ohnmächtig wir sind und eine Kraft, die größer ist, als wir selbst, wird wichtig und oft notwendig, um eine Not zu wenden.

Erst, wenn der Mensch seine Kleinheit wahrnimmt und zugibt, kann er demütig werden. Dann kann Größeres wirken. Es ist das menschliche Ego, das uns einreden will, alles zu beherrschen. Wenn dann eine Krise kommt, gelangt das Ego, allein mit seinem Verstand, ganz schnell an seine Grenzen, und muss zugeben, dass es nicht alles kann. Dann brauchen wir unser Herz mit seiner Weisheit.

Das Gesetz des Karmas

Jede Ursache hat eine Wirkung. Alles was irgendwann geschieht, hat Auswirkungen auch noch zu späteren Zeiten.

Eine Handlung, ob als Tat oder mentale Kraft des Geistes in Gedanken, hat Auswirkungen. Diese Auswirkungen werden Realität in diesem oder auch in einem späteren Leben. Allem, was wir im Leben Energie geben wird sich als Manifestation zeigen. Es geht dabei nicht um Schuld oder Strafe, sondern um geistige Energien, die wir selbst erschaffen haben, die dann Realität werden.

Es ist sinnvoll, geistige Formen zu erschaffen, die wir uns als Realität wünschen. Ich stelle mir immer wieder vor, wie ich allein aufstehen und laufen werde. Irgendwann ist das meine Realität. Ich fühle, dass meine innere Weisheit mich in diese Selbständigkeit führt. Jede Ursache hat ihre Wirkung. Jeder Gedanke wird zur Tat und zur Realität.

Ich bin gelähmt, weil ich zuließ, dass ich gezähmt wurde. Diese Zähmung lasse ich los und freue mich darauf mein Wildes und Schrilles in mir wieder leben zu können. Ungezähmt werde ich mich nie mehr an äußere Strukturen anpassen.

Ich bin, wie ich bin, wild, schrill, frei. Ich habe Lust auf Leben.

Das Leben schenkt uns die Möglichkeit, sich selbst zu verwirklichen.

Wer sich nur anpasst wird starr und angepasst.

Karmische Beziehungen

Oft finden sich Beziehungen, um alte energetische Verbindungen einzugehen, die noch offen sind. Hat ein Partner mal dem anderen geholfen, so kann es später zum Ausgleich kommen und der, dem geholfen wurde, wird dann zum Helfer.

Oder ein Liebespaar kommt nicht zusammen. Sie fühlen sich immer wieder voneinander angezogen, bis sich ihre Liebe in der Realität erfüllt. Liebesbeziehungen finden sich oft in mehreren Leben wieder. Nur deshalb gibt es die so genannte Liebe auf den ersten Blick.

Unsere innere Weisheit und innere Führung führt uns zu den Menschen, zu denen wir finden wollen und müssen.

Auch in anderen Beziehungen. Wir finden Therapeuten, Freunde und Kollegen.

Es gibt immer die Menschen, die uns weiterbringen. Oft sind wir schon lange mit ihnen ursächlich verbunden und haben uns so unbewusst schon in früheren Leben verabredet. Werden dann solche Beziehungen beendet und getrennt wird immer ein Teil vom Einen beim anderen bleiben. Oft ist es die Liebe, sie wirkt wie ein magisches Band.

Oft wirken auch noch alte Versprechen, wie: „Ich liebe dich für immer", und dann wundert man sich, warum man sich von bestimmten Menschen nicht lösen kann. Ein „für Immer" überdauert Leben und gilt für immer. Da keiner weiß, was er alles irgendwann versprochen hat, ist es sinnvoll, sich von allen Versprechen und Schwüren zu lösen, egal aus welcher Zeit.

„Ich löse mich von allen Versprechen, Schwüren und Gelübden, die ich je gegeben habe, vor diesem Leben, in diesem Leben. Ich bin frei, und alle, die damit gebunden waren gebe ich frei. Sie sind frei. Ich bin frei."

Zusätzlich ist es sinnvoll, Erzengel Michael zu bitten. Erzengel Michael ist die himmlische Kraft, die uns von alten Verstrickungen lösen kann.

„Geliebter Erzengel Michael, ich bitte dich. Löse du mich mit deinem Schwert von alten Verbindungen und Schwüren, die ich getroffen habe, die jetzt nicht mehr dienlich sind. Lasse mich und alle anderen frei."

Ich habe einige Male in Meditation und mit Hilfe von Erzengel Michael mich von alten Lasten gelöst. Es kann sein, dass ich irgendwann jemand versprochen habe, nicht wegzulaufen. Jetzt möchte ich wieder laufen. Da kann ein altes Versprechen wirken, dass ich jetzt seit drei Jahren nicht mehr laufen kann. Nach meiner Meditation fühlte ich beim Stehen in meinem Stehtrainer mehr Kraft in meinen Beinen.

Es reicht nicht, allein nur das körperliche Training. Auch die Seele und der Geist werden für die Heilung gebraucht.

Die spirituelle Ebene ist im Herzen

Wir sind jederzeit mit den spirituellen Ebenen über unser Herz verbunden. Unser Herz ist die Tür zum Himmel.

Wer die Tür seines Herzens öffnet, öffnet sich für den Himmel.

Wir finden Gott, Christus und die Engel nicht außerhalb von uns. Wir finden sie in unserem Herzen. Wir wenden uns an die himmlische Ebene über unser Herz im Gebet.

Das Gebet

Über unseren Atem finden wir zur Ruhe und in unser Herz und beten aus der inneren Tiefe heraus. So kommen wir in Kommunikation mit den himmlischen Wesen, um deren

Hilfe wir bitten und öffnen uns für diese Hilfe, Gnade und Segen.

Antworten erhalten wir durch Gedanken, die plötzlich kommen. Oder wir lesen einen Satz in einem Buch oder einer Zeitschrift, der uns eine Antwort gibt. Oder wir begegnen einem Menschen, der uns etwas erzählt, worin die Antwort enthalten ist. Oder es liegt ein Zeichen auf unseren Weg, welches ein möglicher Hinweis ist. Das sind oft die Fügungen, die uns der Himmel schickt.

In einem traurigen Augenblick liegt eine Feder vor mir auf dem Weg. Das Zeichen, dass mich Engel begleiten und beschützen.

Es gibt viele Zeichen, die zu uns gesendet werden. Der Himmel ist nah.

Ein Mensch ohne Freude ist wie ein Garten ohne Blumen.

Nur die Freude kennt die Wege aus der Trauer, aus dem Jammern und der Verzweiflung und aus dem Hadern.

Gott hat uns in seiner vollkommenen Schöpfung so viel geschenkt, worin wir Freude finden dürfen.

Wer mit offenen Augen und Ohren durchs Leben geht, der nimmt die Freude in so Vielem wahr.

Blühende Blumen, ein wohlwollendes Lächeln eines Mitmenschen, liebe, tröstende Worte, eine gute Tat, Sonnenschein. Es braucht nicht viel, um in Freude zu sein.

Kein Mensch zweifelt daran, dass er nicht laufen kann, es ist eine natürliche Gabe zu laufen. Wenn durch eine Krankheit laufen nicht mehr möglich ist, schaltet sich der Verstand ein, dem bewusst ist, dass laufen nicht geht. So wird es schwer, wieder zu laufen, weil der Verstand es auch mit blockiert.

Natürliche Gaben

Der Verstand meint, immer wichtig zu sein und möchte die Macht haben. Unterstützt vom Ego werden oft natürliche

Gaben unterdrückt und himmlische Aufgaben werden in den Hintergrund verdrängt.

Jedes Kind, das geboren wird, lernt ganz natürlich die Muttersprache, irgendwann steht es auf und rennt umher. Ganz selbstverständlich, ohne darüber nachzudenken, tut das Kind das, was es kann und was es als natürliche Gabe in sich trägt.

Nach einer Krankheit ist es nicht mehr so einfach, wieder zu laufen. Mediziner, Therapeuten und am Ende auch der Verstand warnen ständig und erzählen, dass das nicht geht.

Der Verstand ist schwer wieder vom Gegenteil zu überzeugen. Er nimmt uns somit die Energie, die Kraft und den Mut, wieder Vertrauen in die natürlichen Gaben zu haben.

Die Therapeuten möchten helfen, das Laufen wieder zu erlernen. Sie verdienen ja auch mit jeder Therapiestunde Geld.

Doch muss man wirklich das Laufen wieder erlernen. Dazu gehen wir zum Anfang. Das kleine Kind läuft einfach irgendwann los. Das Kind lässt sich laufen.

Wir vom Verstand geführten Menschen nach einer Krankheit können das nicht mehr. Wir haben gelernt, dem Verstand mehr zu vertrauen, als unseren natürlichen Gaben.

Wer ein leckeres Stück Essen im Mund kaut, denkt nicht darüber nach, wie er schlucken muss, er tut es einfach. Es ist eine natürliche Gabe. Wenn wir den Verstand mit hinzu ziehen, wird es kompliziert und das Natürliche wird unmöglich.

Wir glauben, wir seien realistisch, und wir machen es uns somit schwer an solche natürlichen Gaben oder an Selbstheilungskräfte zu glauben, weil uns der Verstand vorgaukelt, es sei unrealistisch. Dabei ist es sehr unrealistisch, nicht an die natürliche Gabe zu glauben.

175

Ich trainiere an Trainingsgeräten und bekomme auch Physiotherapie und Ergotherapie. Das ist notwendig und sinnvoll, um wieder in körperliche Bewegung zu kommen. Allein reicht es sicher nicht, alle Kräfte müssen dabei sein. Die Erkenntnis über die natürlichen Gaben habe ich jetzt erst erhalten.

Seele und Geist unterstützen den Körper

Allein der Körper schafft es durch Therapien und Training nicht, sich, so wie ich es erlebe, von den Folgen eines schweren Schlaganfalles zu erholen und zu heilen. Seele und Geist werden auch gebraucht. Alles, was Seele und Geist gut tut, unterstützt die Heilung.

Mir hat der Aufenthalt am Meer sehr gut getan. Ich habe mich erfrischt und erholt gefühlt. Mir tut es auch immer gut, kreativ zu arbeiten. Zwei meiner Freundinnen helfen mir dabei sehr, sie basteln und malen mit mir.

Gesundwerden braucht gesunde Energie

Eine glückliche Seele und ein zufriedener Geist unterstützen den Körper, den sie bewohnen, mit guter Energie.

Jeder muss selbst dafür sorgen, sich mit gesunder Energie zu umgeben und zu füllen, um selbst gesund zu werden. Kreative Arbeiten bringen gute Energie. Das nutzt jede Form der Kunsttherapie.

Aufenthalte in der Natur, im Licht der Sonne hilft nicht allein dem Körper, um Vitamin D3 zu produzieren, sondern es hilft auch der Seele und erschafft gute Energie.

Kontakte und positive Gespräche mit lieben Menschen bringen positive Energie, in der Gesundheit wächst. Vorfreude auf Ereignisse, Verabredungen und schöne Dinge machen gesunde Energie.

Persönlicher Himmel

Ein Teil des Himmels im menschlichen Herz ist jedem der persönliche Himmel.

Hier ist die innere Weisheit und Führung und der persönliche Christus. Jeder ist ein Kind Gottes und in jedem leuchtet das Christuslicht im Herzen.

Im persönlichen Himmel ist Christus unser persönlicher Heiland. Der Heiler in uns erschafft in uns Heilung.

Maßnahmen zur Heilung im irdischen medizinischen Sektor wirken nur bedingt. Maßgeblich heilend wirkt Christus, unser persönlicher Heiland. Aus dieser Kraft kann wahre Heilung entstehen.

Unser innerer Heiler ist die Quelle sämtlicher Heilung. Unsere innere Weisheit und Führung lassen uns zur richtigen Zeit am richtigen Ort sein.

In Verbindung mit diesen inneren Quellen in unserem persönlichen Himmel finden wir auch im weltlichen Leben den richtigen Therapeuten, der uns hilft.

Im persönlichen Himmel sind wir tief aus unserer Seele mit Seelenverwandten und anderen, wichtigen Seelen verbunden.

Im irdischen Leben nennen wir das, was wir zu anderen dabei fühlen: tiefe Herzensverbindungen.

Die Verbindungen, die aus unserem persönlichen Himmel, aus unserem Herzen verbunden sind, finden immer wieder zueinander. Was das göttliche Prinzip in uns mit anderen verbindet, sollte der verkörperte Mensch im weltlichen Leben nicht trennen.

Was zusammen gehört wird sich immer wieder suchen bis es sich gefunden. Sonst entstehen tiefe Wunden.

Im persönlichen Himmel ist unsere Seele, und wir sind somit auch verbunden mit unseren Seelenaufgaben und

mit dem, womit sich unsere Seele erfahren will. Wer lebt, was die Seele erfahren will, geht den Weg des Herzens.
Wir sind nicht im Leben, um anderen zu gefallen oder uns an weltliche Normen anzupassen.

Wir sind im Leben, um uns selbst zu leben, unserer Seele die Möglichkeit zu geben, sich zu entfalten und frei zu leben. Wer das Leben lebt, das zu ihm passt, lebt seine Seele, seinen tiefen, inneren Kern.

Herzenswünsche

Oft verspüren wir bei manchen Bedürfnissen, dass es sich um tiefe Herzenswünsche handelt. Sie sind in unserer Seele, in unserem persönlichen Himmel verankert und drängen uns, dass sie erfüllt werden.
So fühlen wir manchmal im weltlichen Leben einen inneren Drang, ein Schieben, etwas unbedingt tun zu müssen. Das sind oft tiefe Herzensdinge, die uns antreiben. Wenn wir uns dagegen wehren oder Ausreden finden, es nicht zu tun, fühlen wir uns zerrissen oder wir bereuen später, dass wir es nicht getan haben, Chancen versäumten.
Am Ende des Lebens bereuen wir mehr, was wir versäumt haben, als das, was wir getan haben.

Leben können wir nur rückblickend verstehen

Manches müssen wir einfach leben und probieren, um dann zu erkennen, dass es nicht wirklich passte. Oder wir verlieren eine Beziehung, ein Projekt oder eine Arbeit. Erst, wenn wir es verloren haben, erkennen wir, dass es fehlt und vermissen es.
Wir treffen Entscheidungen in der Gegenwart und die Wirkungen zeigen sich dann erst in der Zukunft, wenn wir es erlebt haben und zurückblicken. Dann erkennen wir

manche Fehlentscheidung, die wir oft auch bereuen. Wir können die Uhr nicht zurückdrehen und es ist zu spät, um es anders zu machen.

In der Todesstunde blicken wir auf unser Leben zurück, bereuen Dinge, doch ändern können wir nichts mehr. Dann ist es, wie es ist.

Wie kann Leben gelingen, dass wir rückblickend möglichst wenig bereuen?

Darauf gibt es keine Antwort oder ein Rezept. Eine kleine Hoffnung gibt es:

Gehe dahin, wohin dein Herz gehen will.

Der innere Garten

In unseren Herzen gibt es einen Garten in unserem inneren Raum. Darin sind wir ganz allein. Kein Anderer darf dort hinein.

Lassen wir uns nieder an unserer inneren Quelle. Hier erfrischen wir uns mit Kraft und Liebe.

Hier treffen wir alle unsere Seelenanteile. Hier treffen wir die himmlischen Kräfte, Christus und den allmächtigen Gott. Hier treffen wir auch die Jenseitigen. Hier ist uns der Himmel nah. Unser wahrer Kraftort ist der innere Garten. Nirgends auf der Welt können wir einen solchen Kraftort finden.

Eine äußere Reise ist nur sinnvoll, wenn sie in den inneren Garten führt.

Ich erinnere mich, übers weite Meer hinauszuschauen, mein Blick kommt zu mir zurück, findet in seinem inneren Garten seine Heimat, und in ihr sein Glück. Das Meer hat mich gelehrt: Was du suchst im Außen, kannst du nur im Innen finden.

In der ganzen Krankheitsphase hat mir immer geholfen, dass ich in meinen inneren Garten einkehren und verweilen konnte. Hier durfte ich Ruhe, Stille, Kraft und

Liebe finden. Hier treffe ich die himmlischen Mächte oder meine Lieben aus dem Jenseits. Die Erlebnisse in meinem inneren Garten geben mir Hoffnung und Zuversicht.

Der innere Arzt

In meinem inneren Garten treffe ich meinen inneren Arzt. Er verordnet mir ganz viel Ruhe und sagt mir, dass er in meinem Körper alles in Ordnung bringt. Ich solle ihm vertrauen, er hätte mir schon in vielen Situationen geholfen. Damit hat er Recht, da werden mir einige Situationen bewusst. Ich frage den inneren Arzt was ich noch für ihn tun kann, dass er seine Arbeit gut machen kann, oder was ich überhaupt zur Heilung noch beitragen kann.

Der innere Arzt meint, dass meine Milz Unterstützung braucht, und ich solle das mit der Dunkelfeldblutanalyse überprüfen. Ansonsten solle ich die Therapien, die mich zusätzlich stärken, wie Akupunktur und Shiatsu weitermachen.

Ich solle meine Seelenanteile in meinem inneren Garten von Zeit zu Zeit kontaktieren und ihnen Gutes tun.

Seelenanteile im inneren Garten

Ich gehe in meinen inneren Garten.
Alle meine Anteile hier schon auf mich warten.
Als erste kommt die Freude,
sie ist die Schönste der ganzen Meute.
Sie bringt gleich mit das Glück, es meint:
Blick nicht zurück, vorwärts wollen wir gehen.
Da ist noch so viel Leben,
in dem wollen wir uns vorwärts bewegen.
Dann kommt die Bewegung und tanzt Schritt um Schritt,
da erfreut sich das Glück.

„Mache all das wieder, was du früher gern getan", weiß die Erinnerung.

„Dein Leben braucht wieder Schwung", meint ganz sicher das Fräulein Heilung aus dem Team vom inneren Arzt, „unser Team ist gemeinsam als Selbstheilungskräfte bekannt."

Fräulein Heilung tritt zur Seite und macht somit Platz für Frau Gesundheit, die berichtet: „Ich bin schon da. Du musst nicht mehr auf mich warten, ich bin bei Dir. Die Folgen der Krankheit verschwinden jede Sekunde mehr von Dir."

Ich fühle selbst, dass die Möglichkeit, mich wieder zu bewegen immer besser wird. Mit Hilfe meiner Ergotherapeuten der Übungen, um wieder zu stehen und zu laufen, kann ich klare Fortschritte wahrnehmen.

„Die Krankheit gehört nicht zu dir, lasse sie dahin, wo sie hingehört, oder lasse sie nun in dir verglühen und eine neue Rose wird erblühen", sagt Frau Gesundheit.

Die Rose, die aus der verglühten Krankheit erblüht, ist die Rose des inneren Lichtes.

Das innere Licht soll sein
für andere Zeichen der Hoffnung und der Zuversicht.
Für dich als Mensch hast du ein schweres Los.
Wie du es meisterst
macht deine Seele wahrlich reif und groß.

Dieses Gedicht wurde mir von meinem Führungsengel diktiert.

Wahrliches Leid auszuhalten und eine schwere Krankheit durchzustehen, ist sehr schwer. Menschliches Leid kann so unermesslich grausam sein. Da wächst die Sehnsucht nach endlicher Erlösung von Krankheit und Leid.

Gespräch mit Christus

„Das, was du trägst ist viel und schwer. Ich weiß, es ist kaum auszuhalten, doch du hältst es aus und mit der Kraft und Liebe deines Herzens stehst du es durch und wirst zum Segen", sagt Christus.

Ich danke ihm für seinen Trost und seine Liebe. Diese himmlische Liebe ist immer wieder eine große Kraftquelle und Zuversicht, die mir hilft, die Krankheit durchzustehen.

Oft gehe ich auch zu Christus und flehe: „Bitte, hilf mir, ich schaffe das nicht."

„Doch, du schaffst das ganz großartig", antwortet Christus, „du hast schon so viel geschafft, das letzte Stück im Leid meisterst du. Freue dich auf das, was dann nach dem Leid für dich noch Gutes kommt. Mit dieser Zuversicht schaffst du die wenigen Meter leichter."

Mein Führungsengel lässt mich in meinem inneren Garten durch einen Zukunftskristall in die Zukunft sehen. Ich sehe mich in wenigen Jahren gesund, laufend und Gutes tun. Ich danke für diesen kurzen Blick in den Lebensplan.

Heilung durch Kreativität

Auch meinen Führungsengel fragte ich, was ich jetzt noch für meine Heilung tun kann.

„Sei kreativ. Schreibe, male, töpfere und alles Kreative, was dir so einfällt. Die äußere Kreativität versetzt auch deine Körperzellen in die Lage kreativ neue Nervenverbindungen zu verknüpfen. Kreativität hilft deinem Nervensystem zu heilen und bringt dir Ruhe und Freude."

Der Führungsengel tritt zurück und ein weiterer Seelenanteil kommt heran: „Ich bin die Schöpferkraft und trage alles in mir, was durch dich entstehen soll, darf und möchte."

In der Schöpferkraft liegt noch viel Potential, welches erschaffen werden möchte.

Es war immer schon für mich eine große Kraft, die ich durch kreative Tätigkeiten erhielt. Nun bin ich durch die Lähmung meiner linken Körperhälfte sehr eingeschränkt, diese Tätigkeiten zu verrichten.

Ich nutze dann oft die Zeit, in der mein Sohn zu Hause ist, um mit ihm zu malen.

Zwei liebe Freundinnen besuchen mich und unterstützen mich in kreativem Arbeiten. Ich freue mich immer sehr auf diese Besuche, und ich fühle, dass durch die kreative Arbeit Heilung geschieht.

Was auch erst der Körper im Außen erlebt und vielleicht sogar selbst erschafft, kann auch nach Innen übertragen werden und stattfinden.

Um neue Nervenverbindungen zu erschaffen, dass ich mich wieder bewegen kann, muss der Körper kreativ sein. Der innere Arzt mit seinem Team muss sich dazu neue Bahnen ausdenken und neue Wege finden. Dazu ist Kreativität notwendig. Wird Kreativität erlebt, wird sie auch auf vielen Ebenen zusätzlich erweckt. Das ist auch das Geheimnis, warum Kunsttherapien oft eine Wirkung erzielen.

Inzwischen gibt es Beweise, dass durch regelmäßiges musizieren und auch das Hören von Musik, im Körper neue Nervenverbindungen entstehen.

Durch Musik und tiefes Atmen kann sich ein Blutdruck schneller senken, als durch ein Medikament.

Leider schlucken die meisten lieber Tabletten, anstatt einen kreativen Nachmittag zu verbringen, oder zu atmen, oder seinem inneren Arzt zu vertrauen.

Ich leide an den Folgen eines Schlaganfalles, bin halbseitig gelähmt, kann nicht laufen, und ich erlebe, wie schwer es ist, mit diesem Leid und Schmerz fertig zu werden.

183

Doch ich entdecke auch so viele Möglichkeiten, die heilsam wirken. Es gibt mehr als Tabletten und Operationen.

Woran wir glauben

In der Liebe ist Vertrauen.

In der Angst ist Kontrolle. In der Angst wird lieber eine Tablette geschluckt. Wer in Angst in der Dunkelheit leben will, muss es tun. Jeder darf sich selbst entscheiden.

Annehmen was ist

Nehmen wir an, es gibt einen Lebensplan. Wir können ihn nun nicht mehr ändern. Im Annehmen liegt eine große Chance, die uns auch Gutes sehen lässt und nicht nur das Negative in seinem Mangel steht da, wie ein unüberwindbarer Berg.

Der berühmte Psychoanalytiker Carl Gustav Jung hat gesagt: „Nur was man annimmt, kann sich wandeln."

Diese Aussage ist so wahr. Wenn man kämpft oder sich gegen etwas auflehnt, verliert man nur Energie, und es wird nichts besser. Es ist gut, das Schicksal anzunehmen und die Kraft, die noch ist, sinnvoll einzusetzen.

Eine Verwandte fragte mich am Telefon, ob ich besser laufen kann. Ich fühlte, wie ich wütend wurde. Ich konnte nach dem Schlaganfall überhaupt noch nicht laufen, und jetzt soll ich besser laufen. Ich bekam Wut, auf diese unsensible Frage meiner Verwandten und auf die Krankheit, die mich einschränkt.

Die Wut zeigt mir, dass ich ablehne, was ist. Ich gehe in eine Meditation und beschließe, alles darf sein. Meine Verwandte darf sein, wie sie ist. Sie lebt in ihrer Welt und in dieser Welt sieht sie nicht mein momentanes Schicksal in seinem ganzen Ausmaß. Die Folgen der Krankheit dürfen sein.

Ich bin und bleibe in Liebe und Vertrauen.

Ein paar Tage danach übte ich mit meinen Ergotherapeuten das Stehen und kleine Schritte mit einem Bein. Es ging sehr gut. Auch die Therapeuten nehmen Fortschritte wahr.

Ich bin sehr zuversichtlich, und das, was ist, nehme ich an. Das Leben an sich ist Veränderung, nichts bleibt, wie es ist, alles wandelt sich. Eine Sache verändert sich, wenn ich sie angenommen und das Notwendige aus ihr gelernt habe.

Was ich jedoch ablehne, drängt sich immer mehr auf, bis ich es akzeptierend annehme.

Das, was ich annehme, wirkt weniger bedrohlich. Dinge, die stark in unser Leben eingreifen, machen es uns schwer, sie zu akzeptieren und anzunehmen.

Doch Ablehnung macht es nicht besser. Deshalb ist Ablehnung keine Option. So bleibt das Annehmen die einzige Möglichkeit.

„Als ich mein Kreuz auf den Berg schleppte und dann am Kreuz gestorben bin, habe ich auch gehadert, war verzweifelt und hatte Angst. Und gleichzeitig wusste ich, auch wenn es sich im Augenblick so anfühlt, ich bin nicht verlassen, es wird wieder anders werden", sagt mir Jesus Christus. „Dann bin ich auferstanden und ich wusste, dass ich getragen war vom Vater, unseren Gott."

Wir sind getragen und geschützt

Jesus hat in die Abgründe menschlicher Existenz gesehen. Er ist am Kreuz gestorben. Dann kam der Wandel, er ist auferstanden.

Auch, wenn es sich in manchen Augenblicken so anfühlt, als seien wir verlassen. Einer hält uns immer. Der allmächtige Gott lässt uns nicht im Stich. Wer es zulässt, ihn im Herzen zu fühlen und mit ihm dort zu reden, der ist niemals allein.

Das Schwere abgeben

Die Last, die wir als Menschen nicht tragen können, dürfen wir dem allmächtigen Gott abgeben oder symbolisch zu Jesus ans Kreuz tragen und um Hilfe bitten.

Ich schließe meine Augen, atme und begebe mich in meinen inneren Garten. Alles Leid, welches ich durch die Krankheit trage, nehme ich in meine Hände und trage es aus meinem inneren Garten zum allmächtigen Gott. „Großer, allmächtiger Gott, ich komme heute zu dir in großer Not. Ich bin nur ein kleiner Mensch, und ich kann mein Leid nicht mehr tragen". Ich halte Gott meine mit Leid gefüllten Hände entgegen. Er nimmt es aus meinen Händen und ich sehe wie es in seinen Händen verglüht, dann legt er das verglühte Leid in mein Herz, und es erblüht eine Rose.

„Es ist gut, dass du gekommen bist und zeigst, dass du es allein nicht tragen kannst", sagt der allmächtige Gott. „Du bist nur Mensch, ein Mensch allein kann das, was du trägst, nur schwer schaffen. Du bist nicht allein, deine Engel sind bei dir, du kennst den Weg zu Christus und zu mir."

Ich gehe zurück in meinen inneren Garten und rufe meinen Schutzengel. Er sagt mir: „So, wie unser Vater dein Leid in seinen Händen verglühen ließ, in dir eine Rose erblühte, weil du es nicht mehr tragen konntest, sollst du selbst das Leid verglühen bis die Rosen wieder blühen. Das ist eine deiner Lebensaufgaben."

„Dein Schutzengel sagt dir das Richtige", sagt der allmächtige Gott. „Dein Schutzengel schützt dich. Und auch ich helfe dir und schütze dich. Aber deine Aufgabe schaffst du selbst. Lasse in dir das Leid verglühen bis die Rosen wieder blühen. Du kannst das als Mensch, weil du ein geistiges Wesen in einem Körper bist."

Der kleine Mensch, der demütig seine Kleinheit zeigt, zeigt auch das geistige Wesen, das er ist. Das Wesen wird erst deutlich, wenn so manche Hochmut verschwinden darf. Das Wesen tritt dann erst hervor, wenn der Mensch sich klein macht und demütig wird.

Demut macht heil

Wir müssen nicht immer stark sein. Ein Mensch ist verletzbar und schwach. Das darf er auch zeigen. So verliert er seinen Hochmut und wird demütig. Demütig die Schwäche akzeptierend ist ein Fundament der Heilung. „Ich bin nur ein Mensch."

Ich mache mich klein und gebe zu, dass vieles nicht in meiner Hand liegt. Ich konnte nicht beeinflussen, was durch die Krankheit mit mir geschehen ist. Mit diesem Geständnis zeige ich meine Kleinheit und Schwäche als Mensch. Ich werde demütig und bitte um Gnade und Segen. Ich lasse geschehen. Ich kämpfe mich nicht zurück ins Leben. Das Leben wurde mir wieder geschenkt. Ich nehme es dankbar an.

Mit dem neuen Leben kommen auch noch Folgen der Krankheit. Ich habe das Leben angenommen, also muss ich auch die Folgen der Krankheit nehmen. Wie ein altes Sprichwort sagt: „Wer A sagt, muss auch B sagen."

Im Annehmen und demütiger Haltung kann ich alles, was ist, besser aushalten. Auf diesem Fundament kann ich sicher stehen. Ich bin in Zuversicht, dass sich alles verändert und somit meine Situation besser wird.

So, wie im Meer der Gezeiten sich Ebbe und Flut abwechseln, so, wie Tag und Nacht aufeinander folgen, ist alles in ständiger Veränderung, und wechselt sich ab. Auf Krankheit folgt mit der Heilung die Gesundheit.

Dafür muss ich nicht kämpfen. Ich nehme an und lasse geschehen.

Unterstützung durch Therapien

Die inneren Selbstheilungskräfte vollziehen die Heilung. Heilung kann nicht erzwungen werden. Kampf verfehlt oft das Ziel, die Heilung und belastet die Selbstheilungskräfte, denn durch Kampf verliert der Körper zusätzlich Kraft und Energie.

Alles, was dem Körper Energie und Kraft gibt, unterstützt die Heilung. Dinge, die gut tun und Energie bringen, sind gute unterstützende Kräfte zur Heilung. Besucher mit guter Energie, gute Literatur, gute Filme, Aufenthalte in der Natur, im Licht sind gute Heiler.

Therapien wirken unterstützend. Sie können nie die Ursache für Heilung sein.

Die Ursache liegt in Jedem selbst, vielleicht schon in seinem Lebensplan, in seinen Möglichkeiten.

Nicht, wer den besten Arzt hat, wird schneller wieder gesund. Der beste Arzt ist der innere Arzt. Bei einem stabilen inneren Arzt können äußere Therapien die Heilung gut unterstützen.

Es gibt viele Therapien, die die Selbstheilungskräfte anregen und unterstützen. Ich nutze für mich selbst die Homöopathie, Akupunktur, Shiatsu, und ich gehe selbst in Meditation immer wieder in Kontakt mit meinem inneren Arzt, um zu erfahren, was meine Selbstheilungskräfte unterstützend brauchen, oder was ich selbst zur Heilung noch beitragen kann.

Ich nutze auch herkömmliche Therapien, wie Physiotherapie und Ergotherapie. Zusätzlich habe ich zu Hause Trainingsgeräte, die mir helfen, Muskelkraft zu erhalten und Bewegung zu ermöglichen. Diese herkömmlichen, schulmedizinischen Maßnahmen ersetze ich nicht durch naturheilkundliche Therapien, die die Selbstheilungskräfte unterstützen.

Ich nutze beide Therapien, die herkömmlichen, schulmedizinischen Therapien und die naturheilkundlichen, unterstützenden Therapien. Die Therapien ersetzen sich nicht oder schließen sich gegeneinander aus, sondern sie sind jede auf ihrer Ebene gute Maßnahmen, um zum Ziel zu gelangen.

Allein nur den Körper trainieren ist nur die Hälfte eines Menschen. Im Körper wohnen Seele und Geist, die ebenfalls Heilung brauchen, um dann wieder dem Körper zu helfen.

Ganzheitlich

Geist und Seele brauchen einen gesunden Körper. Aber auch der Körper braucht gesunden Geist und eine gesunde Seele.

Ganzheitliche Therapien schließen alles miteinander ein, sie wirken heilend auf den ganzen Menschen, im Bereich Seele, im Bereich Geist und im Bereich Körper. Nur einem Bereich unterstützen, bei Vernachlässigung der anderen Bereiche schafft ein Ungleichgewicht.

Gleichgewicht

Um im Gleichgewicht zu sein brauchen wir die Gleichwertigkeit aller Facetten des Seins. Ein Mensch ist ein geistiges Wesen einer Seele, welches in einem Körper lebt. Körper, Seele und Geist sind in ihren Aspekten gleichwertig, um im Gleichgewicht zu sein, und ihre Lebensreise zu vollenden.

Meine linke Körperseite ist gelähmt. Ich kann sie nicht willentlich und bewusst steuern. Wie bleiern zieht sie meinen Körper nach links, oder schiebt den Körper nach rechts. Somit ist es schwer, fast unmöglich, mich in meiner Körpermitte zu zentrieren und stabil und aufrecht zu sitzen.

Die linke Seite zieht auch die stabilere rechte Seite in eine instabile Lage. So komme ich mit meinem Körper kaum in meine Mitte und finde mich demzufolge nicht im Gleichgewicht.

In diesem Ungleichgewicht ist es schwer, aufrecht und stabil zu sitzen, oder mit Hilfe zu stehen. Beide Seiten, rechts und links, werden gleichermaßen gebraucht. Es reicht nicht eine gesunde Seite, wenn die andere nicht funktioniert, wir brauchen zwei gleichermaßen funktionierende Selten, um im Gleichgewicht zu sein.

Genauso braucht der Mensch Körper, Geist und Seele in gleicher Wertigkeit, um ganzheitlich als Wesen im Gleichgewicht zu sein.

Ein gutes Gleichgewicht ist wichtig, um zentriert in seiner Wesensmitte anzukommen. Aus dieser Zentrierung heraus sind gesunde Entwicklungen möglich.

Wenn nur ein Teil bei einer Krankheit therapiert wird, und die anderen Teile unbeachtet werden, führt das nicht zu einer ganzheitlichen Heilung.

Eine Heilung braucht alle Teile. Die Therapie des Körpers gelingt nur, wenn die Seelenanteile mitgenommen werden.

Innere Bewegung ist der äußeren vorausgesetzt.

Mein Seelenanteil wünscht sich, wenn Bewegung wieder möglich ist, zu tanzen.

Das erfuhr ich in einer Meditation. Wenige Tage später war ich zur Ergotherapie. Während der Stehübungen schaltete ein Ergotherapeut Musik ein, ich rollte sanft meine Füße und kreiste mit dem Becken. Ein Ergotherapeut, der mich stützte, erschrak, weil er dachte, meine Beine brechen weg.

Es ist für alle, für die Ergotherapeuten und mich selbst eine enorme Anstrengung, mich aufzurichten und mich ein paar Minuten in der Aufrichtung zu halten. Ich bemerke, dass es jedes Mal besser wird, auch die Therapeuten bestätigen das.

Seit der Seelenanteil Bewegung weiß, dass wir wieder tanzen werden, ist das Stehen wieder etwas besser geworden.

Alle Teile müssen mitgenommen werden, um aus einem Gleichgewicht heraus, die nächsten Schritte vorwärts zu gehen.

Die Begegnung mit den inneren Seelenanteilen und deren Wertschätzung ist ebenso wichtig, wie das körperliche Training.

Belebung

Durch die Seele mit ihren Anteilen und durch den Geist ist ein Körper beseelt und belebt. Der Körper braucht seine Bewohner, Seele und Geist. Ohne die Bewohner verliert der Körper seinen Sinn und manchmal auch seine Funktionen. Die Seele und der Geist bewohnen den Körper und beleben ihn.

Mit einer Gleichwertigkeit von Seele, Geist und Körper herrscht im Menschen ein Gleichgewicht.

In unserer Zeit werden körperliche Dinge oft höher bewertet. Das tun wir auch im Krankheitsfalle. So wird der Körper immer wieder untersucht und therapiert. Seele und Geist bekommen weniger Aufmerksamkeit. Doch der Körper braucht seine Bewohner im Wohlergehen. Ich fühle jetzt, während ich an den Folgen eines Schlaganfalles leide, wie wichtig es ist, dass meine Seele sich wohlfühlt. Körperliches Training ist einfacher und leichter, wenn ich mich seelisch gut fühle.

Der Seele Gutes tun

Der Seele Gutes tun ist das Beste, was man zur Heilung beitragen kann. Es tut mir gut, wenn ich schöne Blumen oder andere schöne Dinge betrachten kann. Es tut mir gut mit lieben Besuchern angenehme Gespräche zu führen.

Am besten fühlte ich mich während meines Aufenthaltes an der Nordsee. Ich konnte fühlen wie meine Seele Energie tankte, und das müde Gefühl, das ich hatte, in mir verschwand.

Ich hatte das erholte Gefühl, das ich immer hatte, wenn ich an der Nordsee war. Da ist mir erst bewusst geworden, wie viel Energie ich durch die Krankheit verloren hatte. Ich kann mir keine weiteren Energieverluste mehr erlauben.

Zur Heilung brauche ich Energie. Der Energielevel füllt sich am ehesten auf, wenn man der Seele Gutes tut.

Eine gut gefüllte Seele hat alle ihre Anteile beisammen, und wirkt stärkend auf den ganzen Menschen.

Heilung aus einer schweren Krankheit wird nur möglich, wenn alle Anteile integriert sind.

Anteile, die dem Menschen fehlen, weil sie nicht akzeptiert wurden, können später die Heilung blockieren. Die Seelenanteile fühlen sich geliebt und willkommen, wenn man ihnen Gutes tut. Als vollständige Seele ist sie in Heilung eine wichtige Kraft.

Liebe

Die Liebe ist die stärkste Kraft, die uns zur Verfügung steht. Alle Anteile unserer Seele, die sich geliebt fühlen, sind gern bei uns. Ich meditiere viel und achte darauf, dass alle Seelenanteile gut integriert sind und als vollständige, vereinte Kraft in mir wirken. In einer Hypnose, die meine Hausärztin mit mir durchführte, konnte ich in eine Situation gehen, in der ich mich sehr geliebt fühlte. Diese Liebe kam von meiner Mutter. Es gelang diese Liebe aufzunehmen und in mir zu integrieren.

Einige Tage nach der Hypnose traf ich in meinem inneren Garten den allmächtigen Gott, er ließ mich in seiner Nähe unendliche Liebe spüren.

In meinem inneren Garten lasse ich meine Liebe in alle meine Zellen strömen. Alles, was ich bin und war, nehme ich in liebevoller Akzeptanz, so, wie es ist, an. Alles gehört zu mir, auch das, was ich heute anders entscheiden würde, als ich es in situativen Bereichen entschieden habe.

Zum Zeitpunkt der Entscheidung habe ich es nicht besser gewusst. Ich nehme alles an und integriere es in mein Sein. Das alles bin ich. Alles darf in Liebe sein.

Das kleine, ängstliche Mädchen, das sich nicht traute, über ein kleines Hindernis auf dem Weg zu steigen, musste oft hören: „Du brauchst keine Angst zu haben." Das Mädchen hatte aber Angst, und heute hat die vierundfünfzigjährige in ihrem Elektrorollstuhl Angst über holprige Wege zu fahren. Ich sage dem kleinen Mädchen und der Erwachsenen im Rollstuhl, dass ich ihre Angst akzeptiere und verstehe.

Beide nehme ich in Liebe an und sage ihnen, dass sie in Ordnung sind, wie sie sind. Sie müssen sich nicht schämen. Sie sind geliebt.

Dann treffe ich die fünfundzwanzigjährige, die im Gerichtssaal traurig sitzt, ihre erst Ehe wird geschieden. Ich sage ihr, dass sie sich so entschieden hat und ich ihre Entscheidung akzeptiere und sie in Liebe zu mir nehme. Die Liebe wird als Liebe immer bleiben und nicht sterben. Sie hatte sich lediglich entschieden, nicht mehr mit diesem Partner ehelich zu leben.

Ich nehme die junge Frau, die glaubt, ihre ganze Liebe sei verloren, in meine Arme und erkläre ihr, dass die Liebe bleibt. Die Liebe ist nicht auf eine Eheurkunde beschränkt. Die Liebe ist eine Kraft, mit der alles möglich wird.

Dann finde ich noch die achtunddreißigjährige Frau, die verzweifelt nach Möglichkeiten sucht ihrer schwerkranken Mutter zu helfen, ihre Krankheit zu überwinden und im Leben zu bleiben.

Im Sterbebett sagte meine Mutter: „Mache dir keine Vorwürfe. Wir haben alles getan, was möglich war. Es sollte nicht sein, dass ich überlebe. Du schaffst es jetzt auch ohne mich zu leben. Du kannst sehr viele gute Sachen. Ich bin sehr stolz auf Dich."

Ich sehe die Frau immer noch sehr traurig und verzweifelt, sie sagt mir: „So Vielen konnte ich helfen, warum meiner Mutter nicht?" Ich tröste sie und erkläre ihr, dass sie nicht den Lebensplan einsehen und verändern konnte.

Viele Menschen sagen zu mir: „Du hast so vielen geholfen und jetzt bist du selbst so krank, das ist ungerecht". Ich erkläre den Menschen, dass man keine Garantie erhält, selbst nicht krank zu werden, wenn man anderen hilft.

Ich nehme in Liebe den Auftrag an, jetzt nicht anderen, sondern zuerst mir selbst zu helfen.

In meinem inneren Garten gehe ich mit diesem Auftrag zum allmächtigen Gott und sage ihm: „Ich will diesen Auftrag schaffen. Ich schaffe es nur mit Deiner Hilfe. Ich bitte Dich, großer, gütiger Gott um Deine Hilfe."

„Ich segne Dich und Deine Aufgabe. Du bekommst die Hilfe, die du brauchst", sagt der allmächtige Gott.

Das höhere Selbst

Der Anteil unserer Seele und unseres Wesens, das immer bei Gott ist und von dort aus auch in unser weltliches Leben strahlt, ist das höhere Selbst. Es kennt unseren Lebensplan und sieht unsere Möglichkeiten. Das höhere Selbst kann uns führen und helfen, wenn wir darum bitten und mit ihm in Verbindung gehen.

Meditation zum höheren Selbst

Ich atme tief ein und aus. Mit jedem Ausatmen lasse ich los. Ich löse alle Spannung in meinem Körper, von oben nach unten, und entspanne immer tiefer und tiefer. Ich löse mich von allen Gedanken, ich lasse alles los.

Ich bin tief entspannt, und so tief entspannt gehe ich in meinen inneren Garten, von hier aus zu meinem höheren Selbst. Ich begrüße mein höheres Selbst.

Vor uns steht eine Leinwand auf der mir mein Höheres Selbst seine Antworten wie mit einem Beamer präsentiert.

Ich frage, was ich noch tun kann, um wieder zu laufen.

Mein Höheres Selbst zeigt mir in geschriebener Schrift auf der Leinwand: „Alle Therapien, die du machst sind richtig und gut. Richte dein Ziel nicht auf wieder Laufen können. Richte dein Ziel auf Unabhängig sein. Wenn du wieder laufen kannst bist du unabhängig, und das ist das, was du wirklich willst."

In all meinen Leben war ich noch nie in so einer starken Abhängigkeit. Ich möchte von meinem Höheren Selbst wissen, weshalb ich in dieser Abhängigkeit bin und was dabei meine Lernaufgabe ist.

Auf der Leinwand steht: „Du sollst lernen, wahre Liebe von falscher Liebe zu unterscheiden. Das ist ein Teil davon."

Auf der Leinwand sehe ich eine Szene, wie meine Mutter mich sanft als Baby in meine Wiege legt. Ich fühle Liebe und Geborgenheit, die ich tief in mich einströmen lasse.

Ich sehe dann eine weitere Szene, in der ich als Mutter mein Baby sanft in meinem Arm halte, es schläft ein und seufzt tief zufrieden. Ich fühle die Liebe, die ich gebe und die, die mein Baby fühlt.

Ich danke meinem Höheren Selbst und frage, ob ich in meine Zukunft sehen kann und darf.

Ich sehe mich glücklich als alte Frau mit langem weißem Haar, mein Enkelchen kämmt mich und flechtet mir einen Zopf.

Ich möchte noch wissen, was aus früheren Leben noch jetzt Auswirkungen auf mich hat.

Ich sehe mich als Nonne in einem Kloster, in dem kranke Menschen versorgt wurden. Ich bin Ausbilderin der Schwestern. Der Gärtner im Kloster ist mein heutiger Exmann. Ich gab dem Gärtner keine Chance auf eine gemeinsame Familie und konzentrierte mich nur noch auf meine Arbeit. Der Gärtner ging weg aus dem Kloster. Seine Rosenzüchtung blühte noch viele Jahre. Einige Schwestern stellten aus den Rosenblüten Rosenwasser und Öle her, mit denen wir unsere Kranken einrieben und behandelten.

Mein Höheres Selbst schreibt auf die Leinwand: „Deine Rosenmarmelade und dein Rosenwasser erinnern dich an Heilung und sind jetzt gute Heiler für dich."

Ich bedanke mich und frage, ob es noch mehr aus früheren Leben gibt, was jetzt für mich wichtig ist. Ich bitte mein Höheres Selbst, mir alles zu zeigen.

Auf der Leinwand erscheint wieder das Klosterleben. In jedem Leben haben wir unsere Aufgaben und Herausforderungen, die wir bewältigen müssen. Ein Sprichwort sagt: „Was uns nicht zerbricht, das macht uns stark."

Aus Schwäche in Stärke wachsen

Man kann in der Ecke sitzen und über angebliche Ungerechtigkeiten jammern, das macht nicht stark, es schwächt uns. Besser ist es, sich auf die Ressourcen auszurichten, die in uns sind und darauf warten, entdeckt zu werden. Damit wachsen wir aus der Schwäche in die Stärke.

Wenn wir in der Schwäche ein Stück geschafft haben, macht uns das stark. Ich freue mich, wenn es mir in meiner Ergotherapie gelingt, einen Moment wieder auf meinen Beinen zu stehen und zu fühlen, wie sie beginnen, mich wieder zu tragen. Wenn ich im Wasser einige, kleine Schritte laufen kann, fühlt sich das gut an.

Meine Shiatsutherapeutin arbeitete an den Energiebahnen der Füße und Beine, dabei nimmt sie wahr: „Die Beine stehen in den Startlöchern, sie wollen wieder laufen." Das macht mir Mut und fühlt sich gut an.

Innerlich komme ich aus der Schwäche in die Stärke. Dem innerlichen Fühlen kann der Körper folgen. Mein Körper ist noch sehr von den Folgen der Krankheit betroffen. Trotzdem ist Vieles, wenn auch mit Hilfe möglich. Wichtig ist, dass es geht, und gut tut. Trotz meiner körperlichen Einschränkungen war ich mit Hilfe von dem Projekt meines Sohnes „Die Geschichte vom Machen und dem Meer", und mit der Hilfe meines Mannes an meiner geliebten Nordsee. Trotz der körperlichen Einschränkungen kann ich im Thermalbad mit Hilfe meiner Physiotherapeutin das Baden im Solewasser genießen. Trotz der körperlichen Einschränkungen schreibe ich dieses Buch. Trotz der Einschränkungen lasse ich mir Leinwand und Kreide bringen und male ein Bild. Und bei allem fühle ich, wie aus Schwäche Stärke werden kann.

Ich lasse mich nicht in die Schwäche fallen und jammere in ihr.

Das Leben ist Wandel, so kann ich mich aus der Schwäche in die Stärke entwickeln. Das geschieht in vielen Bereichen und Augenblicken, nicht erst beim Einlauf in das große Ziel. Bis zum Ziel führt ein Weg. Dieser Weg will gegangen sein. Dieser Weg will gewürdigt und wertgeschätzt sein.

Wenn der Weg wichtiger wird als das Ziel, können in Achtsamkeit viele kleine Ziele gefunden werden um die es nie als Ziel ging. Die vielen kleinen gefundenen Ziele sind Wachstumsschritte, die aus Schwäche in die Stärke wachsen können.

Die vielen Stationen auf dem Weg sind oft lehrreicher und beeindruckender als das große Ziel. Selbst, wenn man das Ziel nicht erreicht ist es keine Katastrophe. Der gegangene Weg ist das Einzigartige.

Lebensreise

Wir sind alle auf einer Reise. Sie beginnt mit dem ersten Atemzug und endet mit dem letzten.

Auf dieser Reise begegnen wir anderen, die Botschaften für uns haben. Manchmal ist es nicht offensichtlich, doch nichts geschieht ohne Grund.

Achtsamkeit und Bewusstsein

Wichtige Stationen sind auf unseren Wegen, um unsere Reise individuell und lehrreich zu gestalten. Denn schließlich handelt es sich nicht um irgendeine Reise, die beliebig wiederholt werden kann. Es ist unsere Lebensreise.

Um die Stationen zu entdecken und die Lehre aus ihnen zu erkennen, brauchen wir Bewusstsein und Achtsamkeit.

Glaubenssätze

Ich habe mein Höheres Selbst befragt, ob es noch etwas gibt, was mich hindert, mich wieder auf meine Beine zu stellen. Auf der Leinwand erscheinen alte Glaubenssätze, die in mir verankert sind.

„Du kannst das nicht."

„Wenn du stürzt, haben wir, die Menschen, die bei dir sind, noch mehr Arbeit."

„Du musst erst noch trainieren."

„Wenn du läufst, läufst du davon." Ich sage dazu: „Lieber davon laufen, als gar nicht laufen."

Viele Glaubenssätze sind in mir und blockieren mich. Ich sage diesen Glaubenssätzen, dass ich ihnen danke, dass sie da waren. Doch jetzt brauche ich sie nicht mehr und ich lasse sie in liebe los.

Ich bitte mein Höheres Selbst noch, das zu tun, was ihm möglich ist, um die Glaubenssätze zu löschen oder sie unwirksam zu machen.

Mein Höheres Selbst zeigt mir Erzengel Michael, der mich mit seinen Schwert von den Glaubenssätzen trennt.

Dort, wo die Glaubenssätze in mir gespeichert waren ist jetzt eine Lücke entstanden, die gefüllt werden möchte. Ich fülle sie mit Liebe und mit meinem inneren Licht.

Diesem Licht erlaube ich, dass es leuchten darf.

Vom Licht und Liebe ausgefüllt, hat nichts anderes mehr Platz in mir.

Dann sehe ich auf meiner Leinwand, wie mein Höheres Selbst mir einen Cocktail mischt. Die Zutaten sind Selbstwertgefühl, Mut, Kraft und Freiheit.

Ich trinke diesen Cocktail und fühle, wie er in alle Zellen fließt und mich erfrischt und erneuert.

Ich fühle, dass ich neu werde. Die Alte, die ich war, wird es nicht mehr geben.

Die Neue ist noch in den Geburtswehen. Die Neue wird erst geboren sein, wenn sie wieder geht.

Ich war vor der Erkrankung immer eine Macherin, die alles selbst in die Hand nahm. Ich war die, die für andere da war. Jetzt hat sich alles gedreht.

Jetzt bin ich die, die Hilfe braucht und fast nichts mehr selbst machen kann. Es ist schwierig, diesen Zustand anzunehmen. Es fällt mir so schwer, weil ich nicht akzeptieren kann, dass ich im Rollstuhl sitze. Doch, wenn ich mich gegen das Schicksal wende, ändert es sich nicht. Annehmen ist die einzige Chance. C.G. Jung sagte: „ Was man annimmt, kann sich wandeln."

Ich weiß, dass das Leben ein ständiger Prozess in Wandlung ist. Alles wandelt sich. Nichts bleibt für immer. Ich befinde mich jetzt im Stillstand. Dieser geht vorbei und es kommt wieder Bewegung.

Nichts geschieht ohne Grund

Es kommt nur das zu uns, was wir lernen müssen, anzunehmen. Das sind unsere Lektionen, die wir meistern dürfen.

Wir lernen auch, wie wertvoll manches ist, was wir verloren haben. Wir gehen nach einer Krisenerfahrung achtsamer und behutsamer mit einigen Dingen um. Ich erkannte, dass Liebe das Wichtigste im Leben ist. Ich lernte, dass man nur in Unabhängigkeit und Freiheit als Mensch sich selbst offenbaren kann. Ich erfahre den Himmel und die Geborgenheit, in der wir sind.

Alles, was uns zustößt, kommt mit einer Lernaufgabe im Gepäck. Nichts geschieht ohne Grund. Ich durfte der Todesstunde begegnen, und wieder ins Leben. Dabei habe ich das Wichtigste gelernt. Wir sollten möglichst unser Leben regeln, dass wir nichts bereuen müssen. Wir sollten zum Frieden finden. Wir leben, um unsere Seele zu entfalten, um unseren Herzensweg zu gehen.

Vieles können wir selbst nicht ändern, doch es kann sich selbst ändern. Weil nichts bleibt für immer. Ständig verändert sich das Leben. Die Veränderung kommt oft, wenn wir unsere Lektion erkannt und erfüllt haben, dann gibt es keinen Grund mehr, da zu sein.

Es braucht den Zustand der Hilflosigkeit, um zu lernen, was das mit mir als Mensch macht.

Der Zustand ändert sich, wenn ich alles, was ich daraus erkennen und lernen sollte, erkannt und gelernt habe.

Manche behaupten zu wissen, warum ein Mensch unter einer bestimmten Krankheit leidet. Was der Mensch vielleicht falsch gemacht hat. Ich behaupte, dass das großer Unsinn ist. Krankheiten sind nicht die Konsequenzen von Fehlern. Genauso wenig, wie es den strafenden Gott gibt, gibt es Strafe als Krankheit.

Wir sollen Gott fürchten, um seiner Strafe zu entgehen.

Die herkömmliche Religion behauptet, wir müssen Gott fürchten, um ihn nicht zornig zu stimmen. Ich habe erfahren, dass Gott bedingungslose Liebe ist.

Warum sollten wir uns vor der Liebe fürchten? Ich stelle diese Frage Gott persönlich. Er antwortet: „Ich möchte nicht, dass sich jemand vor mir fürchtet. Ich liebe euch. Und in jedem von Euch ist ein Teil von mir, euer persönlicher göttlicher Kern. Ihr sollt euch nicht fürchten. Mit eurem göttlichen Prinzip sollt ihr euer Leben erschaffen, welches eurer Seele entspricht. Verwirklicht eure Seele im Leben, erlebt, erfahrt und lernt das, was eure Seele braucht, was ihr entspricht.

Ihr lebt für eure Seele, gemäß eurer Einzigartigkeit. Dafür seit ihr im Leben." Gott ist Liebe. Gott will uns nicht brechen oder strafen. Er will uns halten in seiner Liebe. Er will, dass wir uns selbst verwirklichen. Er hat uns seinen Kern in unseren persönlichen Himmel, in unser Herz gelegt, um unseren Herzensweg im Leben mit zu formen.

Krankheiten können Stationen auf unserem Lebensweg sein, die unsere Lernaufgaben sind.

Wir sollen nicht an ihnen zerbrechen, wir dürfen an ihnen wachsen, erkennen und reifen.

Das wirft ein ganz anderes Licht auf die Krankheit. Immer wird mir von Freunden und Bekannten die Frage gestellt: „Warum...?" Ausgerechnet du, du hast doch immer so gelebt, dass es gut für dich war", sagte mir ein Kollege. Ich sehe und fühle seine Fassungslosigkeit. Er kann es nicht fassen, nicht verstehen, was da geschehen ist.

Mit dem Verstand allein kann man es nicht fassen. Man muss hinter den Verstandesschleier sehen. Es wird nicht erklärbar, nur fühlbar.

Schwere Krankheiten bringen uns auf die Ebene des Fühlens. Erklärungen helfen nicht, auf der Ebene des Fühlens, sind wir dem Himmel nah, nah bei Gott.

Wir fühlen Schmerz, das Gute aber ist: wer Schmerz fühlt kann fühlen, und somit fühlt er auch Liebe.

Liebe wandelt den Schmerz in Liebe.

Liebe wandelt die Angst in Liebe.

Liebe wandelt Kontrolle in Vertrauen.

Liebe wandelt Zweifel in Hoffnung.

Liebe wandelt Bedenken in Zuversicht.

Wer die Liebe versteht und in ihr lebt, hat das Leben erkannt.

Liebe ist bedingungslos und allumfassend.

Liebe ist Gott.

Liebe ist die Kraft, die Heilung geschehen lassen kann.

Jeder Heilung geht die Liebe voraus.

Es genügt nicht an Wunder zu glauben. Ein Wunder braucht Liebe.

Glaube

Die Lehrmeinung der Religion besagt, dass der Mensch glauben muss, und somit wird alles gut und richtig.

In Bereichen der Naturheilkunde höre ich oft: „Da muss man aber auch daran glauben, dass es hilft."

Man kann glauben, man muss es aber nicht.

Ein Kleinkind glaubt nicht an die Homöopathie, und die Globuli helfen, wenn es Halsschmerzen hat.

Wir können an Gott glauben, doch näher sind wir ihm, wenn wir lieben. Wenn wir lieben, was Gott für uns erschaffen hat, dann können wir kein Leid anrichten.

Was wir lieben, hüten wir, beschützen wir.

Wer in Liebe ist, kann nichts Böses tun.

Gott hat in uns sein Ebenbild erschaffen.

Gott ist Liebe.

Wir dürfen Liebe sein.

Durchhalten

Eine Freundin sagte zu mir: „Ich bewundere dich, wie du das alles aushältst und nie zweifelst. Du glaubst trotzdem an die Liebe und an einen gütigen Gott." Ja daran glaube ich trotzdem und gerade auch deshalb. Es ist so viel Liebe in mir und um mich herum, und allen voran fühle ich Gottes Liebe. Ich bin getragen in dieser allumfassenden, bedingungslosen Liebe. Ich kann noch nicht laufen oder allein zur Toilette gehen oder allein ein Essen kochen. Ich kann so Vieles noch nicht. Vielleicht dauert manches noch sehr lange bis ich es wieder kann.

Wenn ich deshalb aber Gott oder die Liebe aufgeben würde, dann wäre das eine bedingte Liebe.

Doch die wahre Liebe ist bedingungslos.

Wer Bedingungen an die Liebe stellt, ist noch nicht in der Liebe, die Heilung geschehen lassen kann.

Wer zweifelt, wenn er nach einiger Zeit, in der er der Liebe vertraut, nicht das bekommt, was er möchte, ist wie ein trotziges Kind, und in einer bedingten Liebe. Dieser Mensch wird noch lernen müssen, Bedingungen und Wünsche und das angebliche Recht auf deren Erfüllung, zu hinterfragen.

Jeder, der krank ist, möchte schnell wieder gesund werden. Und dieser Wunsch ist vollkommen in Ordnung. Doch keiner hat das Recht auf Wunscherfüllung.

Viele geben ihre Gebete zu ihren Engeln oder Gott auf, wenn sich nach einiger Zeit das gewünschte Resultat nicht einstellt.

Wenn eine Krankheit noch besteht, so gibt es noch eine Botschaft, die noch erkannt und gelernt werden möchte.

Die göttliche, bedingungslose Liebe lässt sich nicht auf Bedingungen ein. Es gibt hier keinen Handel: „ Wenn ich eine Woche bete, möchte ich...". Wer handeln möchte, sollte lieber auf einen türkischen Basar gehen. Es gibt auch keine garantierte Wunscherfüllung für diejenigen, die lange durchhalten. Doch es lohnt sich durchzuhalten. Alles erwächst aus der Liebe. Die Liebe ist die treibende Kraft, die alles in Bewegung bringt und alles wachsen lässt.

Gedicht: Diamanten in den Rosen

Alles Leid,
das verglüht,
dafür im Herzen eine Rose blüht.
Jede Träne,
die aus tiefem Herzen geweint
sich als Diamant mit einer Rose vereint.
Die Rose sanft um den Diamant die Blütenblätter schließt,
von der Liebe geküsst

fühlt sich die Träne geehrt,
zum Diamanten gekürt,
will sie sich zeigen.
Alle dürfen sich verneigen vor den Tränen,

die werden und wurden geweint,
um sich zu befreien
von Leid und Schmerz,
aus dem tiefen Herz.

Keiner muss sich seiner Tränen,
die aus der Tiefe des Herzens kommen, schämen.

Das Herz bewahrt sie als Diamanten in sich auf,
gibt ihnen einen guten Platz,
ihrer zur Ehre.
Wenn die Rosen für die Erinnerung
sanft öffnen ihre Blüten,
glitzern Diamanten ganz zufrieden,
bringen nun Bereicherung.

Ein reicher Mensch
ist der mit einem reichen Herzen,
in dem die Rosen mit den Diamanten erblüh'.

Arm ist der, der besitzt Haus und Garten,
darin sitzt mit leeren Herzen.
Glücklich ist, wer nicht vergisst,
dass wahrer Reichtum nur ein blühendes Herz ist.

Der blühende Herzgarten
muss nicht auf Liebe warten.
Er ist in Liebe getragen
in all seinen Tagen,
die kommen, die sind, und die waren.

Wer in Liebe ist, der gewinnt
die Segnungen in seinen Herzensgarten.
Die Diamanten in den Rosen
gehören zu den ganz großen
Taten des liebenden Menschen,
der aus seinen Tränen lernt und erkennt.
Jede Träne, die es wert ist
in Liebe geehrt
als ewiger Diamant in Erinnerung an seinem Platz
gewürdigt.
Jeder Diamant erzählt mit Erinnerung seine Geschichte,
die werde zum Lichte,
jede geweinte Träne
ist eine Herzenstat,
bringt inneren Reichtum
als gute Saat.

Tränen wollen geweint werden

Geweinte Tränen werden zu Diamanten und liegen in den
Rosen die aus dem verglühten Leid erblühen durften.

Tränen entstehen aus tiefer Liebe, manchmal in Berührung aus tiefster Seele. Die Tränen, die sich bilden, müssen geweint werden.

So wird gereinigt und wieder Platz geschafft für die Liebe. Aus all den Tränen entstehen im Herzen Diamanten. Wenn die Erinnerung einen Diamanten streichelt, öffnet sich die Schatztruhe im Herzen und Liebe, Mitgefühl, oder andere tiefe Gefühle steigen aus und wollen gefühlt und gelebt werden.

Der ganze Reichtum und die Fülle des inneren Wesenskerns werden sichtbar und klar und werden zum Segen für jeden selbst und für andere.

Tränen entstehen meistens aus Liebe. Werden diese Tränen unterdrückt, verstopfen sie in uns Gefühlsbahnen. Gefühle können dann nicht mehr fließen und werden verdrängt.

Eigene Erfahrungen, die schmerzhaft und leidvoll waren werden in uns abgespeichert. Erinnerungen wecken diese Erfahrungen auf, Gefühle werden frei, Tränen fließen, werden in Liebe gewandelt in Mitgefühl und in Segen für andere. Das sind dann die Rosen mit den Diamanten.

Tränen, die die Wut, die Verzweiflung, oder der Zorn kreieren werden nicht zu Diamanten, sie werden zu stinkenden Pfützen, in denen sich die Angst und die Kontrolle spiegeln. So kommt keine Liebe, die wandelt. Vielleicht kommt Angst, die alles noch mehr verschlimmert.

Die innere Schatztruhe

Erkenntnisse und Erfahrungen die uns tief berührten und uns in Liebe brachten, werden in die innere Schatztruhe in unser Herz, in unsere Seele gebracht und aufbewahrt.

Auch Beziehungen zu anderen Menschen finden wir manchmal wie ein Fotoalbum in unserer inneren Schatztruhe wieder.

Wenn uns die Erinnerung streichelt, oder unsere Sehnsucht nach Liebe küsst, öffnet sich die innere Schatztruhe und die dort hervortretende Schätze erweichen uns und öffnen uns für die Gefühle der Liebe, die wir erlebt haben und einen Teil davon noch in uns tragen.

Die Sehnsucht nach Liebe

Die Liebe ist die stärkste Kraft und Triebfeder des Universums. Unbewusst fühlen das alle. Deshalb ist die Sehnsucht nach Liebe der Menschen stark.

Jeder versucht die Liebe zuerst über andere Menschen zu fühlen und zu bekommen.

Die menschliche Liebe ist oft an Bedingungen geknüpft und kann deshalb enttäuschend sein, wenn sich die Bedingungen nicht erfüllen.

Die wahrhaftige, göttliche Liebe kennt keine Bedingungen. Hier ist die Liebe, weil sie liebt.

Die bedingungslose, göttliche Liebe liebt nicht das, was als liebenswert betrachtet wird, sie liebt das, was ist. Auch Dinge, die der Mensch selbst nicht lieben würde, kann er lieben aus der universellen Sicht der Liebe.

Betrachte ich diese Behauptung nun in Bezug auf meine Krankheitsfolgen, unter denen ich leide, so ergibt sich folgendes Bild.

Als Mensch stelle ich fest, dass ich meinen Körper nicht mehr steuern kann, und ich deshalb immer angewiesen bin auf fremde Hilfe. Somit bin ich in meiner Freiheit eingeschränkt. Das ist ein belastender, unschöner Zustand. Was soll ich daran noch lieben?

Was soll ich aber tun? Soll ich unentwegt jammern und in depressiver, niedergeschlagener Stimmung sein?

Ich entscheide mich dafür, meinen Körper trotzdem zu lieben. Ich liebe meinen Körper, so wie er ist und was jetzt aus ihm geworden ist.

Ich liebe meinen Körper, auch wenn ich ihn nicht bewegen kann.

Mein Körper ist mehr als bewegen, er ist das Haus für mein geistiges Wesen und meine Seele. Er ist das Haus, in dem ich wohne und durch mein Leben reise.

Mein Körper ist mehr als bewegen. Ich liebe meinen Körper nicht nur für das, was er ist und weil er ist, sondern weil ich ihn Liebe.

Mit dieser Liebe für meinen Körper ging ich zur Ergotherapie. Beim ersten Stehversuch knickte mein linker Fuß, mein Ergotherapeut hielt mich fest, so dass ich nicht auf den Boden fiel, und ich selbst konnte mich auch ein bisschen steuern, um wieder in Sicherheit, mein Gleichgewicht zu finden.

Daraus lerne ich: Was ich in bedingungsloser Liebe annehme, gehört wieder zu mir und integriert sich wieder, um wieder mit mir komplett zu sein und heilt.

Was ich ablehne, ist von mir abgespalten und fehlt. Wenn ein Teil fehlt, kann das Ganze nicht heilen. Was ich bedingungslos liebe, gehört wieder zu mir.

Die kranken Körperteile, die sich geliebt fühlen, spielen wieder mit. Selbst, wenn sie am Anfang noch zaghaft sind, sie integrieren sich immer mehr, und irgendwann sind sie wieder Teil eines Ganzen zu dem sie gehören und mit dem sie zusammen arbeiten.

Alle Teile möchten anerkannt, geliebt und wertgeschätzt werden, um sich zugehörig zu fühlen.

Die Bewegungen meines Körpers funktionieren nur, wenn beide Seiten, die rechte und die linke gleichermaßen mitspielen. Die rechte Seite allein kann die Aufgaben der linken nicht mit übernehmen. Um Stabilität des Körpers zu erreichen, brauche ich beide Seiten. Um zu gehen, brauche ich beide Seiten.

Solange die linke Seite noch wie ein schweres Gepäckstück an mir hängt, komme ich nicht in eine Stabilität. Ich gehe in Meditation und nehme Kontakt zu meiner linken Seite auf. Mit meiner rechten Hand streichle ich sanft meine linke Hand, meinen linken Unterarm, den linken Oberarm, meine linke Schulter.

Ich sage meiner linken Seite, dass ich sie achte, ehre und liebe. Ich frage sie, was sie noch von mir braucht, dass sie endgültig die Lähmung aufgeben kann und sich in die Bewegung des gesamten Körpers integriert.

Es tut ihr gut, dass ich sie, trotz ihrer momentanen Einschränkung, liebe. Weiter zeigt mir die linke Seite, dass sie wieder erwachen möchte, sie war nur eingeschlafen. Ich brachte die linke Seite immer mit meiner weiblichen Seite in Verbindung.

Heilung gelingt nur Ganzheitlich

Allein körperliche Therapie reicht nicht aus, um wieder zu laufen. Auch Seele und Geist müssen mitgenommen werden.

Ganzheitliche Heilung bedeutet, dass Körper, Geist und Seele Heilung erfahren.

Der Anteil Weiblichkeit ist auch in meiner Seele und meinem Geist präsent. Die Weiblichkeit darf die Bewegung wieder gebären. Nur, wenn die Weiblichkeit in allen drei Ebenen wieder präsent ist, wird der nächste Schritt, in meinem Fall, das Laufen, wieder möglich.

Ich fühle in meiner linken Seite verstärkt Schmerzen nach der Seelenrückholung der Weiblichkeit. Meine innere Weisheit versichert, das seien Geburtswehen.

Ich nehme nichts gegen die Schmerzen und lasse sie sein. In meinem inneren Himmel fühle ich mich sicher und beschützt. Ich musste am nächsten Tag feststellen, dass ich mit Unterstützung meines Mannes besser stehen kann.

Doch Bewegung ist noch nicht möglich. Wieder meditiere ich und trete zu meiner inneren Weisheit in meinem Himmel.

Mir wird gezeigt, dass ich am Anfang in der ersten Rehaklinik die Kraft noch hatte, aber in meiner Aktivität gehemmt wurde. Ich bin damals mit angezogener Bremse mit meinen Rollstuhl zur Toilettentür durch mein Zimmer gerollt, dann bin ich nicht mehr weiter gekommen.

Meine Rumpfstabilität war nicht stark. Das haben Therapeuten festgestellt, als sie mich auf die Bettkante setzten. Daraufhin legten sie mich wieder zurück ins Bett. Es wäre sinnvoller gewesen, mit mir Übungen durchzuführen, die mir Stabilität geben. Ich sprach es auch direkt an. Doch man ging nicht darauf ein.

Erst zu Hause habe ich ambulante Physiotherapie und Ergotherapie, die mir wirklich weiter hilft und gezielte therapeutische Interventionen einleitet. Ich führe wieder in einer Meditation eine Seelenreise durch und hole mir einen Seelenanteil zurück.

Dieses Mal ist der Seelenanteil meine Stärke. Die Stärke hatte ich in der Rehaklinik verloren. Dort wurde mir immer gesagt, ich bin nicht stabil genug, um zu sitzen, zu stehen, oder zu gehen.

Vor dem Schlaganfall hatte ich Kraft und Stärke. Ich habe Yoga trainiert, bin regelmäßig mit meinem Mann gelaufen. Erst nach dem Schlaganfall hat meine Muskulatur die Kraft verloren. Da ich am Anfang in der Reha nicht entsprechend gut behandelt wurde, ist der Kraftverlust eher noch stärker geworden.

Jetzt habe ich sehr gute Therapeuten, die mir helfen, außerdem habe ich zu Hause Trainingsgeräte, mit denen ich meine Muskulatur wieder kräftige.

Doch allein der Körper reicht nicht für die Heilung. Jetzt ist mein Seelenanteil, Stärke, wieder in mir integriert. Ich beschließe, dass eine starke, weibliche Frau wieder laufen wird.

Ich freue mich darauf, wieder zu laufen.

Ich bin hingefallen und habe in der Todesstunde einige Zeit verbracht. Ich durfte und sollte weiter im Leben bleiben. Ich habe überlebt. Jetzt will ich wieder leben.

Ich schreibe jetzt dieses Buch. Es ist mein Auftrag, den Menschen zu berichten, was uns in der Todesstunde erwartet und aus meiner eigenen Erfahrung heraus, anderen einen Einblick zu geben, was uns erwartet.

Die wahre Reifeprüfung

Viele fürchten sich vor Prüfungen, die in Schule und Ausbildung absolviert werden müssen. Doch sie sind keine Herausforderungen gegen die Lebensprüfungen.

Während der Lebensprüfungen meistern wir Schicksalsschläge, Verluste, Krankheiten und Krisen. Die größte Lebensprüfung und wahre Reifeprüfung erleben wir in der Todesstunde. Wir erkennen rückblickend auf unser Leben, wo wir bestanden haben, oder was wir hätten besser oder anders machen können. Wir werden nicht bewertet. Wir selbst bereuen, sehen ein, möchten wieder gut machen. In dieser wahren, großen Prüfung sind wir Prüfling und Prüfungskommission zugleich.

In unserem Himmel entscheidet unsere Seele, was wir in einem nächsten Leben oder auch in diesem Leben noch einmal wiederholen, was wir klären, um uns zu verbessern, oder auch anders ausrichten.

Wenn wir andere verletzen, ihnen Schmerzen bereiten, sie unfair behandeln, so werden wir das bereuen und in der Todesstunde versuchen, es ausgleichen zu dürfen. So wird der Satz: „Was du anderen tust, tust du auch für dich selbst" in einem ganz neuen Licht stehen.

Alles, was wir aussenden, kommt zurück. Positives und Negatives, alles fällt auf uns zurück. Ich war oft für andere da, war ihnen ein guter Freund. In der schweren Krankheit haben viele Freunde mich besucht und mir ihre Zeit geschenkt. Ich bin sehr dankbar, dass das zu mir zurückgekommen ist, was ich gegeben habe.

In meinem Lebensrückblick habe ich erkannt, dass ich einem Menschen, den ich sehr geliebt habe, meinem ersten Ehemann, sehr wehgetan habe. Ich konnte es damals nicht besser.

Ich bin wieder im Leben und ich habe diesem ehemaligen Partner einen Brief geschrieben.

Ich möchte ihm gern persönlich noch sagen, dass ich meine Art und Weise, mit der ich mich von ihm getrennt habe, sehr bereue. Ich möchte ihm auch erklären, dass ich böse war, ihn im Inneren jedoch noch geliebt habe.

Ich werde mich immer wieder bemühen, dass ich meinen Fehler wenigstens noch aufrichtig bereuen kann. Das ist mir wichtig für den anderen, dass er weiß, er ist in Ordnung, es war allein meine Schuld. Und es ist mir wichtig, dass ich in die nächste Reifeprüfung ohne diese Belastung treten kann. Bis zum nächsten Leben möchte ich diese alte Schuld beglichen haben, um dann frei, in Liebe, mit offenem Herzen leben zu können.

Erlösung

Wir müssen uns immer wieder von Zeit zu Zeit in unseren Todesstunden von Lasten und Schulden erlösen, um für unseren wahren Herzensweg frei zu sein.

Wir müssen nach einer Lebenszeit sterben und mit dem Tod gehen, um uns von unseren Schulden und Lasten zu befreien.

Zeit der Läuterung und Reinigung

So ist die Todesstunde und der Tod selbst, die größte Reinigung. In Gottes Schöpfung ist alles vollkommen. Der Tod gehört ins Leben, um uns zu erlösen von Last und Schuld, die wir uns im Laufe des Lebens mitgenommen haben. Wir schaffen es nicht allein, um uns zu erlösen und für diese Erlösung gibt es den Tod. So, wie Jesus am Kreuz in den Tod ging, um zu erlösen, und schließlich wieder aufzuerstehen.

Das Kreuz

Die senkrechte Achse des Kreuzes steht für das aufrichtige Sein zwischen Himmel und Erde. Die vertikale Achse ist die Zeit von der Vergangenheit in die Zukunft. Dort, wo sich die beiden Achsen treffen, ist der Jetztpunkt. Wenn dieser Jetztpunkt die Todesstunde ist, zeigt sie uns ein Ende der Zeit, in dem wir aufrichtig sein sollten.

Aufrichtigkeit

Spätestens in der Todesstunde werden wir lernen, aufrichtig sein zu müssen. Fehler können nicht mehr vertuscht oder anderen zugeschoben werden.

Wer im Leben schon gelernt hat, aufrichtig zu sein und sich zu seinen Taten zu bekennen, hat es dann einfacher.

Im Leben versuchen viele, sich vor anderen anders darzustellen, als sie in Wahrheit sind, um sich Vorteile, wie gutes Ansehen, materielle Güter zu verschaffen.

Doch diese augenscheinlichen Vorteile sind nur von kurzer Dauer, sie sind nicht für die Ewigkeit. In der Todesstunde nützen beste Leistungen, große Sparbücher, materielle Güter nichts. Dann brauchen wir inneren Reichtum und Liebe im Herzen.

Dann brauchen wir Mut, um aufrichtig zu sein. Das, was wir anderen tun, tun wir uns selbst. Ich habe in der

Todesstunde erkannt, wie sehr ich meinen ehemaligen Partner verletzt habe. Wieder im Leben erkenne ich, wie sehr ich dadurch auch mich selbst in meiner Liebe verletzt habe.

Gebären

Ich bin in eine Welt geraten, in der ich zugelassen habe, dass ich gezähmt wurde. Ich wurde gezähmt, jetzt ist die Hälfte von mir gelähmt.

Ich gehe mit meiner Erinnerung zu meiner inneren Schatztruhe und rufe mir die Liebe, die ich fühlte, wieder in die Gegenwart und lasse mit diesem präsent werdenden Gefühl meine Weiblichkeit erfüllen. So gehe ich schwanger, um dann das neue Leben, wenn es so weit ist, zu gebären. Das neue Leben wird meine Fortbewegung in Form von Laufen sein.

Ich weiß es in innerer Sicherheit, dass das neue Leben bald geboren wird.

Auch das Schreiben dieses Buches ist eine Schwangerschaft, bis die Reife erreicht ist und das Buch geboren wird. Das Leben ist da, um immer wieder zu gebären und geboren zu werden.

In der Todesstunde sehen wir ganz besonders auch auf das, was wir gebären durften. Unsere Kinder, vor allem auch unsere geistigen Kinder sind dann sehr wesentlich. Es sind unsere Kreativität und Schöpfungen, die wir selbst erschaffen und geboren haben. Mit diesen Schöpfungen geben wir uns dem Leben hin und zeigen, wer und was wir sind. Wir offenbaren unsere Seele.

Mit unseren irdischen Kindern schenken wir das Leben weiter. Über unsere leiblichen Kinder sollten wir uns nicht identifizieren und ihnen unseren Plan aufdrücken Sie sind frei und müssen ihre Seele frei ausdrücken dürfen, ohne Zwänge von Eltern und Ahnen. Die Ahnen sind die, die Kraft geben.

Jeder sollte seine Vorstellungen und Lebenskonstrukte für sich leben und sie nicht bewusst oder unbewusst auf seine Kinder übertragen. Die Kinder haben ihre eigenen Pläne und Lebensentwürfe gemäß ihrer Seelenwege. Sie brauchen die Baupläne der Eltern nicht.

Jede Seele hat ihr eigenes Potenzial

Jede Seele will ihr eigenes Potenzial im Leben ausdrücken und sich erfahren und erkennen.

In der Todesstunde erkennen wir spätestens, wie gut uns das gelingen durfte, oder was wir hätten anders, besser machen können. Besonders bitter wird es, wenn wir erkennen müssen, dass wir Andere in ihrer Selbstverwirklichung blockiert haben.

Deshalb sollten wir Anderen, besonders unseren Kindern, ihr Lebenskonstrukt leben lassen und uns nicht ungefragt einmischen.

Sei wie ein Engel. Helfe, wenn man dich bittet. Antworte, wenn man dich fragt.

Die Menschen mischen sich gern ungefragt in die Lebensdinge anderer ein und meinen, helfen zu müssen, um am Ende sich selbst damit aufzuwerten und vor anderen zu glänzen.

Ein Engel hilft aus Liebe.

Ehrliche Absichten

Viele Menschen tun bestimmte Dinge, um ihr Ego aufzuwerten, um sich selbst in ein Licht zu rücken, was ihnen Anerkennung und Stolz bringt.

In der Todesstunde erkennen wir solche Absichten und erkennen, dass das nicht ehrlich war. Unehrlichkeiten bereuen wir und wir möchten gern die Falschheit richtig stellen, um uns zu befreien. Unsere Seele möchte ehrlich sein und möchte, dass wir authentisch sind.

In der Todesstunde fallen die Hüllen und es offenbaren sich die Wahrheiten der Seele. Dann bereuen wir Unehrlichkeiten, Falschheiten. Wir werden uns sagen: „Weit hat mich der Stolz wohl nicht gebracht." Auch das wollen wir dann irgendwie wieder ausgleichen. Womöglich bekommt unsere Seele im nächsten Leben Gelegenheit dazu. Meine Lebenserkenntnis hierzu lautet:

Lebe authentisch, gehe deinen Herzensweg, und tue nur das, wozu du selbst stehst.

Viele richten sich nach den Normen Andere aus und leben entsprechend dieser fremder Erwartungen. Dabei verliert man sich immer mehr und lebt unauthentisch und fremdbestimmt.

Das einzig Richtige, worauf man sich ausrichten sollte, ist der eigene, einzigartige, individuelle Herzensweg.

In der Todesstunde bereuen wir die Momente, in denen wir uns selbst und unseren Weg verloren haben. Fehler sind geschehen, wenn danach etwas fehlt. Selten fehlt etwas, wenn das Herz entscheidet. Wo der Egoverstand entscheidet, fehlt das Herz, und dann noch mehr. Die Absicht, warum man eine Entscheidung trifft, ist letztendlich auch oft für die Wirkung entscheidend. Stimmt die Absicht mit dem Herzen überein, ist die Entscheidung eine Herzensentscheidung, in der selten etwas fehlt.

Ankommen der Seele

In der Todesstunde kommen wir mit unserer Seele in unseren persönlichen Himmel zurück. Wer seine Seele erleben konnte, kehrt in Frieden heim.

Sehnsucht nach Frieden

In der Todesstunde habe ich erlebt, dass es am Wichtigsten ist, mit den Menschen, die mit uns waren, und mit dem Leben, das hinter uns liegt, Frieden zu schließen. Das ist nicht wichtig, um eventuellen Strafen zu entgehen, die gibt es nicht. Es ist wichtig, dass wir selbst in unserer Seele Frieden haben.

Strafe

Es gibt keinen rächenden, strafenden Gott. Gott ist Liebe. Es gibt kein Fegefeuer und keine Hölle.
Das haben sich Menschen ausgedacht, um über andere Macht zu gewinnen und sie manipulieren zu können.

Vergebung

Gott ist bedingungslose Liebe. Liebe und Licht ist der Bau des Universums. Die Hölle hat sich ein machthungriges Ego ausgedacht. Auf so einen grausamen Blödsinn würde eine Macht der Liebe sich niemals einlassen. Eine Macht der Liebe braucht keine Hölle. In der Todesstunde wird jeder selbst feststellen dürfen, dass es keine Hölle gibt.
Wir wollen in unserer Seele Frieden finden. Für den Frieden brauchen wir manchmal auch Vergebung. Wir sollten vergeben, was es zu vergeben gibt, und wir dürfen auch uns selbst vergeben.
Manchmal treffen wir falsche Entscheidungen, die wir nicht mehr ändern können. Oder wir haben einem anderen wehgetan. Das muss man sich nicht Schön reden, aber man muss sich auch nicht ewig schuldig sprechen.

Beschluss

Jeder darf und sollte sich selbst vergeben, um in Frieden zu kommen. Selbstvergebung als Geistesentschluss kann folgend formuliert werden: „Ich lebe in meinem Herzen in meinem persönlichen Himmel."

In diesem Himmel herrscht mein göttlicher Anteil, durch den ich ermächtigt bin, mir und allem was dadurch entstanden ist, zu vergeben.

Ich vergebe mir und allen, die damit zu tun haben, vollständig und in Absicht höchster Liebe. Ich habe es zum damaligen Zeitpunkt nicht besser gewusst und nicht besser gekonnt.

Ich lasse alle Schuldzusprechungen los und lasse die Situation mit höchster, göttlicher Liebe heilen. Ich bin frei, und alle anderen sind frei. Ich gebe frei. Ich vergebe.

Wer loslässt und vergibt, wird frei und Neues kann beginnen.

Bewertung

Im Egoverstand des Menschen wird nach Ideologie, Moral, festgelegten Normen und Wissen nach Richtlinien der Wissenschaft bewertet. Diese irdischen Bewertungsmaßstäbe zählen in der Todesstunde nicht.

In der Todesstunde schauen wir auf das Leben mit den Augen der Liebe. Alles, was aus bedingungsloser Liebe geschehen ist, sieht unsere Seele, unser Himmel als gut und es liegt in unserer inneren Schatztruhe als Reichtum sicher und geschützt.

Ich möchte diese unterschiedlichen Bewertungsebenen anhand eines Beispiels deutlich machen: Ein Mann ist verheiratet und liebt eine andere Frau. Er beendet die Ehe zu seiner Frau, lebt dann mit seiner neuen Liebe.

Das Urteil des menschlichen Ego bewertet aus moralischem Kontext das Verhalten des Mannes als schlecht. Die Seele sieht, wenn es aus Liebe geschah und bewertet das Verhalten dann gut.

Nur die Liebe zählt

In der Todesstunde bewertet nur noch die liebende Seele.
Alles, was aus Liebe geschehen ist, ist gut. In der
Todesstunde ist der Himmel nah. Gut ist dann alles, was
Liebe war.

Moralen, Ideologien und Normen haben Menschen
festgelegt. Wer sein Leben darauf ausgerichtet hat, hat
sich vielleicht im irdischen Leben als Mensch für sein Ego
einige Vorteile verschafft, die in der Todesstunde in einem
ganz neuen Licht erscheinen. Hier zählen keine
menschlichen Moralen und Normen mehr. Hier zählt nur
noch Liebe.

Was aus Liebe geschah wird gut bewertet. Wo Liebe fehlte
war ein Fehler.

Erwachen

Bevor der Tod eintritt, werden wir in der Todesstunde
Erwachen.

In diesem Erwachen wird klar, dass die Dinge, die im Leben
wertvoll erschienen für die Seele vollkommen
unbedeutend sind. Gute schulische Leistungen,
Ausbildungen, Ansehen und Stolz braucht nur ein Ego im
weltlichen Leben.

Moralapostel und Normenmacher sind fürs Ego
willkommen. Die Seele will Liebe, Freude und Genuss. Die
Seele kennt keinen Stolz, sie kennt Achtsamkeit und
bedingungslose Liebe. Wer glaubt, nur die Moralapostel
kommen in den Himmel, der täuscht sich. Denn wir sind
alle im Himmel.

Für die, die sich Genuss verbieten und die besonders an
Normen angepasst leben, könnte es in der Todesstunde
ein großes Erwachen geben, wenn sie feststellen, dass ihre
Seele traurig ist, weil sie ihre Lebenszeit verschwendet
haben.

Lebensverschwendung

Alles was das Ego erstrebt und Stolz und Ansehen einbringt, könnte verschwendete Lebenszeit sein. Wer nur arbeitet, um Geld zu verdienen, verschwendet kostbare Lebenszeit. Arbeit soll Spaß und Freude machen, die Seele bereichern.

Was du tust, tue mit Freude, um deine Seele zu bereichern. Was du nicht aus Freude tust, das lasse lieber sein. Sonst verschwendest du nur deine Zeit.

Das Leben ist dafür da, das die Seele, die im Menschen wohnt, sich verwirklichen kann. Dafür sollten wir unser Leben nutzen und die Zeit nicht verschwenden.

Das Leben nutzen

Wir wissen nicht genau, welche Zeit uns zur Verfügung steht. Schnell kann das Leben vorbei sein.

Dann ist es zu spät, einen Traum zu leben, einem geliebten Menschen noch etwas zu sagen, einen schönen Augenblick am Meer zu genießen, oder banal, einfach nur einen Cocktail zu trinken.

Das Leben ist kostbar, und wir haben nicht unendlich Zeit. Deshalb sollten wir unsere Zeit bewusst und achtsam nutzen. Wir sollten Dinge, die wir tun wollen, nicht ewig aufschieben, sondern tun. Wir wissen nicht, ob wir später noch Zeit dafür haben.

Ein: „Ich liebe dich" im Leben ist eine größere Seelenfreude, als es ins Jenseits zu senden oder am Grab stehen und weinend bereuen, was verpasst wurde.

„Wäre ich doch nur", „Hätte ich doch...", hilft dann auch nicht mehr.

Wer sein Leben nicht nutzt, ist in Gefahr, in der Todesstunde viel bereuen zu müssen.

Ich möchte den Satz: Carpe diem - Nutze den Tag nach meiner Erfahrung erweitern.

Nutze das Leben.
Nutze dein Leben in jedem Augenblick.

Wir sollten das tun, was wir mit Liebe tun möchten und was uns Freude macht. Wir sollten das tun, was uns am Herzen liegt. Herzenswünsche und Herzensbedürfnisse sollten wir nicht vor uns herschieben, denn es könnte irgendwann zu spät sein. Meine Erkenntnis lautet:

Tue, was dir möglich ist

Wir sollten die Möglichkeiten, die wir für uns sehen, nutzen und Chancen ergreifen. Sonst bestimmen andere unser Leben. Wir haben alle den göttlichen Kern in uns, mit dem wir erschaffen. Wir haben die Eigenmacht, mit der wir uns zu Machern ermächtigen. Ein Macher kann etwas machen und ist nicht fremden Machern ausgeliefert. In meiner Situation, halbseitig gelähmt, unmöglich zu laufen, ist meine Möglichkeit, selbst etwas zu machen, eingeschränkt. So wird mein Leben dadurch bedingt, sehr viel fremdbestimmt.
Ich möchte alles in meinem Leben wieder selbst machen. Bevor das möglich ist, muss ich laufen. Ich bemühe mich sehr, immer wieder.

Wer macht ist ein Macher.
Ein Macher lebt sein Leben und macht das Beste daraus.

Da ich meinen inneren göttlichen Kern in mir trage, erschaffe ich mich in meinem Leben immer wieder neu.

Meditation zur Bewegung

Jetzt bin ich halbseitig gelähmt. Ich schließe meine Augen und atme mich in tiefe Entspannung. Ich lasse Leben und Bewegung in meine linke Seite fließen. Aus einer alten Liebe, die in meiner inneren Schatztruhe gehütet ist, hole ich mir die guten Gefühle, die ich brauche.

Ich nehme die Liebe in meine Hände und richte mich mit ihr auf, um sie in die Zukunft zu tragen. Ich gehe zu meiner und in meiner Liebe in die Zukunft.

Meine Zukunft ist in Liebe. Sie kommt aus der Quelle der Liebe, die ich in mir trage und weiter erschaffe. Ich freue mich auf die Schritte, die ich in Liebe gehen werde. Jeden Schritt, den ich gehe, gehe ich in Liebe und voller Freude.

In Liebe und Freude ins Leben gehen

Das Leben ist da, dass wir unseren Weg mit Liebe und Freude gehen.

Wer für das brennt, was in ihm brennt, brennt nicht aus.

Ausbrennen wird der, der das Feuer ausgehen lässt.

Viele denken, dass Burnout (Ausbrennen) entsteht, wenn jemand für etwas zu sehr brennt. Doch ich habe auf meinem Himmelstripp erkannt, wir müssen brennen, um unseren Herzensweg zu gehen. Wer aufhört zu brennen, brennt aus.

Das Feuer hüten

In jedem Herzen brennt ein Feuer. Jeder darf für etwas brennen. Zuversicht und Hoffnung ist brennbares Material, welches das Herzensfeuer unterstützt.

Ich freue mich für Menschen, die für etwas brennen, die leidenschaftlich sind.

„Wofür brennst du?", das ist das, wofür du lebst.

Ich sehe auf meinen Sohn und freue mich, wie leidenschaftlich er seine Filmprojekte lebt. Ich freue mich über seinen Lebensentwurf, für den er brennt. Es ist nicht wichtig, möglichst viel Geld und materielle Güter anzuhäufen.

In der Todesstunde zählt, wofür hast du gebrannt? Hast du das Deine gelebt?

Mache und lebe dein ureigenes Ding

Ich hatte eine Bekannte, die in vielen Bereichen mich nachahmte. Sie machte eine Ausbildung zur Heilpraktikerin. Als sie mich zur Reha besuchte, teilte sie mir mit: „Ach übrigens, ich mache jetzt auch Dunkelfeld-Blutuntersuchungen."

Ich brauche keinen, der mich nachahmt. Mich gibt es ja schon. Macht doch euer eigenes Ding. Ich fühle mich außerdem von Menschen, die mich nachahmen, bestohlen. Jeder hat in sich sein Potenzial, was er leben und entfalten sollte.

Wir sind nicht im Leben, um etwas zu leben, was es schon gibt. Wir sind da, um unsere eigenen Fußabdrücke zu hinterlassen.

In der Todesstunde zählt: Welche Spuren hast du hinterlassen? Was hast du ins Leben von dir eingebracht? Unsere Seele ist zufrieden, wenn wir Gutes bringen konnten und dem Leben etwas geschenkt haben.

All das, wodurch wir das Leben bereichert haben, geht in unsere Seele ein und bereichert auch diese.

Von dieser guten Saat werden wir in einem nächsten Leben und die Generationen, die nach uns auf der Erde sind, ernten.

Wir ernten, was wir säten

Wer Liebe möchte, sollte zuerst welche säen. Alles, was wir gesät haben, werden wir in unserer Todesstunde noch einmal bewusst sehen und erkennen dürfen.

Die in uns wohnende, göttliche Schöpferkraft erschafft ihr eigenes Werk im Leben. So wird das Leben reich und bunt. Eine Vielfalt von Formen und Farben entsteht. Jeder Mensch gestaltet mit seinem ureigenen Potenzial das große Gefüge des Lebens mit.

Das Leben möchte bunt sein und jeder sollte es noch farbenfroher machen.

Lebensgestaltung

So gestaltet jeder sein Leben und ein Stück auch das Leben insgesamt. Das Leben ist kein vorgefertigtes Blatt. Das Leben ist ein unbeschriebenes Blatt, welches im Leben beschrieben wird. In der Todesstunde liest jede Seele ihr Blatt. Nichts kann mehr umgeschrieben oder korrigiert werden.

Deshalb sollten wir jeden Tag achtsam sei, was wir auf unser Lebensblatt schreiben wollen. Vielleicht reicht ein Blatt nicht aus, und ein ganzes Buch wird geschrieben.

Das Buch des Lebens

Für jede Prüfung im schulischen Sinne gibt es Prüfungsvorbereiter, Ratgeber und Bücher, womit sich der

Prüfling auf die Prüfung vorbereiten kann. Auf die wichtigste Prüfung, die Todesstunde kann nur das gelebte Leben selbst vorbereiten.

Dieses Buch soll den Menschen helfen, ihr Leben zu leben, um in der Todesstunde auf ein ausgefülltes, zufriedenes Leben, gestaltet mit eigenem Potenzial, zurückschauen zu können. Ich durfte viele Sterbende als Freund, Verwandte, als Krankenschwester, als Heilpraktikerin und als ehrenamtliche Mitarbeiterin im ambulanten Hospizdienst begleiten. Es hat mich immer tief berührt, wenn man Menschen am Ende des Lebens zufrieden erlebt hat.

Mit dem Lebensende hadert am Ende nur der, der nicht gelebt hat. Wenn es in der Todesstunde viel Versäumtes oder zu Bereuendes gibt, kommen wir ins Hadern.

Wir akzeptieren das Ende des Lebens schwer, wenn wir erkennen, dass wir nichts mehr ändern können. Viele Menschen haben große Angst vor dem Tod. Vielleicht ahnen sie, dass es schwierig wird, wenn sie erkennen, dass es zu spät ist.

Ich habe viele Menschen begleitet und ihnen die Hand in ihrer Todesstunde gehalten. Jetzt habe ich selbst die Todesstunde erlebt. Es hätte die letzte Stunde meines Lebens sein können, doch ich habe noch Lebenszeit bekommen, auch, um noch offene Dinge zu regeln.

Die Todesstunde und auch die anschließende Krankheitszeit war die schwerste Zeit meines Lebens. Es war aber auch die wichtigste Einweihung in das Leben.

Ich sehe vieles in einem neuen Licht. Diese neue Sicht auf das Leben werde ich als inneren Reichtum in mir tragen. Diese neue Sicht hat in mir vieles verändert und wird auch mein zukünftiges Leben weiterhin verändern.

Ich bin nicht mehr die, die ich vor dem Schlaganfall war. Ich bin jetzt eine andere. Ich sitze im Rollstuhl und kann nicht mehr laufen. Das ist der schmerzliche und leidende Teil.

225

Es gibt da aber noch einen anderen Teil. Ein Teil, der durch die Erfahrungen in der Todesstunde und in der Krankheit gewachsen ist und reifer geworden ist.

Und es gibt noch einen Teil. Das ist der Teil, der zuversichtlich ist, der sicher ist, dass ich wieder laufen werde.

So lebe ich mit diesen Teilen und bin eine Andere geworden. Und die Andere wird wieder eine Andere werden. Ich freue mich auf die, die ich werde. Ich sehe sie schon vor mir: Schrill, bunt und wild wird sie sein, mit weißem Haar, das im Wind weht. Sie lässt sich nicht zähmen, nicht verändern, nicht aufhalten. Sie ist eine wilde, alte Frau und sie ist frei, tut nur noch das, was sie liebt. Sie wird mit den ersten Schritten, die ich allein gehen kann, geboren.

Die vielen Ichs, die man ist

Da das Leben Wandel ist, werden auch wir im Leben gewandelt und sind nicht mehr der Mensch, der wir einmal waren. Das Leben verändert uns. Es ist spannend, seine Wandlung zu erleben, und die Erkenntnisse als inneren Reichtum in die Seele zu geben. Durch die Wandlung, durch die wir gehen, werden wir reifer, weiser, klarer und sortierter.

Wenn wir meinen, einen Menschen zu kennen, ihn nach Jahren wieder treffen, treffen wir einen anderen. Er ist nicht mehr der, den wir kannten. Die Wandlung wirkt in jedem, der lebt.

Intensives Leben schafft Wandlung

Je intensiver jemand sein Leben lebt, desto intensiver wird er sich immer wieder wandeln.

Es kommt nicht auf die Anzahl der Jahre im Leben an. Wertvoller ist das Leben und die Intensität desselben, was in den Jahren liegt.

Lebensintensives Leben

Wenn eine Zeit vorbei ist, die schön war, ist das nur traurig, wenn man die Zeit, als sie war, nicht intensiv gelebt hat. Ich habe die Zeit, als mein Sohn ein Kind war, intensiv mit ihm gelebt. Da muss ich nicht traurig sein, dass die Zeit vorbei ist. Mein Sohn ist jetzt erwachsen, lebt mit seiner Freundin in einer Stadt, weit entfernt von mir. Er lebt als Filmemacher seine Seele und ich freue mich, dass er seinen Herzensweg geht. Viele Menschen leiden sehr, wenn ein Partner nicht mehr lebt und sind in ständiger Trauer um den Verlust.

Meine Meinung dazu ist: „Sei dankbar, dass du die Zeit mit diesem Menschen hattest." Das hat mir auch persönlich geholfen, den Verlust meiner Eltern und den Verlust von zwei wertvollen Freundinnen auszuhalten.

In meiner Todesstunde sah ich mein intensives Leben, was mir auch direkt in der Todesstunde half, Dinge positiv und nicht nur negativ zu erkennen.

Meine erste Ehe wurde geschieden, ich sah in der Lebensrückschau, dass ich meinem damaligen Mann sehr wehgetan habe. Das bereue ich sehr. Dann sah ich, dass wir vorher unsere Partnerschaft intensiv gelebt haben. Damit fand ich ein Stück Trost und Hilfe, die Dinge anzunehmen und mich von Schuldgefühlen und Vorwürfen zu befreien.

In der Todesstunde blicken wir in unser Leben zurück. Wir sehen nicht nur, was wir bereuen und hätten anders machen können. Wir dürfen auch all das Gute sehen. Gutes ist vor allem im intensiven Leben zu finden. Ich habe vieles intensiv gelebt. Dafür sage ich danke. Mein innerer Reichtum ist groß.

Erfolg und innerer Reichtum

Vielen ist es wichtig im Leben gute Schulabschlüsse, gute Ausbildungen zu besitzen. Das stärkt das Ego und den Verstand. In der Todesstunde spricht die Seele.

Die Seele braucht keine guten Leistungen als Erfolg. Sie will innere Fülle nach einem intensiven, erfüllten Leben und inneren Reichtum.

Durch Fülle wird die Erfüllung geboren

Wir können aus unserem inneren Reichtum auch in unserem Leben immer schöpfen, wie aus einer Quelle. So werden wir immer wieder aus unserem Inneren aufgefüllt und müssen nicht im Außen etwas suchen.

Was wir in unserer inneren Fülle besitzen, müssen wir im Außen nicht suchen.

Wenn wir gut gefüllt sind, können wir Neues gebären und somit eine Erfüllung erfahren, die uns zufrieden und glücklich macht.

Glück

Glück ist eine Entscheidung des menschlichen Geistes. Glück ist nichts, was uns zufällt. Glück ist ein Empfinden. Viele sehen ein Leben mit Hindernissen und Schicksalsschläge als Unglück. Glück ist, wenn alles in geraden Bahnen läuft.

Ich hatte einen schweren Schlaganfall, habe die Todesstunde erlebt, leide nach drei Jahren immer noch unter den Folgen. Ich kann nicht laufen, brauche ständig Hilfe bei den banalsten Lebensdingen. Das bezeichnen die meisten als Unglück. Und auch ich bin traurig über diese Situation und mit dem Schicksal.

Doch ich hatte auch Glück. Ich war im Himmel und habe den Himmel gefunden. Ich habe in der Todesstunde viele Erkenntnisse gewonnen, und ich darf mit diesen Erkenntnissen wieder ins Leben, in dem ich noch etwas regeln darf, was mir vorher gar nicht bewusst war.

Ich darf die Botschaften aus den himmlischen Ebenen zu den Menschen bringen, indem ich dieses Buch schreibe.

Und ich werde auch in der Sterbebegleitung mit meinen Erfahrungen anderen Trost und Hilfe geben können.

Meine Berufung, anderen zu helfen, wird auf einem ganz neuen Level stattfinden. Hatte ich nicht Glück? Ich bin innerlich reich - meine innere Schatztruhe ist gut gefüllt.

Heute konnte ich mit meinem Ergotherapeuten ohne Hilfe ganz frei stehen. Bald wird die Frau geboren, die in den Startlöchern sitzt und neu anfängt.

Ich freue mich auf die Frau, die ich dann sein werde, alt und weise, wild und schrill. Eine Frau, die leben will.

Das Leben muss man leben. Viele suchen immer nach dem besonderen Dingen im Leben. Mit ihrer Suche sind sie so beschäftigt, dass sie oft das stattfindende Leben nicht richtig in aller Intensität und Hingabe leben.

Dasein

Das Leben ist jeden Tag, jede Sekunde. Wir müssen nur Dasein. Wir müssen nicht irgendwo suchen. Wir müssen nur da sein, uns dem Leben hingeben, das Leben annehmen und die innere Schatztruhe füllen.

Dann können wir jederzeit, wenn wir Kraft brauchen, aus der inneren Schatztruhe uns das holen, was uns Kraft gibt.

„Weißt du, was du schon alles geschafft hast? Erinnere dich daran. Das gibt dir die Kraft, das zu schaffen, was du jetzt schaffen musst."

Unser innerer Reichtum kann so zu einer Quelle der Kraft in der Gegenwart werden. Weißt du noch, wie sehr dich diese Liebe erfüllt hat?"

Ja, ich weiß und hole mir mit der Erinnerung die Kraft aus dieser Liebe, die war, dass ich das werden kann, was ich werde.

Ich hole mit meiner Erinnerung die Liebe in die Gegenwart und lasse sie mit tiefen Atemzügen in mir wieder lebendig werden. Ich fühle in meiner Rumpfmuskulatur, wie sie mit jedem Atemzug gut durchflossen wird. Ich fühle Kraft, die mich nach oben zieht. Diese Kraft ist ganz sanft und fast zärtlich. Ich fühle Christus, unseren Heiland über mir. Ich höre ihn über meine innere Stimme:

„Wenn die neue Frau geboren wird, wird sie ihren Herzensweg gehen. Ich werde immer bei dir sein. Vertraue dir selbst, wie du mir vertraust."

Wahrheit fühlen

Es stimmt immer, was der Heiland sagt. Ich vertraue mir selbst zu wenig. Ich fühle, was richtig für mich ist, dann kommt der Egoverstand, der behauptet, es besser zu wissen. Und ich gehe diesem auf den Leim.

Nach der Ergotherapie wollte ich aus meinem herausgedrehten Autositz aufstehen und laufen. Mein Mann bremste mich, er wollte gut gemeint verhindern, dass ich stürze. Mein Egoverstand befahl mir, mich wieder zu setzen. Der Autositz wurde von meinem Mann über Schienen auf das fahrbare Unterteil geschoben. Und so bin ich in einem Rollstuhl, in dem ich geschoben werden kann. Und immer sagt mir mein Verstand, dass es sicherer ist, da ich noch nicht stehen und laufen kann. Um so mehr ist mein Vertrauen in dem Dilemma, geschwächt zu werden.

Meine innere Führung, meine innere Weisheit sagen, dass ich wieder laufen werde. Mein innerer Heiler sagt mir, dass ich heil bin und schon laufen kann. Es darf nur noch geschehen, und mit den ersten Schritten wird die neue Frau geboren.

Selbstliebe und Selbstannahme

Die meisten Menschen möchten Komplimente nur von anderen hören. Wir sind oft auch sozialisiert, uns nicht selbst zu loben, und, dass es sich nicht gehört, sich selbst zu lieben.

Ein Mensch, der sich selbst liebt, ist gesünder. Ein Mensch, der sich selbst annimmt, wird auch von anderen akzeptiert und angenommen. Wie soll uns jemand lieben, wenn wir uns selbst nicht lieben?

Wer nur seinen Mangel sieht, bleibt in dem Mangel. Ja, ich kann nicht laufen, ich werde im Rollstuhl geschoben. Doch, wenn ich mich im Spiegel sehe, sehe ich die Schönheit. Ich sehe mein natürliches, weißes, welliges Haar. Ich sehe meine strahlende Haut, meine leuchtenden Augen, und ich finde mich gut, so wie ich bin. Ich bin schön. Ich kann zwar vorübergehend nicht laufen.

Doch ich liebe mich, wie ich bin. Ich nehme mich an. Ich erschaffe jeden Augenblick mit meinem göttlichen, inneren Kern die neue Frau. Bisher dachte ich, sie wird geboren, wenn die ersten Schritte funktionieren.

Jetzt sehe ich im Spiegel: Da ist ja schon die neue Frau. Sie wird immer lebendiger, kommt in Bewegung. Ich liebe diese schöne Frau mit dem wilden Haar und dem wilden Geist und mit der Seele, die Liebe erfahren will. Die Frau ist schon da.

Das Jetzt ist da und schon perfekt

Wenn wir unsere Wünsche immer in die Zukunft schieben, rücken wir den Augenblick des Jetzt ebenfalls in die Zukunft.

Wenn ich sage: „Bald werde ich laufen", schiebe ich das Laufen in die Zukunft.

Die neue Frau, die mit dem ersten Schritt geboren werden sollte, gibt es schon. Sie ist im Jetzt schon da. Also ist im

Grunde der erste Schritt schon getan. Denn die neue Frau ist längst da und unterwegs.

Unterwegs

Die neue Frau ist schon unterwegs. Sie genießt die Frühlingssonne, Kaffeetrinken mit einer Freundin auf der Terrasse. Sie genießt es, wieder zu stehen, was schon sehr gut klappt. Die neue Frau ist schon unterwegs.

Vor drei Jahren war ich in der Todesstunde. Ich bin wieder ins Leben gekommen. Ich habe sozusagen überlebt.

Doch erst jetzt nach drei Jahren fängt mein Leben wieder an, ich habe überlebt, aber erst nach drei Jahren beginnt mein Leben wirklich wieder, und die neue Frau ist da. Jetzt sehe ich, was für eine wunderbare Frau da ist. Sie ist es wert, geliebt zu werden. Ich erinnere mich an Liebe, die ich geben und nehmen durfte und lasse mich aus der Liebe, die in meinem inneren Reichtum ist durchströmen.

Je mehr Liebe wir geben und nehmen, um so mehr Liebe ist in unserem inneren Reichtum.

Liebe heilt alles.

„Du bist heil", höre ich Gott in meinem Herzen. Ich bin heil. Ich beschließe, auch, wenn ich noch nicht laufe, aber: „Ich kann laufen", und so darf es jetzt bald geschehen. Ich muss nicht erst laufen lernen, ich muss es nur wieder tun, ich kann laufen. Ich gehe meinen Herzensweg und bin schon unterwegs. Es gibt noch vieles, was meine Seele erleben will. Die neue Frau, mit der das der Seele möglich wird, ist schon da.

Menschen, denen ich begegne, versichern mir, ich sehe gut aus.

Gott sagt mir, ich bin heil.

Ich beschließe:

Ich bin heil und gesund.
Ich sehe gut aus, und ich fühle mich gut.
Ich bin innerlich reich.
Mein Leben hat jetzt neu angefangen, und ich bin jetzt unterwegs.
Ich gehe meinen Herzensweg.
Ich kann laufen.
Ich bin die neue Frau, voller Ideen und Kreativität.
Ich trage in meinem inneren Reichtum ganz viel Liebe, sie hat mich geheilt.
Liebe richtet mich auf, ist jetzt und in der Zukunft.

Alles, was ist, soll Liebe sein.

Wenn wir in unserer Todesstunde auf unser Leben schauen, wird das wertvollste die Liebe sein. Was wir aus Liebe taten, ist für unsere Seele ein kostbarer Schatz.
Die Seele berechnet nicht, wie das Ego, welches Dinge tut, durch die es sich bevorteilt. Die Seele liebt einfach. In der Todesstunde und danach im Jenseits gibt es nur die Seele.

Sein im Jenseits

Nach der Todesstunde geht die Seele in die Ewigkeit, ins Jenseits. Ich durfte einen Blick ins Jenseits wagen, aber ich durfte nicht bleiben.
Zuerst fand ich das traurig. Im Jenseits war Liebe und Frieden. Dort ist eine unbeschreibliche Energie, die wir auf der Erde nicht kennen. Im Jenseits ist einfach bedingungslose Liebe. Man fühlt sich angenommen, im Frieden und sicher getragen. Getröstet dürfen wir liegen in Gottes Händen. Hier möchte man nicht mehr weg.
Ich war erschrocken und traurig, dass ich wieder weg musste von diesem wunderschönen Ort.

Dann zeigte mir meine Seele in meinem inneren Himmel den ganzen Reichtum, den ich hatte.

Nach dem Tod ist noch nicht das Ende

Ich habe schon vor meiner Todesstunde daran geglaubt, dass es eine Ewigkeit für die Seele gibt. Jetzt habe ich es erfahren und weiß sicher: Die Seele geht nach dem Leben ins Jenseits. Im Jenseits ist bedingungslose Liebe.

Hier gibt es keine Egos mehr, die etwas anderes behaupten. Das Ego stirbt mit dem Körper. Die reine Seelenessenz existiert weiter im Jenseits. Vielleicht bis zum nächsten Leben, wenn die Seele noch einmal in einem Körper in eine Zeit inkarniert, danach geht sie wieder in die Ewigkeit. So gehen wir durch die Zeit von Ewigkeit zu Ewigkeit.

Im Jenseits erholen sich die Seelen, ruhen sich aus und planen vielleicht auch ein neues Leben, in dem die Seele erleben und erfahren darf, was sie noch braucht.

Seelen, die ihre Reife erreicht haben und nicht mehr die Lebensschule besuchen, verweilen im Jenseits und übernehmen auch dort Aufgaben.

Die Seelen im Jenseits

Reife Seelen, die sich in verschiedenen Leben entwickelt und erfahren haben, ihre Reife erreicht haben, inkarnieren nicht mehr in die Zeit. Sie verweilen im Jenseits. Manche Seelen übernehmen dort die Aufgabe, Menschen nach ihrer Todesstunde abzuholen und zu empfangen. Manche Seelen helfen auch den Seelen, die in einem Körper leben.

Besuch aus dem Jenseits

Ich bekomme sehr oft Besuch aus dem Jenseits.

Besonders dann, wenn ich sehr verzweifelt in meiner Krankheitssituation bin, öffnet sich in meinem Herz die Tür und ich erfahre Trost aus dem Jenseits. Meist kommen Seelen, die mir aus dem Leben als Menschen bekannt sind. Meine Eltern, meine Großmütter, meine Freunde kommen zu mir und schenken mir Trost. Mit ihnen kommen auch die liebenden Schwingungen aus dem Jenseits mit, die ich in meiner Todesstunde kennen lernen durfte.

Vorbereitet in die Todesstunde

Die Todesstunde ist die große Lebensprüfung. Die Vorbereitung auf diese Prüfung ist das Leben selbst. Das gelebte Leben mit allem was war. Meistens gehen wir überrascht, ohne Vorankündigung plötzlich in die Todesstunde. Wir sollten immer gut vorbereitet sein.

Manche werden wieder ins Leben geschickt, um dort noch einiges zu regeln.

Auch ich gehöre zu diesen Kandidaten. Ich habe Zeit bekommen, um vor allem eine alte Liebe, die ich zerstört habe zu erkennen, und mit einem Menschen, den ich dadurch sehr verletzt habe, ein noch offenes, klärendes Gespräch zu führen und mich zu meiner Schuld bekennen.

Ich bin sehr dankbar, dass mir mit der Todesstunde diese Erkenntnis kommen durfte und mir Zeit geschenkt wurde, um es zu regeln. Ich habe diesem Menschen bereits geschrieben. Doch leider hat er sich nicht gemeldet. Ein persönlicher Kontakt mit einem klärenden Gespräch ist sehr wichtig, und ich werde mich weiter um Kontakt bemühen.

Alles, was geschieht, kommt mit einer Botschaft. Nichts geschieht umsonst.

Ich habe die Botschaften aus meiner Todesstunde verstanden und erkannt. Ich werde, so gut es mir möglich ist, und so wahr mir Gott hilft, diese Botschaften ins Leben bringen.

Entlassen werden wir vollkommen

Viele bekommen nach der Todesstunde nicht noch einmal Lebenszeit geschenkt. Wer noch Dinge zu begleichen hat, dard das dann in einem nächsten Leben tun.

Entlassen werden wir erst, wenn wir unsere Seelenreife vollkommen erreicht haben. Das bedeutet nicht, dass wir Leistungserfolge nachweisen müssen.

Die Seele braucht etwas anderes. Die Seele ist vollkommen, wenn sie sich vollständig entfaltet hat, und wenn sie alles gefühlt hat. Die Seele will fühlen, und im Fühlen lernt sie alles über sich selbst. Dann erkennt sie, wie es sich anfühlt zu lieben, zu nehmen und zu geben. Sie will sich erfahren in der Bandbreite der Gefühle. Wenn sie diese Bandbreite in ihrem inneren Reichtum trägt, ist sie irgendwann vollkommen. Sie ist dann vollkommen weise, vollkommen reif, vollkommen göttlich.

Reife Seelen

Reife Seelen dürfen, wenn sie es möchten, immer noch in einen Körper inkarnieren, um bestimmte Facetten ihrer Selbst zu erleben.

Blumen sind die Pracht eines Gartens. Fühlen ist die Pracht im Menschen. Ein Garten ohne blühende Blumen ist wie ein Mensch ohne Fühlen. Wer nicht fühlt, wird nie vollkommen erblühen.

Man erkennt reife Seelen daran, dass sie fast immer das Leben annehmen, egal was es ist, sie hadern oder jammern nicht.

Ihnen ist bewusst, dass sie sich erfahren werden. Reife Seelen erfahren, wofür sie von Gott erschaffen wurden. Sie erfahren sich als Gottes Ebenbild, in ihrer Göttlichkeit.

Reife Seelen suchen nicht ihren spirituellen Weg. Reife Seelen sind im Leben unterwegs und sind sich bewusst mit dem, was sie fühlen, erfahren und erkennen.

Oft sind das die wahren spirituellen Lehrer, die anderen weise helfen, das eigene Selbst zu finden und zu erkennen. Reife Seelen können lieben und tragen den Himmel im Herzen. Reife Seelen brauchen keine Moralen und menschliche Gesetze.

Reife Seelen leben und lieben, heilen und erschaffen Gutes und Schönes. Reife Seelen sind reich in ihrem Inneren und bereichern auch andere und das Leben.

Reife Seelen sind Geschenke und Schätze.

Ich bin dankbar, dass ich von einigen reifen Seelen umgeben sein darf. Ich habe zwei wunderbare Freundinnen, die reife Seelen sind, und mit ihrer positiven Art, gesunden Trost und gesunde Energie mitbringen.

Mein Sohn ist eine reife Seele, der mit Freude seinen Herzensweg geht. Er hat eine Freundin an seiner Seite, die als reife Seele gut für ihn ist.

Mein früherer Partner war eine reife Seele, er hat viel dazu beigetragen, dass ich zu der Frau werden konnte, die ich bin. Mein Ergotherapeut ist eine reife Seele, der mir mit seiner positiven Art immer Mut macht und eine positive Unterstützung für mich ist.

Meine Podologin, die selbstverständlich wunderbare Weisheiten von sich gibt.

Viele meinen die reifen Seelen sitzen in spirituellen Seminaren, erlernen dort esoterischen Schnickschnack. Da sind die pseudospirituellen Spinner, die oft nicht präsent im Leben sind. Sie vermeiden gern das, was sie wirklich weiterbringen würde. Das, was die Seelen bereichert ist nicht das Selbstfindungsseminar. Wer sich selbst im Leben findet, geht gut vorbereitet in die wahre Reifeprüfung des Lebens, und ist auf einem guten, spirituellen Weg.

Reife Seelen waren schon in mehreren Leben in der Zeit und haben einen großen inneren Reichtum. Seelen, die nur wenige Inkarnationen hatten, nennt man junge Seelen. Ihr innerer Reichtum darf noch wachsen.

Junge Seelen

Junge Seelen sind durch Mangel an innerem Reichtum, auf materielle Äußerlichkeiten, Gesetze und Ego konzentriert. Sie hadern mehr als reife Seelen, mit ihrem Leben. Junge Seelen haben wenig zu geben. Es fehlt ihnen einfach an innerem Reichtum.

Junge Seelen erschöpfen schneller und fühlen sich wenig belastbar. Es fehlt ihnen einfach nur die positive Kraft, die sie nur aus Quellen des inneren Reichtums schöpfen können. Statt sich aber dem wahren Lieben hinzugeben und ihren inneren Reichtum aufzufüllen, bejammern sie lieber ihr Leben und ihr Schicksal.

Junge Seelen empfinden das Leben als anstrengend und werden oft selbst für andere zu einer Anstrengung.

Seelenmagie

Seelen kommen als inkarnierte Menschen zusammen. Reife Seelen können oft mit jungen Seelen nicht dauerhaft zusammen sein.

Reife Seelen, die auf andere reife Seelen treffen, sind füreinander ein großer Gewinn und können sich bereichern.

Junge Seelen zerstören mitunter sogar den Reichtum einer reifen Seele, da sie selbst mit einer großen Bedürftigkeit in eine Beziehung kommen und selbst nicht viel geben können. Sie leben dann vom inneren Reichtum der reifen Seele mit und können dieser sehr schaden.

Opferseelen

Manche Seelen opfern sich jedoch auch einzig dafür, anderen weiter zu helfen. So verzichten sie auf eigene

Verwirklichung, stellen ihr Eigenes zurück und leben hauptsächlich, um anderen zu helfen und weiterzubringen. Doch dieses Leben, was eine Seele einer anderen Seele „opfert", wird auch zum inneren Reichtum für die gebende Seele.

Ob geschenkte oder empfangene Liebe.
Liebe ist Liebe und macht uns reich.

Die beste Begegnung auf der Seelenebene ist, wenn sich zwei reife Seelen begegnen und sich bereichern dürfen. Manche Seelen die von Anfang an miteinander tief verbunden sind, schon mehrere Leben miteinander verbrachten, haben auch oft eine ähnliche Reife erreicht.
Zwei reife Seelen können auch in ihrem Zusammenwirken eine Bereicherung für viele im Leben sein.
Eine reife Seele, die einer jungen Seele hilft, wird selbst oft mit der jungen Seele nicht glücklich. Sie braucht dann eine andere reife Seele, um selbst eine Erfahrung in Liebe machen zu können.

Eifersucht

Eifersucht gibt es auf Seelenebene nicht. Eine Seele weiß: „Du brauchst jetzt eine Seele, die Dir etwas geben kann, was ich nicht kann, weil ich es in meinem inneren Reichtum nicht habe." Wer mit den Augen der Liebe aus seinem Herzen diesen Satz zu seinem Partner sagen kann, liebt bedingungslos. Er will nicht besitzen, er liebt. Dann braucht man keine Eifersucht mehr.
Wer aus dem Ego heraus den Partner besitzen möchte und Verlustangst infolge dessen hat, liebt nicht. Er will besitzen, will Kontrolle und Macht. So entsteht die Eifersucht. Wer besitzen und kontrollieren will, was er angeblich liebt, ist nicht in wahrer Liebe. Wahre Liebe, die

aus dem Herzen, aus tiefer Seele kommt, ist bedingungslos. Sie kennt keine Eifersucht.

Was ein Mensch liebt, will er besitzen, nur, was er besitzt, wird er lieben. Wer diese Bedingungen an Liebe bindet, liebt nicht. Er ist im Ego, nicht in der Seele.

Seelenliebe

Menschen, die tief in der Seele miteinander verbunden sind, fühlen sich vom ersten Augenblick an voneinander in einer himmlischen Art berührt. Sie sind ein Herz und eine Seele und erscheinen fast unzertrennlich. Doch es kann im Leben zu Trennungen kommen. Wenn Erwartungen, Verlustängste, Besitzdenken und Eifersucht den Verstand beherrschen, ist ein vom Egoverstand beherrschter Mensch durchaus in der Lage, eine Seelenliebe zu zerstören. Häufig findet der Mensch nur schwer wieder in seinen Frieden und wird immer wieder von der Seele getrieben, den Partner der Seele zu suchen.

Die Seele treibt uns oft an

Auch, wenn der Verstand etwas völlig anders sieht und gute Argumente für oder gegen bestimmte Entscheidungen liefert.

Oft fühlen wir uns von etwas getrieben, etwas Bestimmtes tun zu müssen, oder uns zu einer Sache zu entscheiden. Das ist die Seele, die uns treibt, und erst Ruhe gibt, wenn wir das, was sie möchte, tun.

Die Seele hat den Zündstoff für unser Leben und treibt es an.

Im Lebensrückblick in der Todesstunde darf man erkennen, dass die besseren Entscheidungen die waren, die wir mit Herz und Seele getroffen haben.

Die Tür zu Himmel bleibt offen

In der Todesstunde wird die Herzenstür geöffnet, der Himmel ist nah. Ich bin wieder zurück ins Leben gegangen. Doch der Himmel bleibt nah.

Mit dem Herzen lausche ich den Botschaften des Himmels. Auch Seelen, mit denen wir verbunden sind, können uns in unserem persönlichen Himmel nah sein, auch wenn es irdisch keinen Kontakt gibt.

Mein Sohn lebt weit entfernt von mir. Wir telefonieren regelmäßig. Ich trete über den persönlichen Himmel immer in Kontakt mit seiner Seele, dabei sende ich ihm meine mütterliche Liebe. Ich erfahre, dass es ihm gut geht und er seinen Herzensweg geht.

Ich habe zu einer lieben Freundin über den inneren Himmel Kontakt hergestellt, prompt schrieb sie eine Nachricht und kam mit selbst gemachten Kuchen zum sonntäglichen Kaffee.

Meinem ehemaligen Partner habe ich auf diesem Weg mitgeteilt, dass es mir leid tut, dass ich ihm so weh getan habe.

Was manchmal im Leben nicht möglich ist, können wir auf dem Seelenweg über unser Herz, über unseren persönlichen Himmel, möglich machen. Wenn wir lauschen, empfangen wir auch Botschaften von Seelen, die uns nah sind. Wir nehmen sie, wie alle himmlischen Botschaften über unsere innere Stimme wahr.

Ich nehme wahr, dass mein ehemaliger Partner mir Liebe sendet, die ich in Kraft umwandeln darf, die ich brauche, um wieder auf die Beine zukommen. Eine liebe Freundin, die stets mir Reiki und unterstützende Energie schickt, nehme ich wahr. Sie versichert mir, sie glaubt an mich.

Unterstützende Kräfte

So können wir aus unserer inneren Schatztruhe, aus unseren inneren Kraftquellen, aus den guten Energien, die wir von anderen Seelen bekommen, von Unterstützung aus dem Jenseits oft Kraft, Liebe und Gutes geschenkt bekommen, das uns unterstützt.

Ich bin sehr dankbar, dass ich in diesem Kreis von guter, unterstützender Energie gesunden darf. Natürlich brauche ich auch die irdische Unterstützung, die ich von meinem Mann, von meinem Pflegedienst und meinen Therapeuten hervorragend bekomme.

Doch die Seele braucht die Unterstützung aus den himmlischen Sphären. Allein nur der Körper schafft das nicht.

Die neue Frau kann laufen

Ich weiß, dass ich laufen kann. Ich habe es auch mehrfach aus verschiedenen Quellen über meine innere Stimme gehört.

Ich kann laufen. Die neue Frau ist geboren und auf ihrem Herzensweg unterwegs.

Nach drei Jahren im Rollstuhl konnte ich heute mit meinen Ergotherapeuten die ersten Schritte gehen.

Ich musste weinen vor Glück. Was für ein Gefühl! Endlich wieder gehen, sich vorwärts bewegen. Nach der Zeit des Stillstands darf mein Leben wieder in Bewegung kommen.

Mit der Seele Hand in Hand

Wer seinen Herzensweg gehen möchte, muss laufen können.

Wo immer wir hingehen, ist es wichtig, dass wir Hand in Hand mit unserer Seele gehen. Unsere Seele enthält unser Potenzial, welches wir über unser Fühlen mit unserem Körper ausdrücken.

Gefühle ausdrücken

Gefühle kommen aus der Tiefe unserer Seele, die wir über unseren Körper ausdrücken. Die einfachste und natürlichste Form, um Gefühle auszudrücken ist Bewegung. Schritt für Schritt gehen wir. In dieser fast meditativen Form einer Bewegung können wir sehr viel Gefühl über unseren Körper ausdrücken, so wird die Seele frei. Wenn wir frei den Bewegungsimpulsen unseres Körpers folgen können, werden tiefere Gefühle frei. Tanzen ist eine Möglichkeit, Gefühle auszudrücken. Mit liebevoller Sexualität lassen wir Gefühle frei und erleben uns in unserer Seele.

Die ersten Schritte, die ich endlich nach drei Jahren wieder gehen durfte, lösten tiefe Gefühle in mir aus. Tränen flossen. Ich bin gerührt. Selbst meine Ergotherapeuten sind mit mir gerührt. Ich umarme sie und danke ihnen für ihre Unterstützung.

Gefühle werden frei, die Seele erfährt sich in ihrer einzigartigen Weise zu sein.

Ich fühle mich, nehme mich wieder wahr.

Ich bin die wunderbare weibliche liebende Seele, die auf ihren Herzensweg in Liebe wieder geht.

Hingabe

Meine Ergotherapeuten stehen rechts und links und hinter mir. Sie geben mir somit Sicherheit. Wenn ich falle, halten sie mich.

Ich gebe mich dem Leben hin. Ich gebe mich der Bewegung des Laufens hin, und ich werde mir meiner weiblichen Kraft bewusst. Ich fühle mich, wie ich mich dem hingeben kann, was da ist.

Wer sich dem Leben hingeben kann, erfährt sich in seiner Seele. Hingabe ist Selbsterfahrung. Wer sich hingeben will, muss das Ego loslassen. Das Ego will kontrollieren und hat

Angst vor Verlust. Ein Ego gibt sich nicht hin. Hingabe geschieht mit der fühlenden Seele.

Ich gebe mich den Bewegungen beim Gehen hin, Tränen fließen. Es hat sich so viel Energie gestaut, die jetzt wieder fließen darf.

Ich nehme aus meiner Schatztruhe in Erinnerung an Hingabe.

In meiner Todesstunde sah ich in meinen Lebensrückblick, dass die Seele auflebt, wenn etwas in Hingabe geschah.

Dem Körper lauschen, den Impulsen folgen. Sich dem Tanz hingeben, die Musik, die Bewegungen des Tanzpartners und in sich selbst Bewegungen entstehen lassen, die aus dem Inneren entstehen wollen. Die Musik und ein Tanzpartner sind die Inspirationen für die eigenen Gefühle, die erlebt werden wollen. Sich dem Leben hingeben, um selbst zum Leben zu werden.

Um uns vollständig zu entfalten und das zu sein, was wir sein werden, brauchen wir das Leben. Das Leben selbst kitzelt in uns das heraus, was wir sind. Im Leben erfahren wir uns selbst und lernen uns kennen. Das gelebte Leben selbst ist das einzig, sinnvolle Selbsterfahrungsseminar.

Begegnungen mit anderen, Kreativität und Bewegungen inspirieren uns zu uns selbst. Wenn wir uns dem Leben hingeben, entdecken wir uns.

Selbsterfahren in der Todesstunde

In der Todesstunde ist wichtig, wie wir uns selbst ausgedrückt und gelebt haben, um unserer Seele zu ermöglichen, sich selbst auszudrücken.

Spätestens in der Todesstunde werden wir feststellen dürfen, ob wir uns selbst erfahren haben. Selbst erfahren wir uns im Leben. Deshalb sind wir hier.

Ich habe mich als Helfende erfahren. Jetzt erlebe ich mich als Hilflose. Und ich erlebe mich auch als eine neue, alte, weise Frau. Ich erlebe mich in meinem inneren Reichtum.

Ich erlebe mich als abhängig, und lerne die Freiheit umso mehr schätzen. So erleben wir uns in unserer Seelenessenz und Einzigartigkeit. Wir können uns nur im Leben erleben.

Lebenserfahrung

Wir erfahren uns in Verbindung mit Situationen und anderen Seelen. Wir sind soziale Wesen. Um uns selbst zu erfahren, brauchen wir die Welt, die uns spiegelt.

Die Welt zeigt sich dann als andere Menschen oder als Lebenssituation, manchmal auch als Schicksalsschlag.

Das, was wir im Austausch mit der Welt erfahren, nehmen wir in unsere Seelen auf.

Manches passt zu unserer Essenz und kann die Essenz zum leuchten bringen. Anderes ist ganz anders und das völlige Gegenteil zu unserer Essenz.

Gerade das, was völlig anders ist, fordert uns heraus, uns selbst zu erkennen und authentisch zu sein. Wirklich zu sich selbst stehen, das möchte die Seele. Anpassen und so sein, wie uns andere haben möchten, ist das Verlangen des Egos. Wer dem Ego auf den Leim geht, und seine Essenz unterdrückt, um sich anzupassen, verschwendet sein Leben und versäumt seine Chance. Wahre Lebenserfahrung ist Seelenerfahrung.

In der Todesstunde gibt es keine Prämie für ein besonders gutes, an Normen angepasstes Leben. Dann geht es darum: Hast du dich selbst gefunden und erkannt?

Wir müssen nicht wie andere sein. Die anderen gibt es ja schon. Jeder soll einzigartig sein. Mit vielen Einzigartigen wird das Leben bunt, nicht mit einem Haufen Angepasster.

Was bringt uns zu Leuchten

Wer in uns das Beste hervorbringt, bringt uns zum Leuchten. Liebe Seelen, die in uns das Besondere und

Einzigartige erkennen, es bestenfalls in uns fördern, bringen uns zum Leuchten.

Es tut gut im Leben, Menschen zu treffen, die uns zum Leuchten bringen. Dabei geht es nicht darum, ein Ego mit Komplimenten zu füttern. Wer die weise Seele erkennt und dieser offen begegnet, bringt den Menschen in seiner wahren Essenz zum Leuchten. Menschen, die in andern den Schalter drücken, mit dem das Leuchten beginnt, sind oft die, die den anderen bedingungslos aus tiefem Herzen lieben.

Ich liebe meinen Sohn bedingungslos. Das habe ich ihm immer vermittelt. Leistungen und bestimmtes Verhalten wurden nicht mit Liebe belohnt, oder mit Liebesentzug bestraft. Liebe war stets da und unabhängig von anderen Faktoren. Mein Sohn ist jetzt erwachsen und pflegt mit anderen einen ganz offenen, liebevollen, respektvollen Umgang.

In meiner inneren Schatztruhe erinnere ich mich an Momente, in denen ich selbst bedingungslos geliebt wurde. Ich hatte Menschen bei mir, die mich zum Leuchten brachten. Ich danke diesen Menschen. Das Leuchten ist jetzt in dieser schweren Zeit, eine Quelle der Kraft. Meine Eltern, Großmütter, Tanten und Onkel brachten mein Licht zum Leuchten.

Freunde und Partner brachten mein Licht zum Leuchten. Nicht zu vergessen, mein lieber Sohn, der mir immer liebevoll und respektvoll begegnet und mir versichert, dass er sich keine bessere Mutter hätte wünschen können.

In der Todesstunde ist es beruhigend, wenn man keine unausgesprochenen, ungeklärten Dinge mehr hat. Man sollte sich im Leben die Dinge sagen, was uns Leid tut, aber auch, was gut war.

Die wertvollsten Geschenke

Es ist für mich, als beseelter Mensch, sehr wertvoll, wenn mein Sohn mir sagt, ich sei ihm eine gute Mutter. Wörtlich sagt er: „Ich kann mir keine bessere Mutter vorstellen." Das ist das wertvollste Geschenk, das mein Sohn mir machen kann. Es ist viel mehr Wert, als später Blumen zu meinem Grab zu tragen.

Meinen Vater, den ich in schwerer Krankheit bis zu seinem Tod pflegte und begleitete, vermittelte mir seine Liebe und Dankbarkeit, und ich erkannte in der letzten Zeit, die wir intensiv zusammen verbrachten, wie gut er mich kannte. Er wusste genau wer und was zu mir passte und ist eine Quelle der Kraft für mich in dieser schweren Zeit. Er ist nicht mehr als Mensch in diesem Leben, aber seine Seele ist oft bei mir und er kommt aus dem Jenseits. Und ich trage in meinem inneren Reichtum eine gute Erinnerung an meinen Vater.

Die Kraft der Ahnen

Die Ahnen geben Kraft durch das, was sie als Seelen uns geben, auch, wenn sie im Jenseits leben. Die Ahnen geben uns Kraft durch das Erbe und die Prägungen, die wir von ihnen geschenkt bekamen.

Meine Eltern waren immer zuversichtlich, hoffnungsvoll auf das Gute orientiert und optimistisch. Diese Sichtweisen und Geisteseinstellungen habe ich als Essenz in mir und sie werden durch das Erbe verstärkt.

Ich habe in den letzten drei Jahren, in denen ich an den Folgen des Schlaganfalls leide, nicht laufen kann, Schmerzen ertragen muss, immer die Hoffnung und Zuversicht, mich wieder frei und unabhängig bewegen zu können.

Egal, wie leidvoll und belastend manche Augenblicke auch sind. Manche hätten sich schon aufgegeben. Doch ich gebe nicht auf. Hoffnung, Zuversicht, Liebe, Leben und Optimismus sind meine treuen Begleiter. Das positive Erbe meiner Ahnen ist eine sehr gute Kraftquelle für den Grundoptimismus.

Die Kraft der Ahnen ist eine starke Hand, die mich durch die schwere Zeit trägt. Meine ersten Schritte waren nur mit meinen kompetenten Ergotherapeuten möglich. Aber die Kraft meiner Ahnen war in meinem Herzen und machte es möglich, dass meine Beine fest auf dem Boden stehen konnten, und ich fühlte, dass mich dieser Boden trägt.

Auf dem Nachhauseweg im Auto kam mein Vater aus dem Jenseits. Er machte mir Mut, der erste Schritt ist immer der wichtigste. Ich danke meinen Ahnen für das wunderbare Erbe.

Ahnenschätze

Das, was uns unsere Eltern und Großeltern mitgeben, wird zum Schatz in unserem inneren Reichtum. Das ist das gute Erbe, was uns unterstützt und weiterbringt. Ich nenne es für mich meine Ahnenschätze.

Ich entdecke so viele Weisheiten in mir, die mir meine Ahnen geschenkt haben, zum Beispiel:

Die ersten Schritte sind immer die wichtigsten.

Es geht immer weiter.

Sei in Hoffnung und in Zuversicht.

Keiner muss perfekt sein.

Stehe zu deinen Fehlern und Schwächen.

Du darfst Fehler machen, aber stehe dazu.

Ich habe so viele gute Ahnenschätze als inneren Reichtum in mir. Dieses Erbe nützt mir viel im Leben. Ich erkenne daraus auch:

Es ist wertvoller, innere Schätze zu vererben, als einen Haufen materiellen Krams.

Innere Schätze werden zum Nutzen. Zu viel Kram wird zur Last.

Fähigkeiten, die man in sich entdeckt, haben wir oft von unseren Ahnen als biologisches Erbe oder auch als etwas, was uns vermittelt wurde. Meine kreativen, künstlerischen Fähigkeiten sind ein Erbe von meinem Vater.

Schreiben, die richtigen Worte zu finden und zu formulieren, trage ich als Erbe von meiner Mutter. So konnte ich auch durch meine Ahnenschätze zu dem Menschen werden, der ich heute bin.

Tiefe Gefühle drängen an die Oberfläche

Durch körperliche Bewegung werden Gefühle aktiviert und bewusst. Viele Pseudospirituelle oder Hobbyesoteriker hoffen auf die Erleuchtung, während sie bequem im Sessel liegen oder auf einem Meditationskissen im Schneidersitz verharren. Gefühle werden durch den Körper ausgedrückt. Also muss man sie im Körper entstehen lassen und fühlen.

Bevor ich krank wurde, habe ich Yoga praktiziert. Ich erinnere mich an meine Yogalehrerin, die uns immer dazu aufforderte, zu fühlen und zu spüren, was eine Bewegung auslöst. „Wie fühlt sich das an?" Es fühlt sich sehr gut an, wieder Schritt vor Schritt zu gehen.

Wohin wir gehen

Eine meiner lieben Freundinnen sagt oft: „Die meisten stehen am Bahnhof, wollen sich eine Fahrkarte kaufen, wissen aber nicht, wohin sie wollen. Dann sind sie verblüfft, wo sie angekommen sind."

Genauso ist es. Wir sollten den Zielbahnhof schon wissen.

Wir sollten wissen, wohin wir gehen wollen. Ich möchte in meiner Situation wieder gehen, um mich aus der

Versorgungsabhängigkeit zu lösen. Das ist unter diesen Bedingungen ganz klar.

Ich kenne das Ziel, welches ich anstrebe. Die Seele kann nur mitgehen, wenn es für sie ein Ziel gibt, wobei sie sich selbst erfahren kann. Die Seele freut sich, wenn sie sich ausdrücken kann.

Sie drückt sich aus, indem sie ein für sie sinnvolles Ziel anstrebt und infolge dessen in ihrem eigenen Ausdruck, in Freude ihren Weg geht. An dieser Erfahrung erfährt sie sich selbst und gewinnt an Reichtum. Auch Krisen liegen auf einem Lebensweg, den eine Seele geht.

Krisen

Schicksalsschläge und Krisen liegen auf den Lebenswegen.

Mit Krisen muss sich die Seele auseinandersetzen. An einer Krise kann man zerbrechen oder wachsen. Je nachdem, wie der Mensch eine Krise annimmt und wahrnimmt, endet sie als Wachstum oder Zerstörung. Es kommt nicht darauf an, was geschieht, sondern wie man mit dem, was geschieht, umgeht.

Ich bin nicht der einzige Mensch, der eine Halbseitenlähmung ertragen muss, nicht laufen kann, der auf Hilfe angewiesen ist. Und ich bin mit Sicherheit nicht der letzte. Andere haben auch Krisen.

Ich bin noch nicht am Ziel, allein wieder laufen zu können und mich aus der Abhängigkeit zu befreien. Erste Schritte gelangen mir mit meinen Ergotherapeuten. Doch ich bin noch nicht am Ziel, ich bin noch mitten in der Krise. Ich habe schwere und leidvolle Stunden hinter mir. Doch, ich bin auch in all diesem Leid gewachsen.

Ich habe in mir Wunderbares entdeckt, was ich nur unter diesen Umständen entdecken konnte. Ich sehe jetzt Beziehungen und Freundschaften in einem ganz anderen Licht.

Ich habe wunderbare Freundschaften hinzugewonnen.

Es gibt auch Menschen, deren Umgang ich in meinen weiteren Leben eher nicht mehr möchte. Ich habe entdeckt, was wirklich wertvoll für mich ist.

Ich habe die Situation nie angekämpft und gehadert.
Ich habe es angenommen.
Ich habe nicht gekämpft.
Ich kämpfe mich nicht ins Leben zurück.
Warum sollte ich zurück?
Was war, gibt es nicht mehr.

Es gibt nur ein Jetzt, aus dem ich in eine Zukunft gehe. Ich gehe nicht zurück. Ich gehe vorwärts. Die Frau, die ich jetzt bin, ist nicht mehr die Frau, die ich war.
Eine neue Frau bin ich jetzt, diese neue Frau geht weiter, füllt ihren inneren Reichtum und geht stark aus einer schweren Krise hervor.
Die neue Frau wird jetzt wieder laufen, und sie wird ihren ganzen Körper einnehmen bis in jede Zelle. Um ohne therapeutische Hilfe selbständig zu laufen, muss das selbständige Laufen von der Weiblichkeit geboren werden. Doch bevor sie gebären kann, muss sie schwanger werden. Und vor der Schwangerschaft bedarf es einer Befruchtung. Meine innere Führung führt mich zu meinem ehemaligen Partner, der mich früher immer mit seiner aufbauenden, männlichen Energie als Frau erfüllt hat. Ich bitte seine Seele um Energie für meine Weiblichkeit.
Ich fühle, wie ich gefüllt werde und wie meine Weiblichkeit eine Knospe ist. Sie lächelt und sagt: „Wenn du dann stehst, blühe ich auf und du gehst. Die wunderschöne Weiblichkeit wird erblühen und eine neue Selbständigkeit gebären."

Die Frau braucht den Mann / Die Heilung braucht die Liebe

Eine empfangende Energie braucht immer eine gebende, dass etwas geboren werden kann. Heilung braucht befruchtende Liebe, um geboren zu werden. Weibliche Energie kann gebären, wenn sie vorher schwanger war. Wovon wird sie schwanger? Von einer Energie, die sie empfangen darf.

Nicht immer ist es möglich, die befruchtende Energie auch tatsächlich, irdisch zu empfangen. Dann hilft es auch, seelisch um die Energie zu bitten und sie zu empfangen.

Die weibliche Energie ist die empfangende Energie. Mit aufbauender männlicher Energie empfängt die Weiblichkeit und lässt behütend die Energie in sich wachsen. Wenn die Energie gewachsen ist, wird die Frau sie gebären.

So wird neue Energie erschaffen. Gott hat männliche und weibliche Energien. Unsere Seele wurde einst durch Gottes Energie erschaffen.

Ein Körper entsteht durch die Vereinigung von Mann und Frau auf der Erde. Wenn das Embryo in der Mutter wächst, inkarniert sich eine Seele in den kleinen Körper.

Seelenenergie

Jede Seele trägt in sich ihre Energie und sucht sich zu dieser Energie ihre Eltern aus. Eltern sind natürlich ebenso jeder in seiner Energie. Seelen, die sich in ihrer Energie ergänzen, sind in einer Partnerschaft die günstigste Kombination. Eine männlich, konstruktive aufbauende Kraft, vervollständigt eine weibliche, empfangende Kraft und Neues wird erschaffen. Eine männliche aggressive, zerstörerische Kraft, kann eine weibliche, empfangende Energie zerstören. Kommt zu viel Aggression in eine geöffnete, weiche, empfangende Frau, wird sie zerstört.

Familienenergie

Inkarnierte Menschen leben in ihrer Seelenenergie zusammen in Partnerschaften und in Familien. Durch die Seelenenergien, die sich im Leben verbinden, entstehen ebenfalls Energiefelder.

Manche Familien sind von liebevoller, positiver Energie erfüllt.

Andere wiederum sind eher pessimistisch, destruktiv und negativ.

Wenn eine weibliche, empfangende Seele durch eventuelle Wahl einer Partnerschaft in ein Milieu einer destruktiven Familie gerät, kann diese Frau erkranken und zerstört werden. Auch in Freundeskreisen wirken Energien auf den Einzelnen ein. Wenn man fühlt, dass Energiefelder negativ wirken, sollte man sich schützen, und möglichst die Energie verlassen.

Energien werden innerhalb einer Familie, wie die Genetik, auch vererbt. Wenn die Mutter alles negativ betrachtet, kann auch die Tochter es nicht anders. Wenn ein Vater kaum Männlichkeit in positiver Geberqualität zeigt, herrschsüchtig und machtbesessen wie sein Vater und sein Schwiegervater ist, kann es oft der Sohn nicht besser.

Energien werden biologisch und auch durch Erlernen eines Verhaltens weitergegeben. Deshalb finden wir oft in Familien oder auch in Freundeskreisen einzelne Individuen mit gleichen Strukturen.

So gibt es vielleicht eine freundliche, emphatische Familie, die geliebt und gern besucht wird. Und es gibt dann auch eine Familie, die sich gern versteckt und Geheimnisse trägt, die „Keiner wissen darf".

„Es muss ja keiner wissen, wenn das Kind von einem anderen Mann ist", oder „Es muss ja keiner wissen, wenn der Sohn durch die Prüfung gefallen ist."

So wird gelogen verschwiegen und verurteilt. Alles nur für den Stolz, den das Ego verteidigt. In der Todesstunde offenbaren sich diese Geschichten. Dann ist es zu spät, etwas noch aufzuklären und wieder wird die Seele bereuen.

Schade, dass es keine Studie darüber gibt, wie viele Geheimnisse und Lügen mit „ins Grab genommen werden". Und jeder hat für sich das Recht auf Wahrheit.

Die Seele will Wahrheit. Geheimnisse hinter Hecken verstecken ist nur Ego. Das Ego kämpft um Anerkennung, ist stolz und zeigt sich beleidigt und verletzt, wenn es angegriffen wir. Die Seele möchte ehrliche Wahrheit. Ein Ego verteidigt sich, eine Seele erklärt.

Ein Ego sucht Schuldige, eine Seele übernimmt Verantwortung.

Ein Ego handelt problemorientiert, eine Seele strebt eine gute Lösung für alle Beteiligten an.

Mit Gottes Segen

Wenn wir mit anderen Seelen auf der Seelenebene etwas absprechen oder eine andere Seele um etwas bitten oder, wenn wir im weltlichen Leben miteinander eine Verpflichtung eingehen, so ist es immer gut, um sicher zu sein, das es auch für den anderen gut ist:

„Ich bitte den allmächtigen Gott, Schöpfer alles Lebens, um Segen. Mit Gottes Segen soll es geschehen." So kann man sicher sein, was unter Gottes Segen ist, wird richtig sein und gut für alle werden.

Sonst besteht die Gefahr, dass wir nur etwas tun, was das Ego möchte. Wer dem Ego dahingehend auf dem Leim geht, hat vielleicht in der Todesstunde etwas zu bereuen.

Wem in seinem Erschaffen Gottes Segen gewiss ist, ist in seiner Seelenenergie, und für alle Beteiligten wird das Beste geschehen.

In der Todesstunde bereuen wir, wenn anderen Ungutes widerfahren ist, während unser Ego eigene Vorteile wollte.

Wessen Geistes Kind wollen wir sein

Ein Ego ist nicht für die Ewigkeit. Dessen sollten wir uns bewusst sein, während wir uns entscheiden, worauf wir unseren Geist ausrichten, wohin wir uns bewegen wollen.

Die Seele ist Liebe und in ihrem Kern göttlich. Das Ego ist nur in der Welt und möchte sich wichtig machen. Es ist in Angst gefangen und möchte deshalb die Kontrolle behalten. Das Ego hat Angst vor seinem Untergang und dem Tod.

Wobei es auch tatsächlich den Tod nicht überlebt. Die Seele geht durch die Zeit, von Ewigkeit zu Ewigkeit. Das Ego stirbt mit dem körperlichen Mensch. Nichts von dem, was ihm so wichtig im Leben war, wird mitgenommen. Zeugnisse, Sparbücher, Häuser und andere materiellen Güter bleiben zurück und belasten höchstens noch die Erben.

Während des Lebens können wir uns entscheiden, wessen Geistes Kind wir sein möchten.

Lassen wir uns von der Seele, von der himmlischen, göttlichen Liebe führen, oder entscheiden wir uns für das enge, zweifelnde, der Angst unterjochtem Ego? Wir haben als Mensch den freien Willen. Wir dürfen und müssen uns entscheiden, wessen Geistes Kind wir sind. Angst oder Liebe? Egoverstand oder Seele?

Wir dürfen uns selbst entscheiden. Wollen wir im Himmel oder in der Hölle leben?

Himmel oder Hölle

Himmel und Hölle sind keine äußeren Orte, in die wir nach dem Leben gehen. Ich habe in meiner Todesstunde einen Blick ins Jenseits werfen dürfen. Ich habe keine Hölle gesehen.

Himmel und Hölle sind Geistesentscheidungen, die wir treffen und die wir im Leben erleben. Im Leben können wir in unserem Herzen den Himmel in seiner ganzen Liebe erleben, oder auch die Hölle mit einem ängstlichen und sorgenden Egoverstand.

Wir leben im Leben im Himmel oder in der Hölle, je nachdem, wessen Geistes Kind wir sein wollen. Im Leben können wir uns entscheiden, ob wir im Himmel, in Liebe und Freude leben, oder ob wir die Hölle, in Angst, Sorge und Kontrolle erleben. Wollen wir unsere Seele erfahren und ausdrücken, oder dienen wir dem Ego? Fühlen wir oder kontrollieren wir? Himmel oder Hölle, wofür öffnen wir unser Herz?

Gefühltes Leben

Wer sich für den Himmel und die Seele entscheidet, nimmt fühlend wahr. Wie ich bereits erwähnte, wir drücken unsere Seele und unsere Gefühle über unseren Körper aus. Umgekehrt nehmen wir auch das Leben und andere über das Fühlen wahr.

Als Beispiel soll ein tanzendes Paar dienen: Ein Mensch kann seine Seele und Gefühle über seinen Körper in Bewegung, im Tanz ausdrücken. Dabei nimmt er die Bewegung, den Rhythmus seines Partners wahr. Er fühlt das andere Leben einer Seele.

Wir nehmen das Leben fühlend wahr. Die Seele wird reich durch Fühlen. Das Leben fühlen, ohne analysieren, bewerten, beurteilen. Wer alles verstehen will, analysiert, bewertet und urteilt, dient seinem Ego. Wer der Seele dient, fühlt. In der Todesstunde zählt das gefühlte Leben. Wer das Leben gefühlt hat, ist reicher geworden. Gefühltes Leben ist gewonnenes Leben.

Die Dinge im Leben erschließen sich uns nicht, wie mancher glaubt. Wir müssen uns dem Leben öffnen und die Dinge fühlend zu uns lassen.

Was wir gefühlt haben, wird zu unserer Weisheit, zum inneren Reichtum.

Wenn wir wissen, was sich gut und richtig anfühlt, ist alles klar.

Weisheit des Herzens ist viel wertvoller als alles Wissen des Egoverstandes.

Das Leben will gefühlt werden. In der Todesstunde ist mir bewusst geworden, dass die besten Entscheidungen, die waren, die ich aus dem Herzen traf. Im Fühlen habe ich mich nicht getäuscht. Bereuen werden wir da, was wir nicht in Übereinstimmung unseres Herzens, also unserer Seele getroffen haben.

Aufgezwungene Dinge

Manchmal werden wir von der Umwelt zu Dingen gezwungen, obwohl sie sich für uns ganz anders anfühlen. Ich hatte in den Rehakliniken, in denen ich war, sehr klar das Gefühl, dass sie mir nicht helfen. Ich bat meinen Mann, er solle mich nach Hause holen. Doch mein Mann hoffte, dass mir doch noch Gutes geschieht.

So blieb ich in der Rehaklinik. Es hat sich kein Erfolg eingestellt. Erst zu Hause in der ambulanten Ergotherapie und Physiotherapie spüre ich Verbesserungen. Ich kann stabiler und aufrechter sitzen und bin mit den Ergotherapeuten jetzt erste Schritte gelaufen. Mein Gefühl, dass mir die Rehaklinik nicht weiter hilft, war richtig.

Was sich gut anfühlt, ist gut.

Das Fühlen täuscht sich nicht.

*Der Verstand mit seinem Ego, der alles besser wissen will,
unterliegt öfters den Täuschungen.*

*Jeder sollte seinem Fühlen vertrauen. Denn das Fühlen sind
die Zeichen und Fügungen des Himmels.*

Die Seele kennt den Herzensweg. Ich habe jetzt während
meiner Krankheit sehr oft erleben müssen, dass ich
gezwungen war, aus Abhängigkeit, Dinge zu tun, die nicht
mit meinem Fühlen übereinstimmten. Umso mehr weiß ich
zu schätzen, wie wertvoll ein freies Leben ist.
Es ist eine große Lebensqualität, fühlend die
Entscheidungen im Leben treffen zu können. Es ist ein
wertvolles Geschenk, welches wir in uns tragen, dass wir
fühlen können, was gut für uns ist.
Wie fühlt sich das für mich an? Wenn es sich gut anfühlt,
lasse ich mich darauf ein. Wenn es sich nicht gut und
schwächend anfühlt, distanziere ich mich davon, so es
möglich ist. Wer fühlend lebt, hat in der Todesstunde eine
reiche Seele und wenig zu bereuen.
Wer nur dem Egoverstand gehorcht, dem Fühlen misstraut
und kontrolliert, hat am Ende des Lebens vielleicht ein
aufgeblasenes Ego und ist stolz und wichtig. Doch in der
Todesstunde erkennt er, das Leben ist vorbei und unerfüllt.
Arme Seele! Die Seele existiert weiter. Das Ego stirbt mit
dem Körper, die Seele existiert weiter in der Ewigkeit und
wird vielleicht wieder geboren in eine andere Zeit.

Was wirklich wichtig ist

Aus dem oben erklärten wird jedem klar, was im Leben
wirklich wichtig ist.
Alles, was der Seele dient, der Ausdruck und die
Selbsterfahrung, und das Leben fühlen, ist wichtig. Darauf
sollten wir uns ausrichten. Was dem Ego dient, Wissen,

Macht, Anerkennung, materielle Güter, nehmen wir nicht mit. Das sind Vergänglichkeiten.

Was wir im Leben gefühlt haben, ist als innerer Reichtum in unserer Seele. Wir nehmen es mit, auch in ein eventuelles nächstes Leben.

Eine tiefe Seelenliebe, die uns mit einem anderen Menschen verbindet, kann möglicherweise in einem früheren Leben schon gewesen sein. Dann wird diese Liebe in der Seele als Reichtum mitgenommen, von Ewigkeit zu Ewigkeit, und manchmal durch die Zeit. Oder auch eine tiefe Weisheit oder Erkenntnis nehmen wir mit. Die Seele will sich im Leben ausdrücken und somit selbst erfahren und sie will das Leben fühlen.

Mit dem Leben tanzen

Wir gehen mit dem Leben Verbindung ein, fühlen das Leben, nehmen es in uns auf und tanzen mit ihm. Im Tanz lassen wir uns vom Tanzpartner und seinen Bewegungen berühren, nehmen sie in uns auf und lassen uns bewegen. Ich fahre mit meinem Elektrorollstuhl durch die Natur. Die Sonne scheint, Vögel zwitschern, Schmetterlinge fliegen, alles wird grün und wächst. Es ist Frühling. Ich sitze im Rollstuhl, ich möchte so gern barfuß durch den Frühling laufen.

Vom Leben gevögelt

Ich lasse mich vom Leben vögeln und fahre schwanger in meinem Rollstuhl weiter. Diese Schwangerschaft ist stärkend und kräftigend.

Das Kind, was ich entbinden werde, soll das Laufen sein. Ich freue mich auf alles, was ich mit diesem Kind noch in diesem Leben erleben darf. Ich fahre mit meinem Rollstuhl und sehe vor mir eine wundervolle Zukunft, mit ganz viel Leben, Liebe und Leidenschaft.

Ich möchte mich wieder bewegen und laufen, um meiner Seele und meinen Gefühlen einen Ausdruck zu geben, und vor allem, um mich aus der Hilfsbedürftigkeit zu lösen. Meine linke, gelähmte Seite braucht Liebe, um sich wieder zu bewegen.

Die Liebe, die meine linke Seite braucht ist als innerer Reichtum in meiner inneren Schatztruhe vorhanden. Ich kenne sie von einer großen alten Liebe. Ein Stück davon ist in meiner inneren Schatztruhe aufbewahrt. Ich hole mir mit dem Schlüssel der Erinnerung aus dieser Kraftquelle die Liebe, und das Gefühl der wunderbaren Liebe erwacht in mir.

Seelenkommunikation

Ich nehme über meinen persönlichen Himmel Verbindung zu der Seele auf, mit der ich in diesem Leben eine kurze Partnerschaft leben durfte. Ich fühle, es geht ihm selbst nicht gut. Er fühlt sich schwach und traurig. Ich wollte ihn um Energie und Hilfe bitten. Doch jetzt bin ich die, die hilft und gibt. Während ich Liebe gebe, fühle ich mich kräftiger und stärker. Ich nehme die andere Seele in meine Arme und spüre seine Bedürftigkeit. Ich schenke der anderen Seele Liebe und fühle, wie ich selbst mit Liebe erfüllt werde.

Wenn es irdisch nicht möglich ist zu kommunizieren, weil es die Umstände nicht zulassen, ist es dennoch möglich auf der Seelenebene. Auf der Seelenebene ist immer eine Kommunikation möglich. So mancherlei Lösung kann sogar herbeigeführt werden, die irdisch unmöglich wäre.

Denn im irdischen Leben steht immer das Ego dazwischen, das Recht haben möchte, beleidigt ist. Diese Egozentrierungen sind der Seele völlig gleichgültig.

Die Seele pocht nicht auf ein Recht. Die Seele lebt und erfährt sich im Lieben und die Seele liebt. Über die

Seelenkommunikation werde ich später noch ein Buch schreiben.

Der Himmel bleibt offen

Wenn wir einmal den nahen Himmel mit all seinen Ebenen entdeckt haben, bleibt der Himmel offen und nah. Viele suchen in Seminaren, esoterischen Büchern nach den himmlischen Welten. Im Nachhinein müssen sie oft feststellen: Die Suche war vergeblich.

Wir müssen den Himmel nicht suchen. Wir müssen nur da sein, wenn sich die Himmelstür in unserem Herzen öffnet. Dann werden wir den Himmel mitten im Leben finden. Während wir selbstlos einem Schwerkranken oder Sterbenden die Hand halten.

Die Tür öffnet sich in eigenen Schicksalsstunden, in eigener Todesstunde oder Krankheit. Ich habe erfahren, in meiner Todesstunde hat sich die Himmelstür in meinem Herzen geöffnet. Ich habe überlebt, bin wieder im Leben. Aber das Geschenk des Himmels ist geblieben. Dafür bin ich überaus dankbar.

Der Himmel ist nah

Der Himmel ist nah, immer da. Wir können immer die universelle, bedingungslose Liebe des Himmels in unserem Herzen fühlen.

Die Himmelstür lässt sich nicht aufbrechen mit Willen und Disziplin, in Seminaren und Tempeln. Sie bricht auch nicht auf an irgendwelchen Plätzen, die eine hohe Kraftplatzenergie haben. Solche Dinge denkt sich ein Ego aus.

Die Himmelstür öffnet sich, wenn das harte Ego das Feld räumt und wir weich werden. Weich werden wir im Leben, wenn uns Schicksal berührt, wenn wir Liebe und Herzenswärme geben oder nehmen.

Bevor sich die Himmelstür öffnet, müssen wir geöffnet sein. Wir müssen weich sein, um uns berühren zu lassen. Mitten im Leben werden wir wachgeküsst, manchmal auch wach gerüttelt von einem Schicksalsschlag, einem Verlust, einer Krankheit, einer schmerzlichen Situation.

Kampf ist nicht Leben

Wir können gegen das Schicksal kämpfen und in diesem Kampf Energie verlieren, die wir gut zur Heilung brauchen könnten.

Wir können auch das Schicksal annehmen und daraus lernen, daran wachsen. Mit Kampf sagen wir dem Leben den Kampf an, machen uns mitunter das Leben zum Feind. Wenn wir es annehmen, machen wir das Leben zum Freund. Mit wem lebt es sich heilsamer? Mit einem Feind, oder mit einem Freund?

Was wir bekämpfen, wird stark, weil wir dem, was wir bekämpfen durch unsere Aufmerksamkeit Energie geben. Somit verstärken wir das, was wir nicht mehr wollen. Und wir verlieren durch den Kampf Energie, die wir zur Heilung brauchen.

Göttliche Liebe bekämpft nicht das, was nicht Liebe ist. Göttliche Liebe nimmt alles in seine Liebe auf und lässt es in Liebe heilen.

Ich kämpfe nicht gegen die Folgen des Schlaganfalles. Ich nehme mein Schicksal an und lasse durch Liebe immer wieder Heilung geschehen.

Ich habe mich aufweichen lassen, und in meiner Weichheit erstrahlt Liebe. Mir ist bewusst, dass mir nur die Liebe wieder auf die Beine hilft.

Ich trainiere mit meinen Geräten, gehe regelmäßig zur Ergotherapie und bekomme Physiotherapie. Das ist sehr wichtig und hilft meinem Körper, wieder mobil zu werden.

Meine eigene Einstellung ist dazu ebenso wichtig. Ich bin nicht nur Körper, der durch die Folgen eines Schlaganfalles eingeschränkt ist. In diesem Körper wohnt eine Seele, die ebenfalls in einem gesunden Körper leben möchte. Die Seele möchte sich selbst erfahren. Das kann sie im Leben, in einem Körper. Die Krankheit hat mich aufgeweicht. Ich bin durchlässiger für die Gefühle, die meine Seele ausdrücken möchte.

Nur das Ego verletzt

Ich möchte kein Feigling sein. Das Ego, das diese Seelenliebe erschlagen und verletzt hat, darf sich nun bekennen. Wer sein Ego aus Stolz, Eitelkeit und Feigheit befreit, bereichert seine Seele in ihrer Liebe.

Wir verletzen andere immer mit dem Ego. Nur ein Ego lässt sich dazu hinreißen zu verletzen, zu kämpfen, oder es will Recht haben. Ein Ego will besser sein, als die anderen. Eine Seele liebt. Sie verletzt nicht. Seelen werden nicht von anderen Seelen, sondern von anderen Egos zerstört.

Die Seele liebt. Sie liebt bedingungslos. Die Seele muss das, was sie lebt, nicht besitzen. Weil sie liebt kann sie es auch zulassen, wenn die andere Seele sich von einer anderen Seele etwas holt, was sie selbst nicht geben kann. Ein Ego wäre dann eifersüchtig und würde irgendwie bestrafen oder sich beleidigt aus der Situation ziehen. Ein Ego ist das kleine bockige Kind, das auf den Boden stampft.

Wenn ein Ego in seinem Zorn aggressiv andere Seelen verletzt, schmerzt das der Seele, sowie auch der eigenen Seele. Spätestens in der Todesstunde wird die Verletzung bewusst. Heilsam für die Seele ist, wenn es erkannt und bereut werden darf. Möglichst sollte das schon im Leben stattfinden. Wenn wir erkennen, was durch uns geschah und zur Einsicht kommen, den Stolz und die Eitelkeit des Egos aufgeben, tun wir unserer Seele Gutes. Wenn wir mit leichtem Gepäck in die Todesstunde gehen, werden wir in Liebe sein.

Ich habe schon viele Menschen getroffen, die Angst vor dem Tod haben und glauben, sie werden bestraft.

Gott ist doch kein Ego

Unser Gott ist bedingungslose Liebe. Er bestraft uns nicht und wartet nach dem Leben auf uns, um abzurechnen. Wir dürfen heimkehren in seine Ewigkeit, in seine Liebe.

Die Geschichte eines rachsüchtigen Gottes haben sich menschliche Egos ausgedacht. Doch ich durfte einen Blick in die Ewigkeit werfen und sah einen liebenden, gnädigen Gott, der uns tröstend in seinen Händen hält. Ich musste selbst wieder ins Leben.

Mein kleiner Blick in die Ewigkeit hat mich so mit Liebe erfüllt, dass ich sogar ein wenig traurig war, wieder ins Leben zu müssen. Doch ich durfte erkennen: Der Himmel ist nah.

Im Himmel auf der Erde leben

Wir dürfen auch schon in unserem Erdenleben im Himmel leben. Wir müssen uns nur entscheiden und das geistige Kind der bedingungslosen, göttlichen Liebe sein.

Wir haben die Möglichkeit für ein himmlisches Leben, im Einklang mit unserer Seele, wir haben auch die Möglichkeit, unserem Ego das Zepter in die Hand zu geben. Das Ego beherrscht uns dann.

Das Ego setzt Zwänge. Das Ego gibt uns fremde Normen zur Orientierung. Das Ego kämpft um Recht, Anerkennung und materielle Güter. Das Seelenleben wird dem Ego geopfert. Das Ego ist angeblich realistisch, doch es ist im Prinzip egoistisch. Es denkt nur an sich, verschwendet die kostbare Zeit der Seele.

Der Seele Raum und Zeit geben

Wenn ein Ego die Lebenszeit für seine Ansprüche verplant, leidet die Seele. Die Seele braucht Raum und Zeit, um ihre Gefühle ausdrücken zu können. Ebenso braucht sie Raum und Zeit, um sich berühren zu lassen und zu fühlen. Es ist sehr wichtig im Leben der Seele und dem Fühlen genügend Platz zu geben.

Das Fühlen bereichert unsere Seele. Wenn das Leben zu Ende ist, können wir das nicht nachholen und werden es bereuen. Ich hatte im Leben das große Glück, dass ich in meiner beruflichen Arbeit auch selbst tief berührt wurde. So hat auch meine Seele durch meine Arbeit profitiert. Geld verdienen stand in meiner Arbeit als Heilpraktikerin nie an erster Stelle. Das Wertvollste war, dass ich Menschen in ihren Seelen berühren durfte und ihnen helfen durfte, sich selbst zu finden und zu erkennen.

Wenn die Menschen ein Stück heiler aus meiner Praxis gegangen sind, war das für mich der größte Lohn. Ich hatte meiner Seele selbst etwas Gutes getan. Und wir waren berührt. Geld dient nur dem Ego. Geld nehmen wir nicht mit in die Ewigkeit.

Berühren lassen

Mich haben Geschichten und Leben anderer immer berührt. Meine große Liebe hat mich tief berührt. Jetzt lebe ich in den Einschränkungen eines Schlaganfalles und werde berührt.

Ich erfahre Schmerz, Leid und Lähmung, die meine Bewegung einschränkt. Und ich erfahre Abhängigkeit von Menschen auf deren Hilfe ich angewiesen bin.

Ich lasse mich berühren und fühle. Ich fühle mich dabei sehr ausgeliefert und ohnmächtig. Ich weiß auch, wie es sich anfühlt, frei und selbstbestimmt zu sein. Das möchte ich wieder erreichen. Während der physiotherapeutischen

Behandlung fühle ich bewusst, dass ich nicht unbedingt allein mit der Muskulatur laufe. Ich habe feste Schuhe an, die meine Unterschenkel und Sprunggelenke stabilisieren und stehe mit meinem Physiotherapeuten vor meinem Bett. Ich fühle, ich brauche Leichtigkeit, um mich wieder zu bewegen. Die Schuhe halten zwar meine Beine, doch ich fühle mich eingeengt und fühle, wie sich in mir alles gegen den Zwang wehrt.

In die Tiefe fühlen

Ich fühle, dass ich in der Krankheit bin und spüre hinein, um wieder heraus zu finden.

Wenn ich mich in die Tiefe meiner Seele fühle, dann fühle ich, was diese Situation mit mir macht. Diese Situation macht mich traurig. Die Traurigkeit löst in mir Sehnsucht aus. Ich möchte wieder frei sein und mich frei bewegen, wie es sich gut für mich anfühlt.

Heilung finden

So, wie ich eben beschrieben habe, kann jeder selbst durch sein Fühlen zum Ursprung finden und Möglichkeiten zu Heilung aus der Seele finden.

In jedem Fühlen sind weitere Gefühle, die uns weiter helfen. Meine Sehnsucht zeigt mir, dass ich in der neuen Frau, die ich jetzt bin, die Leichtigkeit und Wildheit vermisse.

Ich bin auf der Erde, im Leben, um meiner Seele ihre Entfaltungsmöglichkeit zu geben. Meine Seele ist leicht, wie eine Feder. Leichtfüßig will sie im Körper tanzen.

Ich erinnere mich an Tanzen. Wie schön das ist, sich in einen Tanz einzulassen, ich bin in meinen Trainingsgeräten und lasse die Leichtigkeit und Wildheit, die einst in meiner inneren Frau war, in mir aufkommen. Diese Anteile dürfen wieder in mir lebendig werden, mich berühren und bewegen.

Ich trete immer schneller auf meinem Fahrrad und fühle, wie gut mir die Bewegung gerade tut. Meine Leichtigkeit durchströmt mich wieder.

Die Seele ist leicht

Was die Seele selbst ausdrücken will, ist leicht. Die Seele ist leicht und schwebend. Schwere macht das Ego, das alles besser weiß. Die Seele möchte sich leicht ausdrücken. Nur das Ego braucht Druck und Zwänge.

Druck und Zwänge engen uns ein und lähmen uns. Strukturen und Normen, die uns auferlegt werden, lähmen die Entfaltung unserer Seele und den kreativen Ausdruck. Die Seele möchte frei sein. Das Ego liebt Rezepte, Normen und Pläne, nach denen es sich richten kann. Das Ego braucht keinen kreativen Freiraum, weil es in sich nicht kreativ ist.

Kreativ ist die Seele

Die Seele trägt in sich das schöpferische Potenzial des Erschaffens. Sie erfährt sich auch im Ausdruck dessen, was sie erschafft. Ein Künstler ist der, der seine inneren Kreationen im Leben erschafft und ihm somit seinen Geist schenkt.

Die Kunst ist beseelt. Wer nach Anleitung ein Bild malt, oder eine Vase töpfert, drückt nicht seine innere Kreativität aus und entfaltet nicht seine Seele. Wer Rezepte für seine Kunst braucht, versucht mit dem Ego etwas zu basteln. Die Seele wird dabei nicht beachtet. Zwischen Lineal und Anleitung bleibt für die Seele kein Platz.

Die Seele braucht Zeit und Raum, in dem sie sich frei entfalten kann. Das Ego möchte am liebsten erst Kunst studieren, bevor es ein Bild malt. Das Ego beurteilt die Kunst nach äußeren Kriterien. Die Seele fühlt die Kunst.

Ich habe schon vor dieser Krankheit sehr viel gemalt, getöpfert und gebastelt und bin gern kreativ. Jetzt kommt eine Freundin regelmäßig zur Kunsttherapie. Eine andere Freundin, die mich regelmäßig besucht, bringt immer etwas mit, was wir gemeinsam basteln.

Wenn mein Sohn da ist, malt oder töpfert er mit mir. Durch die Lähmung meiner linken Seite, kann ich nicht allein etwas gestalten. Auch dafür brauche ich Hilfe. Jemand muss mir die Materialien holen, die ich brauche. Dann brauche ich auch ab und zu eine Hand, die mal etwas festhält.

Ich freue mich, dass ich das Alles irgendwann wieder allein kann. Zuerst muss ich laufen, um mich allein zu bewegen. Ich fühle, meine Seele braucht Bewegung, um sich zu entfalten.

Vor einigen Jahren habe ich ein Bild gemalt. Es hängt in meinem Flur und ich rolle täglich öfters in meinem Rollstuhl an diesem Bild vorbei. Dieses Bild zeigt zwei fließende Figuren mit Flügeln. Nach einer Yogastunde ist dieses Bild aus meiner Seele erschaffen wurden.

Beflügelt leben

Die Seele gibt dem Körper Flügel. Ein Tanz, der aus der Seele kommt, wirkt wie Schweben. Was beseelt ist, ist beflügelt. Wer sich von beflügelten Dingen inspirieren lässt, wird selbst leichter und beflügelt.

Ich hole mir aus meiner inneren Schatzkiste alte Erinnerungen, die mich beflügelt haben. Ich finde Tanzen, Yoga, Cajon spielen in einer Gruppe. All das durfte ich erleben und tief aus meiner Seele mit erschaffen. Jetzt soll es mich aus der Erinnerung durchströmen und wieder beflügeln.

Ein Kollege sagte neulich, um mich aufzumuntern: „Du musst nicht laufen. Du kannst doch fliegen."

Eine Freundin meinte, mir fehle die Leichtigkeit. Ja, ich bin schwer geworden. Das ist nicht nur körperliche Schwere. Es ist auch etwas, was meine Seele, mein Wesen schwer gemacht hat.

Der Leichtigkeit Platz machen

Die Leichtigkeit kann sich nicht ausdrücken, wenn sie von Schwere erdrückt wird. Wir müssen ab und zu fühlen, um unsere Seele zu befreien von dem, was sie im Leben schwer gemacht hat. Erst nach der Befreiung kann uns die Seele wieder beflügeln.

Ich fühle die Schwere, die meine Leichtigkeit belastet. Ich fühle dahin, wo sie hingehört und fühle, sie kommt nicht von mir, sie ist nur zu mir gekommen. Sie kommt von dem System, in dem ich ein Stück lebe. Ich gebe die Schwere, die davon bei mir ist, jetzt ganz bewusst an das System zurück. Ich sage: „ Ich trage das nicht mehr länger. Ich sehe das Leben leicht und optimistisch. Ich weiß, dass Ihr das anders seht. Doch davon distanziere ich mich. Ich kann diese Schwere nicht mehr mit Euch teilen. Ich bitte Euch, gebt mich frei. Ich bin kein Teil von Euch. Ich gehöre mir selbst und meiner Seele."

Ich fühle, wie von meiner Brustwirbelsäule und meinem Brustkorb eine große Last weg genommen wird. Seit einigen Wochen habe ich in diesem Bereich vermehrt Schmerzen. Physiotherapeuten haben versucht, mir auf der körperlichen Ebene zu helfen und meine Schmerzen zu erleichtern. Doch wirklich leichter wird es erst jetzt, ich merke, dass Schwere von mir geht.

Himmlische Unterstützung

Ich bitte unseren Heiland, Jesus Christus, um seine Unterstützung für diese Heilung. Ich fühle seine heilenden Hände an meinen Schulterblättern.

Über meine innere Stimme spricht er zu mir: „Du hast die Last, die du trägst richtig erkannt. Sie darf von dir weichen. Du darfst von deiner Seele beflügelt leben."

Mit der Seele fliegen

Die Seele fliegt mit Leichtigkeit. Wir sollen mit der Seele gehen.

Was in unserem Inneren ist, will sich entfalten. Deshalb sollten wir mit der Seele fliegen.

Wir müssen nicht angepasst an Normen und Moralen leben. Das verlangt nur unser Ego. Wir sind hier, um unsere Seele zu entfalten.

Eine Seele, die sich entfalten darf, verleiht uns Flügel.

Ich atme freier. Mein Brustkorb weitet sich aus.

In Weite leben

Wir sind hier, um uns zu entfalten, um weit zu werden. Doch wir sperren uns ein, in feste Strukturen, in Partnerschaften, in Wahlfamilien, in Moralen, in Normen. Wir passen uns an. Wir schränken uns selbst ein und meinen, es sei Selbstbeherrschung. Ich glaube, es ist die Herrschaft des Egos, oder Herrschaft von Fremden, was nicht der Seele entspricht.
In der Zeit der Krankheit durfte ich erkennen, dass alles, was unsere Seele einengt und schwer macht, großen

Schaden anrichten kann. Wir sollten uns aus Einengungen befreien.

Wir leben nicht, um andere stolz zu machen, um ihnen zu gefallen. Das ist nur dem Ego wichtig. Schon Kinder werden darauf orientiert, gute Zeugnisse zu haben, somit machen sie ihren Eltern eine Freude. Jedoch entfernen sie sich mit solcher Orientierung immer mehr von sich selbst und spüren irgendwann nicht mehr, was eigentlich ihr Herzensweg ist.

Der Herzensweg

Der Herzensweg ist der ganz eigene Weg, der Weg der Seele. Jede Seele hat ihre ganz eigenen inneren Potenziale, die sie im Körper verwirklichen will. Niemand muss geformt oder erzogen werden.

Jeder sollte sich selbst verwirklichen können. Wir erkennen nicht mit dem Verstand, ob wir unseren Herzensweg gehen. Wir können diesen Weg nur fühlen. Der Herzensweg fühlt sich gut an und bringt uns Freude. Wir können nicht wissen, ob wir in einer Herzensverbindung in einer Beziehung oder Freundschaft leben. Auch in Beziehungen fühlen wir, was gut ist.

Im Herzen fühlen wir und nehmen wahr, was gut ist. Über unsere innere Stimme sprechen himmlische Mächte oder eigene innere Anteile. Unser Herz weiß, was richtig und gut für uns ist. Wissenschaftliche Studien, schlaue Lehrmeinungen ersetzen niemals die Weisheit eines Herzens.

Wir werden oft durch unsere innere Stimme mit der Weisheit unseres Herzens geführt. „Ich hatte da so eine Ahnung", woher kam diese Ahnung wohl?

Oft macht man Dinge oder man macht sie nicht, aus einem Gefühl heraus. Im Nachhinein stellen wir dann fest, dass es gut so war. Es ist immer gut, dem eigenen Fühlen im Herzen zu vertrauen.

271

Der Egoverstand redet uns manchmal ein, lieber nicht dem Gefühl zu vertrauen. Wir werden auch im Schulungssystem der Welt leider so sozialisiert, dass wir der Wissenschaft und Meinungen anderer mehr vertrauen, als uns selbst.

Die Wissenschaft oder die Lobby anderer könnten Interessen haben, dass ihrer Meinung vertraut wird. Interessen wie Geld, Anerkennung und so weiter. Unsere innere Weisheit im eigenen Herzen hat nur ein Interesse. Sie möchte unser Bestes. Die innere Weisheit braucht keine Lobbyisten, die ihre Interessen überzeugend vertreten.

Warum vertrauen wir am wenigsten dem, der es am besten mit uns meint? Weil wir so erzogen und sozialisiert sind.

Uns wurde nicht vermittelt, dass wir göttliche Wesen sind, die hier sind, um ihre Seele zu entfalten. Uns wurde vermittelt, dass Eltern, Lehrer und Erzieher immer Recht und wir keine Ahnung haben. Uns wurde erzählt, dass Wissenschaft wertvoller ist, als ein Gefühl.

Man hat uns immer wieder von der Seele weg geführt und unser Ego unterstützt. Es wurde belohnt, wenn es sich so verhielt, wie es der Norm und Moral entsprach. Irgendwann glaubten wir selbst unserem Ego mehr und unsere Seele wurde uns fremd.

Rückverbindung zur Seele

Religion heißt Rückverbindung. Es gibt viele Religionen, doch eine entscheidende fehlt. Die Religion der Seele. Wir sollten uns immer wieder mit unserer Seele verbinden.

In Verbindung mit der Seele macht vieles Sinn. In Verbindung mit der Seele fühlen wir und treffen gute Entscheidungen. In Verbindung mit der Seele holen wir den Himmel auf Erden. Jede Seele enthält schöpferisches Potenzial, ihren göttlichen Kern. Dieses Potenzial darf durch den Mensch ausgedrückt werden.

So bringt jeder, der seiner Seele Ausdruck gibt, ein Stück vom Himmel zur Erde und bereichert somit das Leben.

Seelenpotenziale

Es gibt sehr viele verschiedene Seelenpotenziale. Wir können auch gleichzeitig in einem Leben mehrere, verschiedene Seelenpotenziale mitbringen und ausdrücken. Es gibt die Heilerseele, die sich als heilende, göttliche Kraft erfährt. Sie heilt sich selbst und andere. Es gibt die Lehrerseele. Sie erfährt sich als Lehrender und als Lernender. Die Lehrerseelen bewegen sich oft in spirituellen Bereichen. Es gibt die Priesterseele, die Gottes Botschaften übermittelt, Verbindungen zum Universum herstellt. Es gibt die Helferseele. Sie begleitet Menschen in schwierigen Lebenssituationen oder in Umbrüchen und im Sterbeprozess.

Jede Seele hat dazu noch ihre allgemeinen Entfaltungspotenziale, die sie ins Leben bringen möchte und womit sie sich selbst erfährt.

Da ist das Potenzial der Liebe. Die Seele möchte sich als Liebende erfahren. Sie möchte fühlen, wie es sich anfühlt Liebe zu geben und Liebe zu nehmen. Die Erfahrungen gehen dann in ihren inneren Reichtum ein.

Auch die Abwesenheit von Liebe gehört in die Erfahrung dieses Potenzials. Denn erst in Abwesenheit der Liebe kann eine Seele den wahren Wert der Liebe erfahren. Erst, wenn ich Lieblosigkeit fühle, fühle ich wahre Liebe und kann diese schätzen. Erst, wenn etwas fehlt, erfassen wir, wie wertvoll das Fehlende doch ist. Vieles erscheint im Leben selbstverständlich. Doch eigentlich ist das Wenigste selbstverständlich.

Dankbarkeit

Wir sollten dankbar sein für das Gute, was uns selbstverständlich erscheint, es aber nicht ist. Ich erlebe jede Sekunde mit meinen körperlichen Einschränkungen, dass es nicht selbstverständlich ist, sich, wie man möchte, bewegen zu können.

Es ist nicht selbstverständlich, gesund und unversehrt zu sein.

Es ist nicht selbstverständlich als Hilfsbedürftiger Menschen um sich zu haben, die helfen. Alles im Leben ist nicht selbstverständlich. Deshalb ist es gut, dass wir Gutes im Leben haben dürfen. Viele Menschen jammern auf hohem Niveau. Das ist schade. Es gibt oft keinen Grund zum Jammern. Es ist keine Katastrophe, wenn der Rücken mal zwickt. Ein Telefon darf auch mal kaputt sein. Ein leerer Benzintank und keine Zinsen auf Sparguthaben sind keine Probleme.

Doch es gibt die Dauerschwarzseher, die aus Banalitäten Riesenprobleme machen. Was wird denn, wenn diese Pessimisten mal tatsächliche Probleme haben?

Ich habe jetzt in meinen Einschränkungen erfahren, dass nichts selbstverständlich ist. Es ist wertvoll und ein Geschenk, seinen inneren Bedürfnissen frei nachkommen zu können, zur Toilette gehen, ohne Hilfe. Sich einfach bewegen können, wie es angenehm ist, ist nicht selbstverständlich. Wir müssen dankbar sein für das, was ist und wir haben dürfen.

Probleme erschafft das Ego

Das Ego schafft Probleme und zerstört mit mancherlei Schwarzseherei so einiges, was vollkommen in Ordnung sei. Und hat das Ego dann ein Riesenproblem aus einer Sache gemacht, beschwert es sich, wie Gott das zulassen könne. Doch nicht Gott hat das Problem erschaffen, oder die Seele, sondern das Ego selbst.

Gott lässt alles zu, was wir brauchen. Gott erschafft keine Probleme, um uns das Leben zu erschweren. Dafür sorgt das Ego. Gott ist Liebe und schenkt uns Kraft und Segen. Die Seele schafft ebenfalls keine Probleme. Sie ist ein Teil von Gottes Schöpfung und deshalb bedingungslose Liebe.

Die Seele will sich erfahren und sich verwirklichen, und sie will mit dem Leben tanzen, sich vom Leben und anderen Seelen inspirieren lassen, um sich auch hierbei selbst zu erfahren.

Die Seele will erfahren, wie sich verschiedene Lebensdinge anfühlen und was diese Dinge mit ihr machen, um ihren inneren Reichtum aufzufüllen. Die Seele bringt schon einiges an Reichtum mit, wenn sie als menschliches Wesen inkarniert.

Im Laufe des Lebens kommen dann weitere Dinge hinzu.

Manches inspiriert die Seele und lässt sie in ihre höchste Form kommen. Eine große Liebe kann eine Seele in eine wunderbare Schwingung bringen. Es können auch Wesen, die im Ego denken und handeln, Wesen die hochschwingend in ihrer Seele sind, zerstören.

Schwingung

Ein Ego kann mit einem gewissen Aggressionspotenzial eine in Liebe schwingende Seele zerstören oder ihr schaden. Ein sehr weiblich, empfangendes Wesen mit einer Seele in Liebe kann eine starke männliche, aggressive Energie nicht auf Dauer aushalten. Sie kann dadurch erkranken und zerstört werden. Die Seele zieht sich mitunter auch selbst aus dem Wesen zurück, opfert mitunter lieber das Leben, um wieder in Gottes Liebe heimzukehren.

Ein weibliches, empfangendes Wesen in Liebe braucht eine männliche, aufbauende Energie in Liebe, um sich selbst in ihrer Weiblichkeit vollständig empfangsbereit zu öffnen und sich in Liebe zu erfahren. Dann hat dieses Wesen ihre höchste, göttliche Schwingung erreicht.

Letztendlich entscheidet die Schwingung, was im Leben eine Seele bereichert, oder was sie schwächt.

Ich leide an den Folgen eines Schlaganfalles und somit befinde ich mich in einer niedrigen Schwingung.

Ich brauche, um wieder vollkommen heil und in Bewegung zu kommen, hohe Schwingungen.

Ich hole mit meinem Erinnerungsschlüssel aus meinem inneren Reichtum alles, was in mir hohe Schwingungen erzeugte.

Ich brauche die hochschwingenden Gefühle, um ganz heil zu werden.

Ich bitte Christus, unseren Heiland, um die allerhöchste Schwingung, die mich beflügelt. Ich bitte den allmächtigen, gütigen, liebenden Gott um die allerhöchste Schwingung, um mich wieder bewegen zu können.

Ich fühle an meiner linken, gelähmten Seite einen sanften Engel, der mir die Schwingung der höchsten Liebe bringt.

Gott sendet uns seine Engel, wenn wir bitten.

Ich fühle in meiner linken Seite einen gelähmten Seelenteil meiner Weiblichkeit. Ein weiterer Engel nimmt die Last aus meiner linken Seite, dann fließt die Liebe des anderen Engels deutlicher hindurch.

Über meine innere Stimme sagt mir der Engel: „Lasse alles los, was dich gelähmt hat. Du hast es zugelassen. Jetzt lässt du es nicht mehr zu. Du lässt deine ganze Liebe strömen und wirst nur noch Liebe empfangen. Alles, was nicht Liebe ist, geht zurück, an den, der es zu dir sendet."

Dann spricht der Engel weiter: „Du wirst jetzt in magenta, strahlendes, göttliches Licht gehüllt. Das Licht der reinen, höchsten, göttlichen Liebe durchströmt dich und hüllt dich ein."

Nun soll Heilung geschehen. In mir und um mich ist göttliche Liebe. Ich bin göttliche Liebe. Meine Seele möchte sich in diesem Leben als Liebe erfahren. Die Liebe heilt. Es gibt keine Tablette, die mich wieder laufen lässt. Es gibt die Liebe, die beste Medizin.

Der Anteil der Liebe im persönlichen Himmel

Jede Seele in jedem Menschen sehnt sich nach Liebe. Wir möchten Liebe geben und Liebe nehmen. Jeder trägt in sich den göttlichen Kern, der reine Liebe ist. Jeder trägt auch in sich den Teil des Liebenden. Jede Seele möchte sich in der Liebe ausdrücken und in der Liebe erfahren. Die Liebe, die wir mit anderen Menschen erleben, ist eines der größten Gefühle, die eine Seele fühlen kann. Liebe aus der Seele versetzt uns in eine hohe Schwingung und beflügelt uns.

Wer Schmetterlinge im Bauch hat, ist immun gegen Krankheiten.

Ansteckung

Gefühle sind ansteckend. Wer in Liebe fühlend zu einem traurigen oder kranken Menschen kommt, ist für diesen ein Geschenk und bereichert ihn. Der Kranke wird selbst eine höhere Schwingung fühlen, die ihm helfen kann, zu gesunden. Einem Verliebten fliegen plötzlich auf unerklärliche Art und Weisen noch andere Herzen zu.

Doch es ist erklärbar. Gefühle sind ansteckend. Ein Verliebter strahlt die Liebe aus, die auf andere magnetisch wirkt. Leider trifft die Ansteckung der Gefühle nicht nur auf positive Gefühle zu.

Es gilt auch für negative Gefühle. So können manche Spaßbremsen ganze Abende verderben. Manche Schwarzseher durchseuchen ganze Familiengenerationen.

Ich war mit meiner Krankheit bei einer Gutachterin. Diese Ärztin war so negativ und hat dementsprechend auch negative Prognosen abgegeben.

Ich hatte lange zu tun, mich von dieser Negativität wieder zu befreien und meine Hoffnung und Zuversicht wieder zu erlangen.

Meine Ergotherapeuten halfen mir beim Wiederaufbau meiner Hoffnung sehr. Diese negative Ärztin brachte in ein paar Minuten meine ganze Hoffnung auf Heilung zum einstürzen. Von solchen negativen Informationen muss man sich distanzieren. Man muss auch nicht alles in der Zeitung lesen und ständig Nachrichten sehen. Negative Gedanken sind Viren, die die Seele infizieren und ihr schaden.

Infektionsschutz

Während ich diese Zeilen schreibe ist die Welt mit dem gefährlichen Coronavirus beschäftigt. Es ist gut, dass man Maßnahmen ergreift, diesem gefährlichen Virus sein Dasein zu entziehen.

Doch ich möchte behaupten, dass ein Redeverbot für negative Gedanken auch sinnvoll wäre, wie ein Mundschutz bei einem Virus der Atemwege.

Ich höre mir negative Dinge zwar oft noch an, Ohren kann man nicht schließen. Aber ich lasse dann gleich das Gehörte beim Sender und stehe als Empfänger nicht mehr zur Verfügung. Ich muss nicht empfangen, dass es einer fünfundsiebzigjährigen Frau im Rücken schmerzt, nachdem sie mehrere Stunden nur gesessen hat, oder dass eine andere Fünfundsiebzigjährige Wortfindungsstörungen hat. Ich antwortete den beiden Damen, dass ich zwanzig Jahre jünger und berentet bin und mir im Moment nicht allein den Hintern säubern kann.

Manche Menschen müssen damit konfrontiert werden, dass es Schlimmeres gibt. Schwarzmalerei, negative

Prophezeiungen sind die schlimmsten Dinge, mit hoher Seuchengefahr.

Jeder sollte zu seinem Eigenschutz unbedingt die Infektionsherde des Pessimismus so gut es möglich ist, ausschalten oder meiden.

Ich kenne Menschen, die bei jeder Bewegung seufzen, die in jedem Ding gleich das Schlimmste sehen. Überall sind Katastrophen. Ich möchte behaupten, sie selbst mit ihren negativen Gedankengut sind die Katastrophe. Sie erschaffen mit ihrem Pessimismus so manche Katastrophen.

Während man im gesunden Momenten, diesen Mießmachern gut ausweichen kann, sieht es in Momenten, in denen man von ihnen Hilfe benötigt anders aus.

Als Kranker ist man ohnehin schon in einer niedrigen Energie. Wenn dann noch jemand kommt, der selbst noch niedriger schwingt, verschlechtert sich das Energielevel des Kranken noch mehr und trägt nicht zur Heilung bei.

Ich war früher Krankenschwester. Das, was ich dem Menschen Gutes bringen durfte, hat mir Freude gemacht. Ich habe diese Arbeit geliebt. Menschen in ihrer Not zu begleiten, ihnen zu helfen, sie zu trösten, sie zu umsorgen. Es war für mich der schönste Beruf. Später als Heilpraktikerin habe ich wieder Menschen unterstützt und ihnen geholfen. Doch als Krankenschwester hatte das Helfen ein anderes Feld. Als Krankenschwester half ich in unmittelbarer intimster Nähe. In meiner Seele war ich tief berührt von der Liebe und der Zuwendung, die aus mir heraus zum Bedürftigen floss. Freude und Sinnhaftigkeit erfüllten meine Seele. Mit großer Leidenschaft machte ich diese Arbeit.

Nach meinem Schlaganfall lag ich in einer Spezialklinik, in der ich auch als Notfall versorgt wurde. Später war ich noch einmal als Patient in dieser Klinik, ich bekam einen künstlichen Schädelknochen, da mein eigener sich abbaute. Ich war in zwei verschiedenen Rehakliniken.

Und ich war in allen Einrichtungen schockiert, wie herzlos manches Pflegepersonal war. Fern von Empathie und Mitgefühl erledigten sie schnell die nötige Arbeit. Das machte mich, als leidenschaftliche Krankenschwester, sehr traurig.

Zu Hause werde ich von Krankenschwestern eines Pflegedienstes betreut. Diese Menschen leisten wunderbare Arbeit. Mit viel Zuwendung und Liebe sind sie am Werk.

Menschen mit Herz braucht das Leben.

Mit Herz und Leidenschaft, in Hingabe und mit Liebe sollten wir tun, was wir tun.

Mit dem Herzen bei dem, was man tut, ist wertvoller, als die beste Ausbildung.

Der Egoverstand will alles wissen. Doch nur die Weisheit des Herzens Wahres weiß. Gerade in der Krankenpflege wird das besonders sichtbar und fühlbar. Der Kranke braucht einen Menschen mit Herz. Was nützt der, der jeden Muskel persönlich beim Namen nennen kann, und den Patienten mit eiskalten Händen unsanft berührt.

Sanfte Berührungen zeigen Herzlichkeit. Man kann die Liebe und Herzlichkeit eines Menschen schon daran erspüren, wie er andere berührt. Ich erlebe beispielsweise die Schwestern meines Pflegedienstes als sehr sanft. Wie ein Mensch auftritt oder wie er etwas berührt, daran kann man schon seine Grundenergie erkennen.

Zeige mir, wie du berührst, dann sage ich dir, was dich führt.

Der Herzliche Mensch berührt zärtlich und sanft, er wird von seiner Seele geführt. Der Mensch, der derb und grob, zeitweise ungeschickt wirkend, berührt, wird von seinem Ego geführt. Der Herzliche schwingt in einem hohen Energielevel. Der Egomensch schwingt niedrig. Ein Kranker braucht hohe Schwingungen, um selbst stabil zu bleiben.

Krankheit weicht uns auf und wir fühlen sensibler, nehmen mehr wahr. Ein aufgeweichter, kranker Mensch fühlt, ob ein Helfer hilft, weil es ihm ein Herzensbedürfnis wird, oder ob er aus Pflichtgefühl hilft, vielleicht auch, um sich Anerkennung anderer zu garantieren. Der kranke Mensch fühlt, was aus Liebe oder Pflicht geschieht.

Die Seele erfährt sich, wie es sich anfühlt, und nimmt es in ihrem Reichtum auf. Herzlose Lieblosigkeit macht hungrige Sehnsucht nach Liebe.

Liebeshunger

Wer einmal tiefe Seelenliebe, Herzensliebe erfahren hat, trägt diese in seinem inneren Reichtum. Davon kann er noch einige Zeit leben. Doch irgendwann ist diese Erinnerungsliebe in der inneren Schatztruhe aufgebraucht. Dann verspürt das menschliche Wesen einen Hunger nach Liebe, um die Schatztruhe wieder zu füllen. Lange gelingt es nicht, auf Reserve zu fahren. Wenn der Tank leer ist, kann kein Auto mehr fahren.

Kranke Menschen, die mit einem leeren Liebestank leben, können auf Reserve gerade so durchhalten. Um gesund zu werden, muss ihr Liebestank voll sein.

Nicht immer ist es möglich, dass andere Menschen den Liebestank des Kranken befüllen. Dann ist es gut, den nahen Himmel zu haben.

Wir können die Mächte des Himmels, den Engel der Liebe bitten, uns mit Liebe aufzufüllen. Die göttliche, bedingungslose Liebe ist für uns da. Wir müssen nicht bis zum letzten Tropfen auf Reserve gehen.

Wie ohne Benzin kein Auto fährt, fährt ohne Liebe kein Mensch.

Liebe ist der Treibstoff, die Grundsubstanz für den beseelten Menschen.

Die Seele will sich im Leben in Liebe erfahren und in Liebe entfalten. Liebe macht uns leicht und beflügelt. Leicht und beflügelt können wir uns bewegen. Ich will laufen, um mich wieder frei und beflügelt zu bewegen.

Natürlich möchte ich allein wieder zur Toilette gehen können, mich allein waschen und anziehen können. Doch bewegen und laufen ist mehr. Es ist eine Ausdrucksmöglichkeit für die Seele.

Wenn ich mich in meinem Körper frei und leicht bewegen kann, drückt meine Seele aus, was sie fühlt. So gibt meine Seele dem Körper Flügel. Und ich darf dann endlich wieder beflügelt leben.

Der Seele versprechen

Wir versprechen anderen Menschen Dinge, unterschreiben Verträge. Dann stehen wir unter Zwang, die ganzen Versprechen auch einzuhalten. Das kann manchmal schwer oder unmöglich werden. Unsere Seele möchte auch von uns, dass wir ihrem höchsten Wohle dienen, ihr den Raum geben, in dem sie sich entfalten kann.

Bevor ich wieder laufen kann, möchte meine Seele, dass ich ihr verspreche, dass ich meine Weiblichkeit besser schütze und sie nie wieder zähmen lasse. Zähmen wird zum Lähmen.

Obwohl ich noch nicht weiß, wie ich das machen soll, verspreche ich meiner Seele, dass ich mich darum kümmere.

Mit Macht der eigenen Göttlichkeit

Ich nehme in meinem persönlichen Himmel Verbindung zu meinem göttlichen Kern auf.

„Ich ermächtige mich aus meiner Göttlichkeit heraus, die Verantwortung für das Leben meiner Seele zu übernehmen. Für meine Seele hülle ich meine Weiblichkeit in höchsten Schutz aus meinem göttlichen Potenzial. Meine Weiblichkeit ist geschützt."

Ich fühle Wärme durch meine gelähmte, linke Seite strömen. Ich fühle meine Weiblichkeit als wunderschönes, buntes Wesen. Das Wesen empfängt die Liebe aus der Heiligen Quelle zärtlicher, bedingungsloser, göttlicher Liebe. Ich segne meine Weiblichkeit und sage ihr, dass sie eine große Heilige in meinem persönlichen Himmel ist. Ich versichere meiner heiligen Weiblichkeit, dass ich sie zur Liebe führe. Ich fühle mich bereit.

Mein weißes, welliges Haar umschmeichelt mein Gesicht.

Meine Seele fühlt sich in Heiliger Weiblichkeit und erfährt sich als reife, weise Frau. Die Frau weiß genau, was gut für sie ist und was die Seele braucht.

Wer weiß, wo er hingehen möchte, darf auch wieder gehen. Die heilige Weiblichkeit in mir fühlt sich gut und stark an. Ich nehme die Liebe des Lebens als den Frühling war, Vögel zwitschern, die Knospen sprießen. Ich sehe und fühle die vollkommene Schöpfung. Wieder lasse ich diese Liebe des Lebens in mich eindringen und nehme sie mit meiner Weiblichkeit voll und ganz auf.

Alles ist gut, wie es ist. Ich kann immer noch nicht allein laufen. Ich stehe in meinem Stehtrainer, richte mich auf und atme tief in meine Aufrichtung. Dann fahre ich noch Fahrrad, um meine Beinkraft zu trainieren. Es gelingt mir in den Fußpedalen beim treten meine Füße, wie beim gehen, abzurollen. Ich fühle, meine Füße sind bereit, den Herzensweg zu gehen. Was fehlt noch? Geduld mit mir selbst.

Alles geschieht zu seiner Zeit

Nichts geht schneller, wenn wir ziehen, Druck aufbauen. Jetzt darf meine Seele erfahren, wie es sich anfühlt, abwarten zu müssen, bis die Zeit gekommen ist.

Das ist für uns Menschen eine schwierige Aufgabe. Unsere Seele will es fühlen, um selbst reicher zu werden. Ich fühle, es fällt mir sehr schwer, die selbstständigen Schritte in die Hand der Zeit zulegen. Doch ich fühle eine bessere Möglichkeit.

Ich lege mein Laufen in Gottes Hand und bitte unseren allmächtigen, universellen Gott um Hilfe.

Ich vernehme über meine innere Stimme Gottes Worte: „Bleibe im Vertrauen. Du wirst bald gehen."

Meine Seele hat erfahren und gefühlt, was sie für sich braucht. Das alles bleibt als innerer Reichtum in meiner Seele. Jetzt fühlt meine Seele die neue Frau, was sie alles noch werden möchte. Die Frau will gehen, wohin die Seele gehen will.

Wer spricht denn da?

Über die innere Stimme nehmen wir die Kräfte unseres persönlichen Himmels wahr. Wir nehmen auch die himmlischen Mächte aus dem universellen Himmel wahr. Die Seelen aus dem Jenseits melden sich über unsere innere Stimme. Auch unsere Seele und unsere Anteile kommen als innere Stimme, um gehört zu werden.

Wir können sicher sein, dass wir genau fühlen, mit wem wir da gerade sprechen. Wer bewusst im Herzen ist, fühlt den Sender, der über unsere Leitung als innere Stimme zu uns spricht.

Wenn wir unsicher sind, mit wem wir da sprechen, sollten wir einfach nachfragen, und wir erhalten eine Antwort.

Im Grunde fühlen wir, mit wem wir gerade sprechen.

In der Weisheit des Herzens fühlen wir die Antworten, lange, bevor unser Egoverstand eine geben kann.

Wem es gelingt, seinem Herzensgefühl zu vertrauen, tut Gutes für sich selbst und seine Seele. Das Ego will Recht haben und alles wissen. Das Herz weiß, weil es weise ist. Ich vertraue meiner Seele und meinem Herzen. Mein Fühlen hat mich noch nie getäuscht. Was ich fühlend entschieden habe, war immer gut. Wenn ich meinem Ego auf dem Leim gegangen bin, habe ich eine Enttäuschung erlebt.

Enttäuscht wird nur der, der sich getäuscht hat Wenn wir enttäuscht sind, sind wir am Ende einer Täuschung. Keiner ist enttäuscht, ohne sich vorher getäuscht zu haben. Mit einer Enttäuschung, endet endlich die Täuschung, die die Sicht auf die Wahrheit versperrt.

Wenn wir eine Wahrheit festlegen möchten, müssen wir wissen, um wessen Wahrheit es geht. Die Wahrheit des Himmels und der Seele ist eine andere, als die Wahrheit des Egoverstandes. Die himmlische Seelenwahrheit fühlen wir. Das Ego braucht wissenschaftliche Erklärungen.

Ich besprach mit meinem Arzt in meiner neurologischen Klinik weitere Untersuchungen. Ich lehnte diese Untersuchungen ab. Ich sagte meinem Arzt, dass ich fühle, dass es nicht richtig für mich ist. Das Risiko ist höher, als der Nutzen. Mein Arzt sagte, ich solle meinem Fühlen vertrauen und er respektierte meine Entscheidung. Ich war sehr überrascht von dieser weisen Aussage von einem „Wissenschaftler", das ist wahrlich selten. Auch meine Hausärztin lässt mein Fühlen mit entscheiden. Ich danke für diese wundervollen Menschen, die mich begleiten.

Die meisten wissenschaftlichen Schulmediziner verfolgen streng ihre vorgegebenen Leitlinien, ohne den individuellen Menschen zu sehen, und weichen von dieser vorgegebenen Linie kein Millimeter ab.

Der Mensch ist ein beseeltes Wesen

Ich bin als Mensch ein beseeltes Wesen und fühle, was gut für mich ist. Ich bin nicht auf Leitlinien programmiert. Meine Seele zeigt den Weg. Mein Herz fühlt diesen Weg.

Warum auf fremden vorgegebenen Wegen herumirren, wenn man eigene Wege gehen kann?

Jeder weiß selbst, was das Beste für ihn ist. Wir lassen uns gern irritieren, weil wir uns selbst am wenigsten vertrauen. Deshalb sind schon viele Projekte gescheitert. Und immer wieder schleicht der Egoverstand um die Seele und stiftet Irritation mit seiner Besserwisserei und Rechthaberei.

Dem Ego auf die Schliche kommen

Wer das Ego kennt, kann es entlarven und kommt ihm auf die Schliche. Immer, wenn die Seele fühlt und eine Entscheidung trifft, schleicht sich das Ego ein und versucht zu erklären, dass es das besser weiß und kann. Das Ego weiß immer alles besser und nimmt sich selbst sehr wichtig.

Das Ego kann nicht lieben, es will nur besitzen und Macht haben. Das Ego ist herrschsüchtig und besitzergreifend. Ansehen und Anerkennung sind dem Ego wichtig. Das Ego akzeptiert keine Macht über sich. Für das Ego gibt es keinen Gott, es liefert noch Erklärungen, dass es keinen Gott geben kann. Das Ego stellt sich als das einzige Richtige dar und meint, es sei realistisch. Die Existenz einer fühlenden Seele stellt das Ego konsequent in Frage. Das Ego fühlt sich bedroht und fürchtet seinen Untergang.

Dabei ist das Ego die Kraft, die Seelen zerstört. Es möchte seinen Willen behaupten und erzwingen. Die Seele fühlen wir im Herzen. Im Herzen meldet sich unsere Seele mit ihrer Weisheit. Das versucht das Ego zu verhindern. Das

Ego möchte nicht den Herzensweg gehen, es möchte lieber Anerkennung und Stolz.

Ich fühle in meinem Herzen, dass ich wieder laufen werde und mich selbstständig bewegen kann, wohin meine Seele gehen darf. Mein Mann sagt dann immer: „ Laufe erst mal, zeige erst mal Taten!" Das ist typisch Ego. Kommen nicht sofort Beweise, dass die Seele richtig fühlt, kommt ein Ego und macht die Seele klein, oder will beweisen, dass es keinen Gott gibt.

Ich vertraue dem mächtigen Gott des Universums und meiner göttlichen Seele. Ich muss nichts beweisen, um zu vertrauen. Nur das Ego will Beweise. Mein Ego habe ich weggeschickt.

Fühlend werden lassen

Ich fühle meine Seele, die sich als Weiblichkeit in diesem Leben erfahren möchte.

Meinem Vater wurde von einer sehr weiblichen, weichen Mutter in dieses Leben begleitet. So ist es ihm gelungen, eine männliche Energie zu entwickeln, die behutsam mit der Weiblichkeit umgeht, und doch männlich aufbauend ist. Meine Mutter, als Frau an der Seite meines Vaters, hatte ebenfalls eine sehr weibliche, weiche Energie. Dann kam ich als seine Tochter mit weiblicher Energie.

Weibliche Energie braucht in ihrem Umfeld gute, aufbauende männliche Energie. Mein Vater gab mir als Tochter die männliche Energie, die ich brauchte, um vom Kind eine junge Frau zu werden.

In meiner ersten Partnerschaft erlebte ich eine wunderbare, männliche, aufbauende Energie, ich wurde zur Frau. Die Frau hat sich für ein anderes Leben entschieden. In meiner Todesstunde erwachte ich und sah, dass dieses Leben nicht das meiner Seele war.

Die Seele wurde gezähmt und ich bin gelähmt. Jetzt war ich zwischen Leben und Tod und musste wieder ins Leben.

Ich bin nicht mehr die Frau, die ich vor der Todesstunde war. Ich bin eine neue Frau. Die Frau hat erkannt, was geschehen ist und will wieder ihre Seele entfalten lassen und Weiblichkeit sein.

Leichtfüßig geht die Weiblichkeit, nicht mit dem groben Schuhwerk, was mir mein Physiotherapeut empfahl. Ich fühle in den Schuhen meine Füße nicht mehr. So kann man doch nicht gehen.

Die Frau ist bereit wieder zu gehen, doch irgendetwas braucht sie noch. Meine innere Weisheit zeigt mir, der Weiblichkeit fehlt die passende Männlichkeit.

Ich bitte Gott um die männliche Energie, die meine Weiblichkeit jetzt braucht, um gehen zu können.

Ich muss versprechen, dass ich gehe, wohin meine Seele gehen muss, wenn ich gehen kann. Ich verspreche.

Dann fühle ich väterliche Energie, wie ich sie als Mädchen mit meinem Vater fühlte. Dann fühle ich die behutsame, aufbauende, zärtliche Energie, wie in meiner ersten Partnerschaft als junge Frau. Ich fühle meine weibliche Energie, wie sie gefüllt wird, weich und leicht erscheint.

Ich sitze im Badezimmer, besprühe mein Gesicht mit Rosenwasser und kämme mein wunderschönes, weißes, welliges, weibliches Haare. Ich sage Ja zu der Frau, die ich im Spiegel sehe.

„So will ich mich selbst entfalten", sagt in meinem Herzen meine Seele über meine innere Stimme.

Ich sehe, dass ich im Rollstuhl sitze und trotzdem eine wunderschöne, weibliche Frau bin. „Ja" sagt meine Seele. Egal, welches Leid wir ertragen haben, was immer auch war und was ist. Nichts kann jemals diese Weiblichkeit zerstören. Die Weiblichkeit wurde gezähmt und war gelähmt, doch jetzt ist sie aufgewacht und wird weiter gehen. Was ihr ist geschehen, daraus hat die Seele gelernt und sie hat gefühlt, welche Energie gut und richtig für sie ist.

Jetzt hat die Seele alles erkannt, es liegt in ihrer erschaffenden, göttlichen Hand, die Weiblichkeit weiter zu entfalten. Meine Seele hat die Weiblichkeit weich und leicht gefühlt. Die Weiblichkeit als empfangender Teil. Sie nimmt in sich männliche Energie auf. Die Seele hat dabei unterschiedliche Qualitäten kennengelernt und ihren inneren Reichtum somit bereichert. Meine innere Weisheit zeigt mir, ich solle die Seelenanteile, die männliche Energie empfangen haben, noch heilen und sie wieder aufnehmen.

Da kommt das kleine Mädchen, die väterliche, umsorgende Energie in sich trägt. Ich frage sie, ob sie wieder bei mir sein möchte und diese väterliche Energie dem ganzen Wesen zur Verfügung stellen würde. Das tut sie gern. Ich nehme sie in meine Seele auf und danke ihr. Ich danke auch meinem Vater im Jenseits für die männliche, väterliche Energie, die er mir geschenkt hat.

Da kommt noch die neunundvierzig jährige, die meinen Vater gepflegt und begleitet hat, als er in schwerer Krankheit seine letzten Lebenstage hatte. Auch sie hat väterliche Energie geschenkt bekommen. Es war auch väterliche Energie der Dankbarkeit. Ich nehme diesen Seelenanteil in meiner Seele auf und auch dieser Anteil ist bereit, die väterliche, männliche Energie, die er empfangen hat, dem ganzen Wesen zur Verfügung zu stellen.

Dann kommt noch die junge einundzwanzigjährige Frau, die sich sehr in einen jungen Mann verliebt, sie bringt die dreiundzwanzig jährige mit, die den Mann heiratet. Diese Anteile kommen gern mit in die Seele und stellen dem ganzen Wesen die Energie, die sie geschenkt bekommen haben, zur Verfügung. Es ist eine männliche aufbauende, behutsame, liebende, zärtliche Energie, die die Weiblichkeit zum Blühen bringt. Ich danke meinem damaligen Partner für diese männliche, wunderbare Energie.

Dann kommt meine sechsundzwanzigjährige Frau, die sich in einen anderen Mann verliebt und dafür ihre ganze bestehende Beziehung zerschlägt und kaputt macht. Sie ist sehr traurig. Das habe ich in meiner Todesstunde sehr bereut. Ich vergebe jetzt der Frau. Das war sehr nötig. Ich tröste sie und erkläre ihr, dass sie es nicht besser wissen konnte. Sie wird in der Seele herzlich aufgenommen. Auch ihre Erfahrung ist wertvoll und wird zum inneren Reichtum. Mit dieser wichtigen Erfahrung ernenne ich sie zur „Hüterin der Liebe", somit hütet sie die Liebe in der Seele und im gesamten Wesen.

Gottes Segen

Ich bitte nach dieser Intervention den universellen, allmächtigen Gott um seinen Segen.

Ich bitte auch um Segen für alle Beteiligten, für meinen Vater, für meinen ehemaligen Partner, für meinen Mann. Auch für sie möge das Beste geschehen. Gott weiß am besten, was das Beste ist. Ich lege alles Weitere in Gottes Hände. Ich fühle Segen und göttliche Liebe durch mich strömen.

Danke, großer Gott. Alles, was unter Gottes Segen steht, darf wachsen und gedeihen. Gott lässt uns nicht allein im Leben. Wie ein liebender Vater gibt er uns, worum wir bitten, wenn es zum Besten des Ganzen ist.

Sicher und getragen in Gottes Hand

In Gottes Hand ist alles, was wir ihm geben, sicher und geborgen. Gott ist wie liebende Eltern und wir sind seine Kinder. Er lässt uns probieren und erfahren. Wir haben den freien Willen.

Aber, wenn wir Hilfe brauchen, können wir uns jederzeit an Gott wenden, und wir können ihm überlassen, was wir nicht selbst regeln können.

Legt, was menschlich unmöglich ist, zu regeln, in Gottes Hand,
und erleichtert darf der Mensch dann sehen, wie Wunder geschehen.

Wir dürfen Dinge, die uns als menschliche Wesen zu sehr fordern, an unseren allmächtigen Gott, oder an Christus, unseren Heiland, oder an unterstützende Engel abgeben und darauf vertrauen, dass es geregelt wird.

Gott ist möglich, was dem Menschen unmöglich ist.

Der menschliche Wille

Als Menschen haben wir den freien Willen. Wir entscheiden uns für Himmel oder Hölle. Wir entscheiden uns für Liebe oder Angst, für Optimismus und Zuversicht, oder für Zweifel, Ablehnung und Jammern. Wir entscheiden uns, keiner macht uns dabei Vorschriften.
Wir entscheiden uns, wer der Chef in uns ist. Welchem Chef wollen wir dienen? Leben wir für unser Ego und dienen äußeren Normen und Moralen? Oder dienen wir unserer Seele und Entfalten unserer Potentiale, um uns selbst zu erfahren?

Das Leben gehört jedem selbst

Wer sich verbiegen lässt, immer darauf achtet, was andere sagen oder denken könnten, sich an vorgegebene Normen orientiert, dient seinem Ego und Stolz. Er verschwendet seine kostbare Lebenszeit dafür, dass er stolz sein kann, Reichtümer hat, und so weiter. Das Leben ist dafür da, um uns selbst zu entfalten, unsere innere Seele zu leben. Wir leben für uns!!!

Das Leben gehört jedem selbst. Jeder muss leben, wie es sich gut für ihn anfühlt. Das kann kein anderer Mensch bestimmen. Liebe Leser, ich habe in der Todesstunde gesehen, worauf es ankommt im Leben. Deshalb, meine Botschaft an jeden Menschen:

Lebe dein Leben. Lebe so, wie es sich richtig für dich anfühlt.
Lasse dich nicht verbiegen!!!

Sei Du!!!

Liebe Dich, Deine Potentiale, Deine Einmaligkeit!!!

Entfalte Dich, Entdecke Dich selbst!!!

Entdecke die Seele, die Du bist!!!

Das Leben ist eine spannende Sache!!!

Ich wünsche Dir viel Freude und Spaß!!!

Im Himmel wird gelacht

Die himmlischen Mächte lachen mit uns, freuen sich mit uns.
Wo Liebe ist, ist auch Freude. Nur der Egoverstand nimmt alles viel zu ernst und verbietet in ernsten Situationen ein herzliches Lachen. Lachen macht den Körper locker, und trägt zu gutem Wandel bei.
Gottes Schöpfung ist perfekt. Er hat uns das Lachen geschenkt, um über das Ego zu lachen, wenn es nichts zu Lachen mehr gibt. Im Himmel wird gelacht. Lachen ist der Ausdruck eines Gefühls über den Körper. Mit Lachen drücken wir Spaß und Freude aus. Wer lachen kann, kann auch fühlen.

Fühlen kommt vor der Entscheidung zur Tat

Meine Ergotherapeuten haben meinen gelähmten Arm in einer Bewegungsschiene gebracht. Computerunterstützt wird gemessen, welche Bewegung möglich ist und wieviel ich selbst aktiv den Arm wieder bewegen kann. Danach wird der Arm trainiert, um Bewegungsaktivität wieder anzuregen.

Ich kann selbst fühlen, dass ich den Arm leicht wieder ansteuern kann. Am nächsten Tag konnte ich, als mich die Schwester vom Pflegedienst duschte, den Arm ganz leicht bewegen.

Ich fühle meinen linken Arm wieder. Er gehört wieder zu mir. Bevor ich meinen Arm wieder bewegen kann, muss ich ihn fühlen können. Ich sitze im Rollstuhl, meine Beine stehen auf dem Boden. Ich fühle meine Fußsohlen, meine Füße in meinen weichen Barfußschuhen. Bevor ich laufen kann, muss ich die Füße fühlen. In engem, festem Schuhwerk fühle ich meine Füße nicht.

Ich föhne meine Haare, sprühe sie mit meinem Rosenspray und bürste sie leicht. Da ist wieder meine weibliche Welle. Ich fühle meine Weiblichkeit. Meine linke, weibliche Seite. Ich kann sie wieder fühlen. Ich kann erst das Richtige tun, wenn ich fühle, was ist.

Wir müssen erst fühlen was ist, dann fühlen wir, was wir brauchen. Dann können wir entscheiden, welche Tat die Richtige ist.

Bevor wir in Aktion kommen, ist es wichtig zu fühlen.

Im Fühlen kommt die Erkenntnis, was wir wollen

Wir wissen oft, was wir nicht mehr wollen, aber nicht, was wir wollen. Wer fühlt, und dem Fühlen vertraut, wird erkennen, was er tief in seiner Seele will.

Meine gelähmte Seite, vor allem mein Arm, fühlt sich schwer an, als würde ich einen schweren Koffer tragen. Durch diese Schwere gerate ich aus meiner Mitte, meine linke Seite zieht. Ich fühle Schmerzen in meiner Schulter, meinem Oberarm. Ich fühle meine Weiblichkeit, wie schwer sie schleppen muss. Jetzt ist sie belastet und kann sich nicht mehr bewegen. Meine Weiblichkeit sehnt sich nach Mitte. Sie braucht die richtige Energie, die sie empfängt, die sie leuchten und erstrahlen lässt.

Ich fühle, welche Energie sie braucht, ich bitte den allmächtigen Gott um diese Energie.

Sie kommt sofort, und meine Weiblichkeit darf sie empfangen und aufnehmen. Ich sehe wie im Nebel meinen Opa und meinen Vater, von denen ich die väterliche, männliche Energie bekam. Sie ließ das Mädchen eine junge Frau werden. Dann sehe ich meine erste, große Liebe, die junge Frau wurde zur lebendigen, liebenden Frau, die leichtfüßig mit ihrem Partner und dem Leben tanzt.

Leben lebendig

Ich fühle Lebendigkeit. Nur, wer sich erlaubt lebendig zu sein, lebt und ist im Leben. Unsere Seele wollte nicht ins Leben, um scheintot zu sein.

Unsere Seele will lebendig sein. Ich atme ein und aus. Leben einatmen, Leben ausatmen. Unsere Seele will erfahren. Das kann sie nur im Leben. Im Leben wird die Seele reich. Je größer der innere Schatz, umso reicher die Seele. Lebenserfahrung ist nicht das Resultat aus der Anzahl von Lebensjahren. Lebenserfahrung ist allein gelebtes Leben. Ich traue lieber dem, der gelebt, als dem, der nur alt.

Jedes Stück gelebtes Leben bereichert uns und das ist wertvolle Lebenserfahrung.

Die Anzahl an gelebten Jahren ist kein Garant für Lebenserfahrung. Manche meinen, allein ihr Lebensalter reicht, um zu behaupten, Lebenserfahrung zu haben. Wer in all den Jahren nicht wirklich lebt, sondern sich nur durchs Leben schleicht, verpasst das Eigentliche, verschwendet seine Zeit. Das Leben will gefühlt und gelebt werden. Viele haben Angst, etwas im Leben zu verpassen, wenn sie nicht viele Jahre leben dürfen und früh sterben. Dabei verpassen sie, ihre Zeit, die sie haben, zu leben.

Ode an das Leben

Leben, berühre mich,
und ich berühre dich.
Dann machen wir uns reich.
Ich vertraue, dass meine Zeit reicht.

Angst vorm Tod

Viele haben Angst vorm Tod. Er könnte zu früh kommen. Man könnte etwas versäumen, irgendetwas nicht mehr erleben. Kaum jemandem wird dabei klar, dass wir eher durch ungelebtes Leben etwas versäumen, als durch den Tod.

Sicher ist, dass irgendwann das Leben zu Ende ist. Dann werden wir zufrieden sein, wenn wir auf ein reiches, gelebtes Leben zurückblicken. Vorgegebene Normen und Moralen verhindern oft eigenes Leben.

Am Ende werden wir wissen, dass wir uns lieber um unsere Selbstentfaltung kümmern sollten, anstatt uns nach anderen zu richten. Es wäre schön, wenn wir es schon im Leben gemacht hätten, dann gäbe es in der Todesstunde weniger zu bereuen.

Es kann auch zu spät sein

Eine alte Volksweisheit meint: „Es ist nie zu spät." In der Todesstunde erkennt man, es kann auch zu spät sein. Wenn es etwas gibt, was wir nicht mehr ändern können, ist es zu spät. Das kann schmerzlich sein. Wir sollten, solange wir leben, das Leben gut nutzen. Wer das tut, wofür er brennt und seine innerste Seele leuchten lässt, wird zufrieden die Erde verlassen können. Und die, die nach ihm im Leben bleiben, werden sagen: „ Dieser Mensch hat sein Leben gelebt." Das war dann ein glücklicher Mensch. Wer sich nur beklagt, es war zu früh, dass er schon gegangen ist, hat vielleicht wenig sein eigenes Leben gelebt.

Mein Vater ist mit fünfundsiebzig Jahren an den Folgen einer Krebserkrankung in seinem inneren Frieden aus dem Leben gegangen. Er selbst sagte: „Es ist nicht schlimm, wenn ich sterbe. Ich habe mein Leben gelebt. Ich hatte ein schönes Leben und war glücklich." Er hat sämtliche Therapien, die vielleicht sein Leben verlängert hätten, gleich nach der Diagnose, abgelehnt. Er musste und wollte nicht mehr leben. Er hat geliebt, war ein Genießer, ein sehr kreativer Mensch. Er hat seine Seele entfaltet. Er hat gefeiert, getanzt und gelacht. Er war zufrieden mit seinem Leben. Gern saß er mit einem Bier auf einer Bank in seinem Hof. Seine Augen leuchteten. Ein zufriedener Mensch sieht so aus, wusste ich. Diese Bank steht jetzt in meinem Garten. Wenn ich laufen kann, werde ich mich auf diese Bank setzen und eine Zigarette genießen, mit Grüßen an meinen genießenden Vater.

Ich habe auch schon neben sterbenden Menschen gesessen, deren Gesicht verbittert aussah und die stöhnend die Erde verließen. Sie stöhnten nicht wegen Schmerzen. Gegen Schmerzen bekamen sie Medikamente. Vielleicht stöhnten sie wegen verpassten, ungelebten

Lebens. Ich habe als Erfahrung in der Todesstunde und aus Erfahrung im Leben einen Entschluss gefasst:

Ich bin sicher, wir haben mehrere Leben.
Doch jetzt im Moment haben wir nur dieses eine Leben.
Jeder sollte beschließen sein Leben zu leben.
Jeder lebt für sich, nicht eines anderen zum Gefallen.
„Lasse mich nicht allein", fleht so manch einer einen Todkranken und Sterbenden an. Das ist sehr egoistisch.
Wenn wir, so wie ich, aus der Todesstunde wieder ins Leben geschickt werden, dann ist das, um in unserer eigenen Seele noch etwas zu entfalten oder zu ordnen.

Ich betrachte diese Zeit, die ich jetzt noch einmal in diesem Leben gewonnen habe, als geschenkte Zeit. Im Grunde ist unsere ganze Lebenszeit eine geschenkte Zeit. Wir haben sie uns nicht verdient. Sie wird uns geschenkt, um unsere Seele zu entfalten. Geschenke sind wertvoll, deshalb sollten wir sie optimal ausnutzen.

Gelegenheiten nutzen und schaffen

Ich bin verpflichtet die Gelegenheiten meines Lebens zu nutzen, und mir selbst Gelegenheiten mit meinem göttlichen Kern zu erschaffen, die gutes Leben möglich machen. Ich danke, dass ich tolle Ergotherapeuten und Physiotherapeuten habe, die mir helfen, wieder zu laufen. Es ist sehr schwierig und belastend, nicht laufen zu können. Doch ich erfahre jetzt, wieder laufen zu lernen. Diese Erfahrung bereichert mich in jedem Augenblick. Ich erfahre, wie meine Seele sich erfährt in ihrer weiblichen Dimension.

Weit werden

Ich fühle, wie sich alles in mir weitet. Ich verlasse Stück für Stück die Enge, in die ich geraten bin. Ich weite meinen Horizont aus. Ich freue mich auf Gelegenheiten, werde sie nutzen und mir selbst welche erschaffen, die zu Chancen werden. Ich werde weit und innerlich reich. Mein Geist kreiert, mit meinem Geist erschaffe ich Gelegenheiten, deren Impulse aus meiner Seele kommen. Weite zulassen. Die Seele will sich ausweiten.

Das Leben will, dass wir uns in ihm ausweiten, dass wir weit werden und über die Begrenzungen gehen, die uns das Ego vorgibt. Normen, Moralen sind die Grenzen des Egos. Es erzählt uns, was „man" tun oder nicht tun sollte. Ego macht eng.

Die Seele will sich entfalten. Dafür braucht sie Weite. Ich bin mit meinen Ergotherapeuten die ersten Schritte gelaufen. Doch allein schaffe ich es nicht. Ich stehe mit Unterstützung meines Mannes vor meinem Bett. Meine Beine sind schwer, sie lähmen mich und hindern mich am Gehen. Ich fühle die Schwere. Etwas lässt mich nicht frei, hält mich fest.

Ich fühle, was mich aufhalten könnte und festhält. Mein Mann, mein erster Mann? Nein, ich fühle, dass ich mich selbst nicht frei gebe. Ich habe Angst, mich in eine grenzenlose Weite zu bewegen. Ich gebe mich frei.

Loslassen

Wer Neuland betreten möchte, muss das alte verlassen. Wir müssen immer wieder loslassen. Was wir festhalten, kann uns auch bremsen und am Weitergehen hindern. Ich habe meine Weiblichkeit wieder, sie hilft mir, meine linke Seite wieder zu beleben. Doch ich kenne meine wilde Weiblichkeit.

Ich habe vor dem Schlaganfall eine Frau erschaffen, deren Wildheit gebremst werden musste, um in die Welt zu passen, in der sie lebt.

Ich fürchte mich vor der wilden Weiblichkeit, dass meine erschaffene Welt einfällt, wenn das wilde Weib ausbricht. Ich fühle diese Befürchtung und entziehe gleichzeitig meinem Ego die Macht, über mein Leben.

In meinem persönlichen Himmel ermächtige ich mich als göttlicher Kern und entscheide mich, grenzenlos in die Weite gehen zu dürfen.

Ich lerne, wer zu viel festhält, engt sich selbst ein. Ich lasse alle Grenzen, die mir das Ego als Sicherheiten versprach, jetzt los.

Ich brauche keine Sicherheiten. Ich brauche grenzenlose Weite, um meine Seele zu entfalten.

Wir müssen immer loslassen, am Ende des Lebens müssen wir das ganze Leben loslassen.

Nur, wer loslässt, kann frei sein.
Loslassen macht uns frei.

Wer festhält, wird irgendwann von dem festgehalten, was er einst festgehalten hat.

Wer sich an materiellen Gütern festhält, wird eines Tages von diesen bestimmt.

Wandel und Veränderung

Ins Leben bin ich wieder geschickt wurden. Doch das Leben ist anders, als ich es vor der Krankheit kannte. Das Leben hat sich verändert, weil ich verändert bin. Ich war gesund, beweglich und sehr aktiv. Die neue Frau ist halbseitig gelähmt, kann nicht laufen und Bewegung ist Stillstand geworden.

Meine linke Hand verkrampft sich. Es schmerzt. Ich fühle, was ich da festhalte. Es könnte mich am Gehen blockieren. Ich fühle das Leben, wie es für mich vor dem Schlaganfall war. Ich bekomme Sodbrennen. Es stößt mir sauer auf. Es war nicht das Leben, was mich glücklich machte, was komplett meiner Seele entsprach. Ich fühle, es war sauer. Es muss neu werden mit der neuen Frau, die ich geworden bin. Ich werde laufen, aber wohin? Deshalb halte ich krampfhaft fest. Es gibt noch keine wahren Perspektiven für die neue Frau. Kurzfristige Perspektiven gibt es. Darauf freue ich mich. Wenn ich laufen kann, werde ich zu einer Künstlerin gehen, die in ihrem eigenen Kerzenatelier Kerzen und andere Kunstwerke gestaltet. Dort werde ich mir eine wunderschöne Kerze kaufen, meine Kerze für meinen Neuanfang. Dann werde ich in die Kirche in der Stadt gehen und ein Licht anzünden.

Dann esse ich in meinem Lieblingskaffee einen Eisbecher. Wenn ich laufen kann, habe ich schon kleine, kurzfristige Zukunftspläne von Wünschen, die ich mir dann erfüllen werde.

Doch wo will die Frau weitergehen. Das wird sich zeigen. Die Frau geht dahin, wohin die Seele gehen will.

Tue das, was deine Seele will. Sonst kann es geschehen, dass das Leben steht still.

Ich habe die Erfahrung gesammelt. Wenn ich jetzt in der Krankheit zurück fühle in das Leben, was ich vor der Krankheit hatte, wird es sauer, es stößt sauer auf, es wird eng in meinem Zwerchfell. Die Weite fehlt. Ich brauche Weite, aus der Enge werde ich schreiten.

Das himmlische Internet

Meine innere Weisheit zeigt mir mit meiner inneren Führung in meinem persönlichen Himmel meinen zukünftigen Herzensweg. Ich jubele. Darauf freue ich mich. Ich bin von lieben Menschen begleitet, die ich schon kenne, denen ich wieder begegne. Und auch beruflich werden sich noch einmal interessante und neue Leidenschaften entwickeln. Der Zukunftsweg, den mir das himmlische Internet zeigt, gefällt mir, ich freue mich darauf. Der Weg ist nicht festgelegt, er ist erst jetzt aus meinen Erkenntnissen gewachsen.

In unserem persönlichen, himmlischen Internet gibt es verschiedene Systeme. Wir haben auch eine Suchmaschine für seelische Verbindungen zu anderen Menschen, um über die seelische Ebene zu kommunizieren. Eine mentale Suchmaschine erleichtert die irdische Kontaktaufnahme. Wir denken an einen anderen, dieser Mensch ruft dann plötzlich an. Ich beauftragte meinen Mann, meinen Neurologen anzurufen, um nachzufragen, ob meine Medikamente weiter reduziert werden können. Mein Mann betreut beruflich diesen Arzt in seiner Computertechnik. Plötzlich ruft mein Neurologe wegen eines technischen Problems an. So war der Kontakt hergestellt und mein Mann konnte gleich meine Frage klären.

Das himmlische Internet funktioniert. Dinge erledigen sich manchmal scheinbar von allein. Doch das ist nur scheinbar. Denn der Himmel hat viele Möglichkeiten.

Was zusammengehört wird der Himmel verknüpfen

Wenn wir Verbindung zu einem anderen Menschen oder zu einem Therapeuten oder zu einer Weiterbildung oder irgendetwas benötigen, dann unterstützen uns die himmlischen Mächte.

Das heißt nicht, dass wir nichts machen müssen, dass es von allein geschieht. Wir sollen handeln und das wird dann unterstützt. Es wäre zu bequem abzuwarten, bis es kommt, was kommen soll.

Wir sind nicht hier, um es bequem zu haben. Wir sind hier, um uns zu bewegen. Wir werden dann in unserem Bewegen unterstützt.

Ich war mit den Therapien in meinen Rehakliniken sehr unzufrieden. Meine erste Ergotherapie ambulant im häuslichen Bereich brachte mir auch keine Fortschritte. Ich suchte nach einer besseren Alternative. Und daraufhin bekam ich von zwei unterschiedlichen Menschen die Information zu der Ergotherapie, in der ich jetzt behandelt werde. Ich bin sehr zufrieden und fühle selbst schon deutliche Fortschritte. So arbeitet der Himmel mit uns und wirkt in uns. Ich habe mich selbst bemüht, und in diesen Bemühungen wurde ich vom Himmel beschenkt.

Eine alte Volksweisheit lautet: Gott hilft dir, wenn du dir selber hilfst. Das heißt, unsere Bemühungen werden unterstützt. Es heißt nicht, alle Bemühungen zu unterlassen.

Wenn ich Kontakt zu einem Menschen möchte, muss ich mich um Kontakt bemühen. Dann wird dieses Bemühen vom Himmel unterstützt.

Faulheit wird nicht vom Himmel belohnt

Wir sind hier im Leben als Menschen, haben Macht, um etwas zu machen. Wenn wir etwas machen, was uns und dem Leben dient, werden wir unterstützt.

Nicht, dem Faulen fallen die Dinge fertig vom Himmel. Wer keine Ursache gibt, erzielt keine Wirkung. Die Seele erfährt sich nur in ihrer Macht, wenn sie etwas macht. Wer etwas macht, der wird unterstützt.

Wir sind nicht auf der Erde, um faul auf dem Sofa zu liegen.

Wir sind hier, um uns in unserem Erschaffungspotential zu erfahren.

Wenn Potentiale faul herumliegen, muss man sich nicht wundern, wenn Unternehmer zu Unterlassern scheitern.

Das Leben will, dass wir uns bewegen. Deshalb weiß ich, es wird sich wandeln. Ich werde wieder laufen. Es macht ja keinen Sinn, bewegungslos zu leben.

Leben heißt bewegen.

Wir sollen uns bewegen und uns selbst finden in diesem Bewegen. Ich tue selbst sehr viel, um wieder laufen zu können. Ich werde von meinem Mann einmal wöchentlich zur Ergotherapie gebracht. Drei mal in der Woche bekomme ich Physiotherapie.

Alle zwei Monate werde ich zu einer Shiatsutherapie gebracht, und alle acht Wochen bekomme ich von einer lieben Kollegin eine Akupunktur. Alle zwei Wochen mache ich Kunsttherapie. Ich meditiere regelmäßig für mein Seelenheil. Ich trainiere fast täglich an meinen Trainingsgeräten zum Muskelaufbau und Stehen. Jeden Abend sitze ich noch einige Zeit frei auf der Bettkante und trainiere meinen beweglichen Arm mit einer Hantel, um meine Rumpf- und Rückenmuskulatur zu stärken.

Bei schönem Wetter fahre ich in meinem Elektrorollstuhl mit meinem Mann eine Runde an frischer Luft durch die Natur. Das ist für mich im Augenblick die Form der Bewegung, die möglich ist.

Ich tue alles, was geht und möglich ist. Ich möchte wieder laufen. Trotzdem bitte ich den allmächtigen, gütigen Gott um Hilfe. Ich trainiere, mache Therapien und ich bete. Ich bin mir sicher, ich tue selbst, was möglich ist, ich habe wunderbare Therapeuten, die mir helfen. Und das Wichtigste ist: Gott hilft mir.

Gottes Hilfe ist gewiss

Egal was ist. Gebete ersetzen nicht unsere Bequemlichkeit. Wenn es sich jemand nur bequem macht und eigenen Einsatz nicht aufbringt, dann reichen Gebete allein nicht. Gottes Hilfe ist gewiss. Wir erhalten Kraft auf unserem Weg.

Ich saß schon oft an meinem Fahrrad und hatte überhaupt keine Lust mehr, mich abzustrampeln. Dann sprach Gott über meine innere Stimme zu mir, die sagte: „Komm streng dich an, dass du wieder laufen kannst. Du schaffst das."

Und ich weiß, ich gebe hier meiner Seele und meinen Gefühlen Platz, um sich auszudrücken. Ich rolle meine Füße wie beim Laufen und fühle mich leicht werden. Meine weiche, leichtfüßige Weiblichkeit findet ein Stück Ausdruck und Lebendigkeit.

Ich fühle, wie durch die Bewegung mein Körper weicher und freier wird. So dehne ich mich aus in die Weite. Endlose Weite erlebe ich als Seele, trotz körperlicher Einschränkung. Meine Seele darf sich jetzt in dieser körperlichen, eingeschränkten Situation erfahren. Ich erkenne, dass ich nicht Körper bin. Ich bin die Seele, die in diesem Körper lebt. Trotz der Einschränkung des Körpers, fühle ich die Seele in ihrer ganzen Einzigartigkeit, Liebe und Vollkommenheit.

Vollkommenheit

Von einem Medium kam mein Seelenname und meine Seelenfarbe zu mir. Mein Seelenname ist Nayalavee und heißt göttliche Vollkommenheit. Ich bin in göttlicher Vollkommenheit. Körperliches Leid und Einschränkungen belasten mich sehr.

Doch für meine Seele ist diese Erfahrung ein wertvoller Schatz.

Ich habe in meiner Todesstunde und in der Zeit der Krankheit wesentliche Erkenntnisse gewonnen, die ich nur durch dieses Leid erfahren konnte. Ich bin gewachsen und klarer geworden. Ich habe inneren Reichtum dazu gewonnen. Ich sehe nach dieser Erfahrung das Leben mit anderen Augen. Immer mehr bin ich die alte Weise, in der meine Seele sich selbst erfahren darf.

Mit meinem Körper kann ich im Moment nicht gehen. Aber meine Seele ist weitergegangen und hat jetzt im größten Leid, die wichtigsten Erfahrungen gesammelt. Meine Seele geht weiter, erlebt sich. Mein Körper wird auch wieder gehen. Ich tue alles dafür, was mir möglich ist. Ganz sicher ist Gottes Hilfe mir gewiss.

Meine Seele geht weiter, sie wird wieder mit einem gehenden Körper gehen. Ich muss nicht kämpfen. Kämpfen will nur das Ego. Ich liebe. Die Seele liebt und vertraut.

Ich kämpfe nicht, um wieder zu laufen. Ich würde nur Energie verlieren, die ich zum Laufen brauche. Ich liebe. Mit Liebe werde ich wieder laufen. Ich liebe meine linke Seite, meine Weiblichkeit. Meine linke Körperseite gehört wieder zu meinen Körper. Meine Weiblichkeit gehört wieder zu meiner Seele. Alles ist vollkommen in göttlicher Ordnung. Mit meiner Seele in meinem Körper liebe ich das Leben, das mir den Raum gibt, mich zu erfahren. Ich muss nicht kämpfen. Das Leben wurde mir geschenkt. Es war schon zu Ende und wurde mir wieder geschenkt. Alles ist in göttlicher Ordnung. Ich bin göttliche Vollkommenheit.

Das Ego darf der Seele dienen

Nur das Ego sagt, nicht zu laufen, ist unvollkommen. Doch meine Seele ist reicher geworden. Das ist vollkommen. Das Ego ist nicht da, um zu bewerten, Schicksal zu lenken und zu kämpfen. Das Ego soll der Seele dienen. Das Ego darf der Seele bei ihrer Selbstverwirklichung helfen.

Mein Ego darf zur Therapie gehen. Mein Ego darf dem Körper helfen.

Die Seele will wieder laufen, aus Liebe, mit Liebe, in Liebe und für Liebe. Meine Seele will sich erfahren, sich bewegend in Liebe ihre Gefühle ausdrücken, und will fühlen, wie es sich anfühlt, wenn die neue Frau auch körperlich wieder weiter geht.

Die Seele möchte keinen Egoplan

Das Ego darf helfen, wieder zu gehen, doch wohin die Reise dann geht, weiß und bestimmt nur die Seele. Das Ego weiß nicht, welcher Weg der Herzensweg ist, der eigene Seelenweg. Den eigenen Weg fühlt die Seele.

Das Ego sollte nur planen, was die Seele ihm fühlend übermittelt. Das Ego sollte nicht planen, was es selbst aus Moralen und Regeln für richtig hält.

Das Ego, das sich auf die Weisheit der Seele verlässt und sich selbst nicht so wichtig nimmt, dient der Seele und den eigenen Potenzialen. Im besten Falle kommt es selbst in die Liebe. Ein Ego, das nur seine eigenen Pläne macht, die sich auf Anerkennung, Moral und Stolz richten, kann eine Seele zerstören.

Wenn ich laufen kann, laufe ich mit meinem Ego wieder zur Toilette. Mit meiner Seele laufe ich ins Leben, in Freude, in Liebe. Ich gehe, wohin es die Seele bewegt. Die Seele treibt uns dahin, wo sie sich erfahren und entfalten kann.

Mitunter fühlen wir uns zu einer Handlung oder zu einem Menschen getrieben, können nicht erklären, warum. Die Seele treibt uns mit dem Fühlen. Manche Dinge tun wir, weil wir da so ein Gefühl hatten. Mit dem Verstand können wir es nicht erklären. Vielleicht entscheiden wir sogar, dass etwas unvernünftig ist. Trotzdem tun wir es. Herzlichen Glückwunsch!!! Dann hat nämlich die Seele gesiegt. Ich erinnere, liebe Leser, wir leben für die Seele.

Egos legen fest, was vernünftig ist, was man tun und denken sollte, um vernünftig zu sein. Schon kleinen Kindern wird von vielen Eltern vermittelt, vernünftig zu sein. Viele werden auf Leistung, Anerkennung orientiert. Das Fühlen und die Seele finden in unserer Sozialisation kaum Beachtung. Nur „Fakten" zählen. Und Fakt ist: Wir leben für uns, unsere Seele zu entfalten. Das ist nicht mit Vernunft möglich. Vernunft gehört dem Egoverstand.

Die Seele muss fühlen. Wer fühlt, erfährt, was er braucht, was das Richtige ist. Der Vernunft die größte Bedeutung zu geben, garantiert uns eine Lebensentwicklung, die uns von uns weg führt.

Wer sich selbst erkennen und finden möchte, muss fühlen. Was wir fühlen kommt aus der Seele, aus tiefem Herzen. Wir erkennen und erfahren uns selbst.

Wer sich selbst kennt und gefunden hat, kann auch mit anderen fühlen. Ich habe in der Krankheit festgestellt, dass Mitgefühl, wenn es echt ist, sehr wohltuend ist.

Mitgefühl tut dem gut, der es erhält. Es tut auch dem gut, der es schenkt. Wer fühlt, wie es einem anderen geht und den anderen dann aus dem Fühlen heraus berührt, ist in der Energie einer hohen göttlichen Liebe, die Geber und Empfänger bereichert.

Gedanken und Taten aus Mitgefühl bereichern uns. Wir tragen geschenktes Mitgefühl als inneren Reichtum in unserer Seele. Ich hatte in meinem Leben, beruflich und privat, viel mit kranken und sterbenden Menschen zu tun. Ich konnte mich immer gut in die anderen hinein fühlen und somit gelang es mir mitzufühlen. Immer, wenn ich Zeit, Trost und Mitgefühl geschenkt habe, durfte ich teilhaben in einer hohen Energie, in göttlicher Liebe getragen zu sein.

Wenn wir einem anderen Zeit und Mitgefühl schenken, geht uns keine Energie verloren, wie manche behaupten. Energie der Liebe ist ein göttliches Geschenk. Geber und

Nehmer sind beide in dieser wunderbaren, göttlichen Liebesenergie und profitieren davon.

Liebe, Trost und Mitgefühl werden nicht weniger, wenn man es verschenkt. Weniger wird Schmerz und Leid.

Im Buddhismus heißt es, die Aufgabe des Menschen sei es, Schmerz und Leid zu reduzieren. Im reichen Europa befürchten Menschen manchmal, wenn sie anderen Gutes tun, geht ihnen selbst zu viel verloren.

Das zeigt, dass viele dem Ego die Macht erteilt haben. Leicht lässt sich erkennen, wessen Geistes Kind sie sind. Das Ego glaubt, es muss alle Energie für sich behalten. Die Seele will sich bewusst erleben, im Austausch, im Geben und Nehmen. Wer fühlt, was ein anderer fühlt, Mitgefühl kennt, wird einem anderen gern geben, was er braucht. Wer mit anderen mitfühlt, berührt des anderen Seele.

Seelenberührung

Die wundervollste, tiefste Berührung ist die Berührung, die wir in der Seele erleben. Echtes Mitgefühl ist tiefe Seelenberührung. Wer nicht fühlt und nicht mitfühlt ist arm. Seine geistige Schatztruhe bleibt leer.

Der Reichtum der inneren Schatztruhe vermehrt sich nur durch das, was wir fühlen. Auch, wenn wir keine tatsächliche körperliche Verbindung haben, können wir über die Seelenebene kommunizieren und in Liebe eine andere Seele berühren.

Wenn wir mit himmlischen Mächten in Verbindung treten, erhalten wir oft Botschaften über unsere innere Stimme in unserem Herzen und wir werden in der Seele berührt.

Liebe, die aus dem universellen, göttlichen Himmel, direkt in unsere Seele fließt, berührt uns tief. Wir müssen bitten und uns öffnen.

Weibliche Energie

Die weibliche Energie ist empfangend und öffnend für das, was kommt.

Ich bin plötzlich mitten in meinem Leben schwer erkrankt und leide unter erheblichen, körperlichen Einschränkungen. Ich nehme es an. Ich könnte zweifeln, fragen warum. Ich könnte jammern und klagen. Doch ich habe mich entschieden, es anzunehmen. Meine Seele erfährt sich in dieser schwierigen Situation.

Ich wandele mich und bin nicht mehr die Frau, die ich war.

Ich bin eine neue Frau geworden und erlebe gerade, wie sich Heilung vollzieht. Ich bin weiblich, in Liebe. Ich erlebe in meinem Herzen den Himmel nah.

Ich bin weich, geöffnet, empfange, was zu mir kommt. Leben, Liebe, Segen erfüllen mich. Ich kann nicht laufen, doch ich fühle mich quicklebendig.

Lust zu leben

Meine Quicklebendigkeit bringt mir Lust. Ich habe Lust auf Leben.

Womit wohl meine Weiblichkeit noch gefüllt werden wird? Meine Seele fühlt, was meine weiche Weiblichkeit erfüllt.

Teil des Ganzen

Ich fahre mit meinem Elektrorollstuhl durch die Natur. Der Frühling hüllt die Natur in ein frisches grün. Warme Sonnenstrahlen berühren mich, Vögel zwitschern. Ich lasse meine Weiblichkeit empfangen. Ich werde erfüllt von der wunderbaren Natur, in der sich unsere göttliche Schöpferkraft zeigt. Ich bin mitten in dieser Schöpfung, werde erfüllt und werde selbst zum Teil dieser natürlichen Lebendigkeit.

Wer sich selbst in ein Ganzes einbringt und sich hingibt, wird zum Teil eines Ganzen. Im Teil eines Ganzen sein, lässt dem Ego keinen Platz mehr. Das Ego kann mit Denken nicht erfassen, was da geschieht. Das Ego gibt auf, weil es keine Gewinnchancen sieht.

Die Seele fühlt sich als Teil eines Ganzen, empfängt und gibt. Der Helfende, der dem Hilflosen hilft, bekommt ebenfalls, wie der Empfänger die Liebe und den Segen. Helfer und Empfänger werden zum Teil eines Ganzen. Zum Teil einer Lebendigkeit, der göttlichen Liebe.

Im Leben selbst werden wir oft zu einem Teil eines Ganzen und dürfen dieses wertvolle Gefühl in unsere innere Schatztruhe als inneren Reichtum aufnehmen. Wer Teil eines Ganzen ist, erfährt und erlebt sich als Seele, individuell und mit anderen. Teil eines Ganzen zu sein, ist ein großes Geschenk, wo immer wir es fühlen dürfen. Als Teil eines Ganzen werden wir in der Seele berührt und berühren auch andere Seelen.

Wir sind Teil der ganzen, göttlichen Schöpfung. Wir sind Teil des Lebens. Die Seele ist als Teil der Schöpfung, als Teil des Lebens getragen.

Das Ego möchte nicht ein Teil sein, es möchte wichtig sein. Deshalb verschwindet es da, wo die Seele getragen ist. Bei Gott verschwindet das Ego.

Wo Liebe ist, schweigt das Ego und wird klein.

Ich erfahre in meiner Seele mich als Teil des Ganzen. Ich bin ein Teil der Schöpfung. Ich nehme mit meiner empfangenden Weiblichkeit die göttliche Liebe auf, ich nehme das Leben der Natur in mir auf. Und ich gebe mit meiner weiblichen, mütterlichen Seele meine Liebe in das Leben. Auch, wenn ich nicht laufen kann, kann ich etwas schenken und geben.

Vielen, denen ich begegne, bringe ich Segen. So tun wir uns gut. Die Menschen, die mich besuchen, bringen mir Gutes, ich tue ihnen gut. Wieder bin ich Teil eines Ganzen.

Alles, was wir wirklich brauchen, ist da

Was wir brauchen, um uns weiter zu entwickeln, oder, um uns selbst zu erfahren, ist da. Viele erkennen es nicht, wenn es da ist. Viele suchen Selbsterfahrung in Seminaren, und im Leben lassen sie Möglichkeiten zur Selbsterfahrung achtlos liegen. Manches Schicksal ist hart und leidvoll, und man muss hindurch. Dann können wir darauf vertrauen, dass wir das, was wir auch in schweren Zeiten brauchen, mit uns ist. Gott schickt uns seine Engel, manchmal in Menschengestalt. Ich habe im Leben immer die richtigen Begleiter an meiner Seite gehabt.

Ich hatte wunderbare Eltern. Später hatte ich gute Lehrer, gute Freunde und Kollegen, die mich weiter brachten. Meinem ersten Partner gelang es, sehr liebevoll, meine weibliche Seele zu erwecken. In meiner zweiten Partnerschaft durfte ich Mutter werden. Ich bin Mutter eines wunderbaren Sohnes. Ich habe mich erfahren als die behütende Mutter, und als die Mutter, die loslässt, dass die Seele ihren Herzensweg gehen kann.

In der Krankheit, die mich plötzlich traf, stand mein Mann sehr stark an meiner Seite. Er ist da für mich und hilft mir in allen Lebenslagen. Mein Sohn ist in Hingabe und Liebe bei mir. Viele Freunde besuchen mich und tun mir gut. Ich habe eine wundervolle, mitfühlende Hausärztin. Ich habe gute Therapeuten, liebe Krankenschwestern vom Pflegedienst. Immer hatte ich die richtigen Menschen in meinem Umkreis. In jeder Situation in meinem Leben gab es einen, der genau das hatte, was ich brauchte. Da gibt es viele Momente und Schätze in meinem inneren Reichtum. Ich danke diesen lieben Seelen. Ich danke Gott, der mir die Richtigen geschickt hat.

Gott nimmt uns das Schicksal nicht ab, er sendet uns die Kraft, um durchzuhalten. Wir sind nicht allein. Wir sind ein Teil des Ganzen. Gerade schwierige Lebenssituationen und Schicksalsmomente bieten uns Möglichkeiten innerlich zu wachsen und zu reifen. Dabei können wir uns Selbst erfahren. In Seminaren reden Egos über Selbsterfahrung. Im Leben erfahren wir uns selbst.

Reden, diskutieren und denken sind die Ausdrucksformen des Ego. Die Seele und das Herz fühlen. Im Fühlen erfahren wir uns selbst. Zuviel Denken stört die Seele bei ihrer Selbsterfahrung.

Um sich selbst zu erfahren, macht es Sinn, zu spüren in das, was ist. Wie fühlt sich das an? Und dann fühlen, nicht analysieren. Ich fühle mich als vollkommener Teil der Schöpfung, quicklebendig als Teil des Lebens. Ich fühle, wie der Atem und das Leben durch mich fließen. Ich leide unter den Folgen eines Schlaganfalles, bin halbseitig gelähmt und kann nicht laufen. Doch ich fühle mich quicklebendig und empfange den Frühling, den Sonnenschein, der alles neu macht. Ich fühle, wie ich meine Weiblichkeit ganz neu erfahre. So hart, wie das Leben auch momentan für mich ist, es ist spannend auf einer Lebensreise.

Jeder reist durch sein Leben und möchte nur gutes erleben. Wenn es hart wird, weichen wir Menschen gern aus. Ich kann nicht ausweichen. Ich lebe in einen Körper mit all meinen Einschränkungen.

Keiner möchte Leid aushalten. Und ich bin selbst gerade mitten im Leid. Schön und angenehm ist das nicht. Ich wünsche mir ganz sehr, dass sich mein Leben wieder leichter anfühlen darf, dass ich schnellstmöglich wieder laufen kann, um mich selbst zu versorgen.

Doch die andere Seite ist: Ich habe noch nie so viel erfahren und erkannt, wie in diesen schweren Zeiten. Ich sehe diesen positiven Aspekt, und somit fällt es mir leichter, mein Schicksal anzunehmen.

Das Leben sollte man nehmen, wie es ist. Ein anderes gibt es nicht.

Wandlung

Was es gibt, ist die Wandlung. Nichts bleibt für immer. Alles wandelt sich. Alles verändert sich. Ich vertraue auf den Fluss des Lebens, in dem stets neues Wasser fließt. Die Wandlung lässt zu, dass sich die Dinge verändern.

Ich bin mir sicher, dass ich wieder laufe und meine Lähmung verschwindet. Nichts bleibt, wie es ist, und das ist für mich gut, dass es so ist. Viele möchten festhalten, vor allem an guten bequemen Dingen. Negative Dinge wollen wir nicht festhalten.

Ich bin dankbar, dass das Leben sich wandelt.

„Du hast alles erkannt, gefühlt und erfahren. Jetzt darf sich der Wandel vollziehen", vernehme ich durch meine innere Stimme. Es sind Gottes Worte, die mir Zuversicht geben.

Leben mit Gott

Mit Gott macht alles im Leben, selbst großes Leid, einen Sinn. Ein Ego kann an Gott glauben, wenn es Beweise sieht. Das Herz und die Seele fühlen Gott und wissen, um seine Existenz.

Wer fühlt und weis, muss nicht glauben. Ich fühle mich gut in meinem Leben mit Gott.

Gott gibt mir Kraft und Zuversicht, das ganze Leid auszuhalten. Gott hat mich zwei schwere Krankheiten, eine Hirnblutung und eine Lungenembolie, überleben lassen. Meinen Lebensweg gehe ich weiter mit Gott. Gottes Liebe leuchtet mir den Weg. Mit Gottes Hilfe werden auch schwere Wege begehbar. Ich lege mich voller Vertrauen in Gottes Hand. Gottes Hilfe ist da. Nur, wir Menschen nehmen sie oft nicht wahr. Wir müssen hinhören und hinschauen, auf die Zeichen, die Gott uns schickt.

Auf Gottes Zeichen sollten wir achten. Doch unser Ego ignoriert die Zeichen gern und meint, es besser zu wissen. Ich habe vorm Traualtar bei meiner ersten Hochzeit gesagt: „Ja, mit Gottes Hilfe", drei Jahre später habe ich mich in einen anderen Mann verliebt und auf unschöne, verletzende Art und Weise meine Ehe zerstört und beendet. Die vorherige Hilfe Gottes habe ich ignoriert. Mein Ego meinte, es besser zu wissen. In meiner Todesstunde kam ich zu dieser Einsicht.

Jetzt in der Krankheit hat Gott mir immer Zuversicht gegeben, dass ich wieder gesund werde. Ich fühle mich gesund und lebendig. Gott gibt mir auch die Zuversicht, dass ich wieder laufen werde. Mein Lebensweg ist von Gott gesegnet. Ich bin in der Liebe sicher geborgen bei Gott.

Gott läuft nicht für mich und nimmt mir auch die Aufgabe, wieder zu laufen nicht ab. Gott gibt mir die Sicherheit, dass es so sein wird. Gott hat mir die Kraft gegeben, wieder gesund zu werden. Gott gibt mir auch die Kraft, wieder zu laufen. Laufen muss ich natürlich selbst, Gottes Segen liegt auf meinem Weg, den ich mit meiner Seele und mit dem in mir wohnenden göttlichen Kern gehe. Der universelle Gott und der göttliche Kern in mir, sind meine großen Wegbegleiter. Ich lebe mit Gott im Außen und mit Gott in mir. Ich bin durch die Krise der Krankheit gewachsen und gereift. Das macht mich zu keinen besonderen oder besseren Menschen. Es hat mich weicher und tiefer gemacht.

Oberfläche

Wer im Leben in seine Tiefe taucht, findet seine Seele und das fühlende Leben. Wer nur an der Oberfläche bleibt, seinem Ego die Macht erteilt, hat nicht viel Reichtum in seiner inneren Schatztruhe.

Viele kratzen im Leben nur auf der Oberfläche herum. Die Seele möchte kein oberflächliches Leben. Wir leben nicht, um gute Berufe zu erlernen, gute Anstellungen zu bekommen, viel Geld zu verdienen. Das Leben ist oberflächlich. **Das Se**elenleben ist tief und fühlend. In der Todesstunde müssen wir keine Zeugnisse, Sparkonten, oder materiellen Güter präsentieren, um den Wert unseres gelebten Lebens zu erkennen. Hier geht es um inneren Reichtum, um unsere Selbsterfahrung. In der Todesstunde bereuen wir die Oberflächlichkeiten, mit denen wir Lebenszeit vergeudeten. Das Ego ist gern an der Oberfläche und versucht manchen Tiefgang zu verhindern.

Was wir wirklich erfahren wollen, finden wir nur, wenn wir in die Tiefe gehen, uns einlassen auf das, was ist. Wer sich auf das Leben, was ist, einlässt, geht in die Tiefe. Sich auf eine Liebe einlassen, kann in der Tiefe fühlen, was Liebe wirklich ist und sich selbst in Liebe erfahren. Ich habe mich eingelassen auf die leidvolle Erfahrung der Krankheit. In der Tiefe durfte ich viel Gutes finden, womit ich meinen inneren Reichtum fülle.

Es ist nicht einfach, sich immer auf das, was ist, einzulassen. Schwere Situationen mit Leid und Schmerz möchte keiner erleben. Sich dann noch darauf einzulassen, ist schon ein wenig zu viel verlangt. Doch, wenn wir hadern, zweifeln, jammern oder gar dagegen kämpfen, ändert sich die Situation nicht. Kampf lässt uns sinnlos Energie verbrauchen. In das Leben zurück kämpfen. Wieso? Ich bin wieder im Leben. Ein Zurück gibt es nicht mehr. Das Leben ist ein anderes geworden, ich bin eine andere geworden. Ich will nicht in das Leben zurück.

Das Leben geht vorwärts

Ich gehe weiter und vorwärts in meinem Leben. Ich bin unterwegs und erlebe mich in einer neuen Stärke, in einer neuen Weiblichkeit, gespannt, was da alles noch kommt.

Das Leben geht vorwärts, nicht rückwärts. Ich kann nicht das Alte aufwärmen und es weiter so machen, wie es war. Ich kann nur neu anfangen.

Altes muss losgelassen werden, dass ein neuer Anfang möglich wird.

In einer Krise hat sich vieles gewandelt. Es gibt das, was vor der Krise war und das, was nach der Krise sein wird.

Wir können uns nicht in eine Vergangenheit zurück kämpfen. Die Vergangenheit ist vorbei. Es gibt sie nicht mehr.

Es gibt die Gegenwart, in dieser sollten wir bewusst sein, um weiter nach vorn zugehen.

Viele Mütter wünschen sich die Kindheit ihrer erwachsenen Kinder zurück. Die Kindheit ist vorbei. Das Kind geht jetzt als Erwachsener seinen Weg. Das ist gut so. Wer die Zeit, in der die Kindheit war, tief fühlend erlebt hat, muss nicht wieder zurück. Die, die oberflächlich die Zeit verschwendeten, möchten es noch mal erleben, weil etwas fehlt.

Alles, was war und vorbei ist, darf es sein. Als inneren Schatz hüte ich großen inneren Reichtum davon in meiner Seele. Die Vergangenheit hat mich werden lassen, was ich jetzt bin. Jetzt werde ich das, was ich sein werde. Also gebe ich mich jetzt meinem Leben hin. Jeden Augenblick beginnt ein kleiner Neuanfang.

Das Leben will keinen Nostalgiefilm mit uns drehen

Manche leben nur in der Vergangenheit und sind traurig, dass es sie nicht mehr gibt. „Die schönen Ferien von früher…, Die schöne Weihnachten von früher…". Ja, es ist vorbei. Wir können nur was ist, erleben. Das sollten wir dringend. In der Todesstunde bereuen wir ungelebtes Leben. Das Leben will keinen Nostalgiefilm mit uns drehen. Der Lebensfilm ist die Selbsterfahrung der Seele.

Wir leben in der Zeit, werden uns selbst als Seele erfahren. Den Film unseres Lebens nimmt die Seele mit in die

Ewigkeit. Wir leben ständig in der Ewigkeit. Aus ihr gehen wir dann in die Zeit, um uns als Seele zu erfahren und unseren Lebensfilm aus der Zeit mit nach Hause zu nehmen.

Zu Hause in der Ewigkeit

Unser zu Hause ist die Ewigkeit. In der Todesstunde erfahren wir die Größe der göttlichen Ewigkeit. Hier entschwindet alle Zeit. Alles ist immer und ewig. Jede Liebe, jede Seele, jede Energie ist immer da. Nichts geht verloren. Nur der Körper vergeht. Die Seele lebt ewig in der Ewigkeit. Es gibt kein Leben nach dem Tod, behaupten manche.

Es gibt kein Leben nach dem Tod. Nach dem Tod gibt es das Jenseits. Im Leben sind wir im Diesseits, und gemeinsam sind wir in der Ewigkeit.

Ewig ist die Ewigkeit.

Alles ist in der Ewigkeit. Nichts geht verloren. Ewig ist das Sein der Seele in der Ewigkeit. Begrenzt ist nur das körperliche Leben in der Zeit. Wir sind im Leben in der Zeit und gleichzeitig in der Ewigkeit.

Den Tod gibt es nicht als Ende. Der Tod ist nur der Wandel. Wir lassen die körperliche Hülle auf der Erde zurück, die Seele lebt weiter, wo sie auch schon vor dem Wandel war, in der Ewigkeit. Es gibt kein Leben nach dem Tod. Das Leben der Seele geht weiter. Wir sind immer in der Ewigkeit, immer in Gott, immer in Liebe.

Mit dem Verstand des Ego ist das nicht begreifbar. Diese Behauptung habe ich aufgestellt, nachdem ich mit meiner Seele in schwerer Krankheit die Ewigkeit fühlen durfte. Die Krankheit hat mich in die Tiefe gebracht, die Ewigkeit zu fühlen.

Grenzenlos

Alles ist möglich. Nur der Egoverstand setzt uns Grenzen und behauptet das bestimmte Dinge nicht möglich sind. Doch in Gottes Ewigkeit und seiner Liebe gibt es kein Ego. Deshalb ist bei Gott alles möglich, was dem Menschen unmöglich ist.

Egofreiheit ist auch grenzenlos. Das Ego allein setzt und bestimmt Grenzen. Über meine innere Weisheit erfahre ich: „Wenn es dir gelingt, deine Grenzen zu überwinden, kannst du laufen."

Es sind also meine eigenen Grenzen, die mich hindern. Ich fühle hin, zu meinen Grenzen. Ich fühle meinen Atem schwer werden. Ich fühle mich eingeengt. Meine innere Führung rät mir, mich aus aller Enge zu befreien.

Ich fühle, wie ich eng geworden bin, und ich sehe, was mich eng gemacht hat. Ich lasse, was mich eng gemacht hat im Frieden sein. Alles darf sein. Ich fühle die Enge und ich entschließe mich, dass ich sie nicht mehr nehmen muss. Ich darf in grenzenloser Weite sein. Ich erlaube mir grenzenlose Weite und fühle, wie mein Atem wieder leicht wird.

Mein Mann hat auf meiner Lieblingsinsel an der Nordsee einen kleinen Kurzurlaub gebucht. Ich freue mich auf die Weite der Landschaft. Ich liebe diese Landschaft. Alles ist weit.

Sich selbst den Freiraum geben

Wir meinen oft, dass sämtliche Einschränkungen von Außen kommen. Das mag manchmal so sein. Doch wir entscheiden selbst, ob wir die Grenzen annehmen oder uns für grenzenloses Leben entscheiden.

Ich gebe meiner Seele den Freiraum im Leben. Alle Grenzen lasse ich frei. Ich gebe mich frei. Ich gebe meine linke Seite, meine Weiblichkeit frei.

Am nächsten Tag stehe ich mit meinem Ergotherapeuten und kann mein rechtes Bein anheben, während mein linkes Bein meinen Körper hält. Ich stehe wieder mit meiner weiblichen Seite stabil.

Mein Ergotherapeut sagt, dass im Vergleich zum Anfang alles viel stabiler geworden ist. Er meint, dass ich bald laufen werde. Ich fühle selbst, dass es immer besser wird. Meine linke Seite gehört wieder zu mir und spielt wieder mit.

Was zur Seele gehört, wird gefunden

Manche sind ihr Leben lang auf der Suche. Mancher sucht den richtigen Partner, ein Anderer sucht berufliche Ziele zu erreichen. Der Nächste sucht Selbsterfahrung.

Vor lauter Suchen erkennen sie manchmal nicht, was im Leben auf dem Weg liegt, um gefunden zu werden. Oft kann der erst finden, der aufhört zu suchen. Die Seele möchte sich selbst erfahren. Im Menschen ist sie der Magnet, der das anzieht, was zu ihm gehört und die Seele bereichert.

Ich brauche therapeutische Unterstützung, um wieder in Bewegung zu kommen. Ich musste nicht viel suchen. Ich durfte finden. Ich habe wundervolle Ergotherapeuten und Physiotherapeuten, die mir sehr helfen. Ich hatte immer die richtigen Menschen im richtigen Augenblick bei mir.

Ein Leben lang für immer

Menschen kommen und gehen. In unterschiedlichen Situationen begegnen wir unterschiedlichen Menschen, die genau das mitbringen, was wir benötigen. Manchmal begegnet uns ein Mensch, wird vielleicht sogar zum Freund, dann ändern sich Gegebenheiten und wir trennen uns von dem Menschen.

Als ich noch gesund war und als Heilpraktikerin tätig war, kam eine Frau in mein Leben, die fast zu einer Freundin wurde. Sie eiferte mir nach, will selbst beruflich so sein und es machen, wie ich. Sie wird nie wie ich sein. Sie ist ja ein anderer Mensch. Ich sage immer in Seminaren zu meinen Schülern, sie sollen ihr Ding machen. Keiner muss mich nachmachen. Mich gibt's ja schon, auch die anderen, die es anders machen, braucht das Leben.

Meine „Fastfreundin" besuchte mich am Anfang regelmäßig in der Reha, dann wurden die Besuche weniger. Sie hatte auch selbst in ihrer Familie ihre Probleme, ihr Vater starb.

Jetzt ist der Kontakt völlig abgebrochen. Es ist jetzt die Zeit, in der sie mich nicht mehr braucht. Ich kann ihr nichts mehr geben, was sie sonst von mir bekommen hat. Ich fühle, unsere Zeit ist vorbei. Und das darf so sein.

Freunde und Kollegen, die ich noch von meiner Arbeit als Krankenschwestern kenne, waren plötzlich wieder da, als sie erfuhren, dass ich krank bin. Alte Freundschaften sind neu entflammt. Dann gab es neue Freundschaften, die sich gerade in meiner schweren Zeit gefestigt haben.

Ich bin sehr dankbar für die lieben Seelen, die in meiner Nähe sind. Es sind immer zu jeder Zeit die Seelen mit uns unterwegs, die uns das Passende bringen.

Selten gibt es Beziehungen und Freundschaften, die endlos sind. Wenn eine Beziehung am Ende ist, sollte man sie enden lassen. Und auch hier steht im Leben wieder das verletzte Ego, das besitzen will, oder meint sich rächen zu müssen. Das zornige Ego lässt dann ein Ende nicht zu.

Beziehungen und Freundschaften sind für die Seele wertvoll und von Bedeutung. Das Ego kann auf der Seelenebene, der Beziehung und den Seelen sehr schaden.

Hochzeit mit sich selbst

Die wichtigste Beziehung des Lebens ist die Beziehung zur eigenen Seele. Wir müssen uns auf uns selbst einlassen, bevor wir uns auf andere einlassen können. Vor dem Mitgefühl ist das Fühlen wichtig. Wir finden die richtigen Freunde, wenn wir uns selbst gefunden haben.

Jeder sollte seine Seele heiraten. Sich selbst fühlen. Mit diesem Selbst das Leben fühlen. Mit sich selbst glücklich sein, und sich selbst lieben.

Meine rechte und meine linke Körperhälfte gehören zusammen. Das war jetzt sehr lange Zeit durch die Lähmung meiner linken Seite nicht zu fühlen. Die linke Seite hängt schwer an meinem Körper und hat nicht mehr mitgespielt. Jetzt ist sie wieder bereit, erwacht immer mehr und mit ihr erwacht meine Weiblichkeit.

Ich werde die neue Frau, die ich jetzt bin, heiraten. Sie bekommt neue, bunte Kleidung und ich feiere mein eigenes Hochzeitsfest. Vereint mit Herz und Seele wird die neue Frau in ihrer Weiblichkeit leuchten und ihren Herzensweg gehen. Das Ego erwartet, dass andere uns erfüllen, uns lieben. Die Seele weiß, wir können nur selbst unsere innere Schatztruhe erfüllen. Wir fühlen selbst, was wir brauchen.

Wer soll uns lieben, wenn wir uns selbst nicht lieben können? Ich streichele mit meinem rechten, beweglichen Arm, meinen linken. Meine rechte Hand nimmt die linke Hand an die Hand. Wir gehören zusammen. Meine weibliche Seele gehört in meinen Körper. Ich bin ein Ganzes im ganzen Universum.

Aggressionen und Wut passen nicht in den Himmel

Ich erwache am Morgen und versuche aufzustehen, um zur Toilette zu gehen. Mein Mann schimpft, es würde sowieso nicht gehen.

Ich fühle seine Aggression, die mir Wut macht. Ich möchte, wie manche empfehlen, die Wut nutzen, um sie in Kraft zu wandeln und aufstehen zu können.

Die Aggression, die um mich herum schwebt und die entstandene Wut lassen sich nicht wandeln. Ich fühle, wie mich die aggressive Energie lähmt. Aha, ich fühle, ich bin gelähmt. Ich fühle, ich will mich wieder bewegen, wieder gehen. Das geht nicht mit Wut auf Aggressionen. Wut und Aggressionen haben keinen Platz im Himmel. Ich fühle, sie kommen aus satanischen und dunklen Ebenen, vom Ego regiert.

Mein Schutzengel hüllt mich in Schutz, dass mich weitere Aggressionen nicht erreichen. Meine innere Weisheit führt mich zum universellen, allmächtigen Gott. Gott füllt mich mit liebender Energie.

Fast gleichzeitig bekomme ich von meiner lieben Kollegin eine Akupunktur. Ich fühle mich durch Gottes Liebe und der zeitgleichen Körperakupunktur von guter Energie durchflutet. Ich fühle, wann ich im Leben solche Fluten von guter Energie gespürt habe.

Ich fühle diese Energie als Kind mit meinen Eltern und mit meiner ersten, großen Liebe. Ich fühle ähnliche Energie als ich Mutter wurde, und als ich meiner Mutter und meinem Vater in ihrem Sterben die Hand hielt.

Aggressive Energie schwächt uns. Ich habe gefühlt, sie lähmt mich. Energie der Liebe stärkt. Nur von liebevoller Energie durchflutet können wir gesunden.

Himmlische Energie ist Liebe. Diese Energie kann nicht fließen, wo aggressive, dunkle Energie die Kanäle blockiert und verstopft.

Energien, die aus dem Umfeld zu uns gekommen sind und uns schaden, müssen wir zurückgeben. Ich gebe die aggressiven Energien, die ich in mir fühle zu ihrem Ursprung zurück. Ich trage sie nicht mehr. Sie gehören mir nicht.

In mir fließt reine, göttliche Liebesenergie und stärkt mich in allen Bereichen. Weder mein Ego, noch das Ego eines anderen, hat Macht in mir. Die einzige Macht in mir hat Gott und meine ewige Seele.

Wie soll ich meinen Weg gehen, wenn ich aggressive Energie von anderen transformieren muss? Das muss ich nicht tun. Ich lebe in Liebe. Ich erfahre mich nur selbst mit der mich umgebenden aggressiven Energie und fühle, was das mit mir macht. Es macht mich traurig und gelähmt. Ich fühle, es ist nicht meine Aufgabe, dafür stehe ich nicht zur Verfügung. Ich bin nicht der Transformator für Aggressionen, die andere erschaffen.

Diese Energien werden nicht aus einem göttlichen Kern erschaffen. Hier ist ein anderes geistiges Kind am Werk.

Befreiung der Seele

Die meisten Menschen leben für ihr Ego. Sie möchten Anerkennung, Reichtum materieller Güter und Recht haben. Doch wir leben, um uns von diesen Energien zu befreien und die Seele zu fühlen. Wenn wir uns von vorgegebenen Egostrukturen lösen, schaffen wir Freiraum für die Seele.

Eine befreite Seele kann sich entfalten, wie eine Blume erblühen. Ich entfalte meine weibliche, empfangende und liebende und mütterliche Seele.

Ich fühle, was unterschiedliche Energien mit ihr machten. Jetzt fühle ich die weibliche, linke Seite meines Körpers schwer. Aggressive Energien haben auch meine Seele schwer gemacht.

Leichtigkeit

Viele nehmen das Leben ernst und schwer. Es würde manchem, der Drogen strikt verteufelt, gut tun, mal ein Gläschen zu trinken, um das Leben etwas entspannter zu sehen.

Ich habe das Leben nie schwer genommen und immer Leichtigkeit gelebt. Die Leichtigkeit hat sich in meiner Seele gut und richtig angefühlt und hat mich glücklich gemacht. In der Krankheit ist eine Seite schwer geworden. Schwere hat mich gelähmt und hat mich erzwungen, still zu verharren, nicht mehr weiter zu gehen.

Jetzt ist es schwer, wieder zu gehen. Leicht will ich wieder gehen, leichtfüßig über die Erde schweben. Ich fühle, was mich schwer gemacht hat. Ich fühle, was mich leicht macht. Es ist meine bunte, schrille und wilde Seite meiner Weiblichkeit.

Im Moment bin ich gefangen und ich kann dem schrillen, wilden Teil keinen Raum geben. Doch ich verspreche dem Teil, dass ich ihn leben werde, sobald ich die leichte Bewegung wieder habe.

Ich fühle in mir mit jedem Einatmen leichte Bewegung. Ich fühle unter meinen Füßen den Boden und spüre, wie sich meine Füße wieder bewegen wollen. Ich rolle meine Füße und fühle. Ich fühle, wie Leichtigkeit wieder kommt.

Ich sehe in meiner Zukunft Dinge und Menschen, zu denen ich mich hinbewege. Leichtfüßig will ich mich bewegen, meine Seele fühlt das Leichte.

Die Seele bestimmt den Schritt

Eine weiche Seele lässt ihren Körper weich gehen. Kaum hörbar mit weichen Sohlen geht sie im Leben. Die Spuren, die sie auf der Erde hinterlässt, sind Spuren der Liebe.

Eine härtere, vielleicht sogar aggressive Seele lässt ihren Körper schweren, groben Schrittes über die Erde gehen. Die Spuren, die sie auf der Erde hinterlässt, sind Spuren der Härte und fehlenden Fühlens.

In der Art, wie wir gehen, offenbaren wir unsere tiefe Seele. Ich gehe momentan nicht mit meinem Körper. Und doch geht ständig meine Seele, erfährt sich unmittelbar in diesem Stillstand. Meine innere Schatztruhe ist voll geworden an inneren Reichtum, während mein Leben still zu sein steht. Es erscheint nur so, in Wirklichkeit das Leben weiter geht.

Nicht immer ist es, wie es scheint

Oft zeigen sich Dinge ganz anders, als sie sind. Hinter der scheinbaren Realität offenbart sich die Wirklichkeit. Ein Ego erscheint gern mit einer Maske und verschleiert die Wirklichkeit. Das Ego möchte sich als etwas Bestimmtes präsentieren.

Vielleicht möchte jemand etwas Besonderes sein und stellt sich dann entsprechend wichtig dar. Tief in seinem Inneren ist er nicht das, was er versucht darzustellen. Dann wird der Selbstdarsteller entlarvt, und erkennbar wird, was hinter der Selbstdarstellung, hinter dem Schein ist. Wir sehen die Wirklichkeit.

Es entpuppt sich so mancher coole Mensch, als einer, der nur die Liebe braucht. Oder mancher, der immer gute Leistung zeigt und anscheinend alles kann, entpuppt sich als empathieloser Mitmensch.

Das Ego fürchtet sich oft, dass jemand hinter seiner Fassade seine Wirklichkeit entlarvt. Es könnte ja unangenehm und peinlich auf andere wirken, oder man könnte sich blamieren, wird ausgelacht.

Versäumte Lebenszeit

Viele leben nur für das Ego und für die Anerkennung durch andere. Sie versäumen dabei ihr eigenes Leben, ihre Seele zu entfalten. Spätestens in der Todesstunde werden wir versäumte Lebenszeit bereuen.

Mein Fazit für die Zeit, die mir jetzt noch einmal geschenkt wurde, lautet deshalb:

Lebe das, was du fühlst.

Tue das, wonach dein Herz verlangt.

Höre nur auf dein Herz, auch wenn dir die Vernunft etwas anderes rät.

Der Herzensweg ist das, was deine Seele will.

In der Todesstunde können wir nichts mehr zurückholen. Im Leben können wir noch einiges ändern. Was wir tief in uns fühlen, sollten wir beachten und entsprechend danach handeln. Unsere Seele ruft uns, schiebt uns und treibt uns.

Chancen nutzen

Unsere Seele möchte ihre Chance im Leben nutzen. Ihr ist bewusst, die Zeit im Leben ist begrenzt. Das Ego darf der Seele dienen und das tun, was die Seele will.

Wenn die Seele sich in etwas erfahren möchte, darf das Ego den Kontakt dazu herstellen. Die Seele schiebt in eine bestimmte Situation, die Vernunft aus dem Ego wehrt sich dagegen, und so beginnt das Ego, seinen Willen durchzusetzen und seinen eigenen Willen zu behaupten.

Dadurch wird die Seele zurückgedrängt und der wahre Herzensweg verlassen. Das menschliche Wesen lebt nicht mehr sein Leben, sondern geht den Weg, der Vernunft, des Egos.

Mensch mit Ecken und Kanten

Nach vorgegebenen Normen zu leben, erscheint vernünftig. Man hat immer die gleiche Meinung, wie die anderen. Wer so ist, wie es die Norm möchte, hat keine Ecken und Kanten und stößt sich nicht an anderen.

Das Leben der Seele macht einen Menschen, der sein Leben lebt. Dieser Mensch ist nicht genormt, ist nicht wie alle anderen. Deshalb könnte er bei anderen anecken, sich unbeliebt machen, Anerkennung wird ihm nicht gegeben.

Die Seele möchte sich nicht an andere anpassen und vernünftig sein. Die Seele möchte ihr eigenes Leben leben, sich selbst entfalten.

Es ist egal, wie andere es beurteilen, oder auch mancherlei verurteilen. Dem Ego ist das Urteil anderer nicht egal, es möchte Anerkennung, Lob, sich gut darstellen. Die Seele möchte Leben, sich entfalten. Die Seele eckt lieber an, als angepasst und langweilig zu leben.

Ein Mensch mit Ecken und Kanten lebt sein Leben und geht in Freude seinen Herzensweg. Die Seele ist froh, über jede Ecke, mit der der Mensch angeeckt ist. Das Ego passt sich lieber an, um möglichst bequem durchs Leben zu gehen. Ein Mensch mit Ecken und Kanten ist für die anderen oft unbequem.

Ich bin ein Mensch mit Ecken und Kanten. Ich färbe nicht mein ergrautes Haar, um mein Alter zu verstecken. Ich frage Ärzte und Therapeuten und lasse nicht alles mit mir machen. Ich sage anderen, was mir nicht passt und was ich nicht möchte. Das ist für die anderen nicht bequem. Ich ecke ab und zu an. Ich muss mit meinem Mann manchmal diskutieren, wenn ich schon wieder auf die Toilette muss und er behauptet, es könne nicht sein, da ich vor wenigen Minuten auf Toilette war. Ich fühle aber, dass ich nochmal auf Toilette muss. Ich fühle es doch, also ist es so. Ich ecke dann an, bin nervig.

Das Leben aushalten und ertragen

Ich habe jetzt in meiner Zeit der Krankheit einiges aushalten und ertragen müssen. Ich muss Spastiken und Schmerzen aushalten. Das kann ich nicht ändern. Ich muss aushalten, meine Körpergrundbedürfnisse zu kontrollieren. Meine Ausscheidungsbedürfnisse muss ich in den Plan von Pflege und Therapie einpassen. Und dann bekomme ich Bauchschmerzen zu meinen üblichen Schmerzen noch hinzu. Ich muss allerhand aushalten und ertragen.

Aber ich weigere mich, Befindlichkeiten meiner Umwelt zu ertragen. Das ist nicht meine Aufgabe. Ich brauche jetzt meine Energie, um wieder laufen zu können. Da kümmere ich mich nicht darum, noch zusätzliche Lasten zu schleppen, zu denen, die ich ohnehin schon tragen muss.

Es gibt Dinge im Leben, die müssen wir aushalten. Wir können nichts dagegen tun. So konnte ich nichts gegen ein Aneurysma, von dem ich nichts wusste, tun. Ich konnte auch nichts tun, als dieses Aneurysma platzte und es in mein Hirn blutete. Die Folgeerscheinungen, meine Lähmung und Bewegungseinschränkung konnte ich nicht verhindern. Ich konnte nicht verhindern zwischen Rollstuhl und Pflegebett als Pflegefall zu leben. Ich kann daran zerbrechen, mit meinem Schicksal hadern. Ändern wird es sich dadurch nicht. Also, habe ich mich entschieden, es anzunehmen, da ich nichts daran ändern kann.

Es gibt aber auch Dinge im Leben, die kann man ändern. Ich möchte kein Pflegefall mehr sein, wieder frei sein und selbstständig leben. So bemühe ich mich, das zu tun, was ich tun kann. Ich nehme Ergotherapie und Physiotherapie wahr. Ich trainiere selbst zu Hause an meinen

Trainingsgeräten. Ich meditiere täglich und bete. Ich bin mir sicher, dass ich wieder laufen werde, und ich sehe eine sehr schöne Zukunft vor mir. Das Leben belohnt mich für das, was ich ausgehalten habe.

In Gott getragen

Ich bitte Gott um Unterstützung, dass ich wieder laufen kann. „In dir ist der göttliche Kern. Somit hast du eigene Schöpferkraft", höre ich über meine innere Stimme Gottes Worte. „Das Göttliche liegt in dir, dass du es nutzt", sagt Gott weiter.

Ich verbinde mich mit meinem göttlichen Kern und bitte um Hilfe. Ich sehe, dass ich meine Mündigkeit abgegeben habe. In der Rehaklinik wurde mein Bett mit Gittern gesichert, als ich erwischt wurde, dass ich aufstehen wollte.

Heute unterstützt mich mein Mann, lässt mich einen Moment stehen und hält mich. Dabei versuche ich Schritte zu gehen. Es gelingt oft nicht. Wenn ich manchmal nachts sage, dass ich aufstehen und laufen will, erinnert mich mein Mann an meine gescheiterten Versuche. Und ich bleibe im Bett. Entscheidungen treffen andere, nicht mehr ich allein. Meine Mündigkeit muss wieder zu mir. In meiner Kunsttherapie diagnostizierte meine Therapeutin, dass mir meine Ichkraft fehlt.

Ich habe meine Selbstbestimmung abgegeben: Weil ich Hilfe der anderen brauche, habe ich meine Ichkraft geopfert. Als Pflegefall, um den sich ständig jemand kümmert, darf man nicht noch Ansprüche stellen. „Sei froh, dass du zu Hause sein kannst und für dich gesorgt ist." Ja, dafür bin ich auch dankbar.

Dennoch möchte ich kein Pflegefall bleiben, der ständig auf Hilfe angewiesen ist. Ich möchte wieder selbstbestimmt leben.

Meine Ichkraft finde ich als Teil meiner Seele und fühle, wie sich dieser Teil wieder in meine Seele integriert. Ich verschmelze mit meiner Ichkraft. Meine Beine schmerzen oft. Mein Physiotherapeut meint, es könne sein, dass die Nervenkraft wieder kommt. Das macht mir Mut. Mein Ergotherapeut fragt: „Wovor willst du weglaufen?" Ich will nicht weglaufen.

Hinlaufen

Ich will hinlaufen zum Leben auf meinem Weg. Ich will hinlaufen zu den Dingen, die mir Freude machen. Einst bin ich von einem Menschen weggelaufen. Auch zu diesem Menschen möchte ich wieder hinlaufen, um ihm meine Reue mitzuteilen. Ich möchte in die Natur hinlaufen. Ich möchte wieder ehrenamtlich zu Schwerkranken hinlaufen, ihnen ein bisschen Liebe und Trost bringen. Jetzt weiß ich noch mehr, wie wichtig diese Tätigkeit ist. Ich möchte wieder zu unseren Hospizgruppentreffen hinlaufen, um mit diesen lieben Menschen, die mit mir diese ehrenamtliche Arbeit leisten, zu reden. Ich möchte wieder an das Grab meiner Eltern hinlaufen und ein Licht anzünden. Im Moment schiebt mich mein Mann im Rollstuhl an das Grab. Ich möchte selbst wieder hinlaufen. Ich möchte selbst wieder in Einkaufszentren hinlaufen, wenn mich etwas interessiert. Im Moment muss ich im Rollstuhl sitzend immer meinen Mann bitten, wohin er mich schieben soll. Ich möchte zu vielen Sachen hinlaufen. Ich möchte nicht mehr bitten müssen, wohin ich geschoben werde möchte. Ich möchte wieder selbst hinlaufen.

Ich werde nachts im Bett wach und muss meinen Mann bitten, mich auf den Schieber zu setzen, wenn ich Wasser lassen muss. Dann muss ich wieder meinen Mann rufen, wenn ich fertig bin. Ich möchte das nicht mehr. Ich möchte wieder selbst aufstehen und zur Toilette hinlaufen.

Ich möchte nicht mehr in dieser Abhängigkeit aushalten müssen. Ich möchte wieder hinlaufen, wohin mein Herz will.

Was wir tief in unserer Seele möchten, daraufhin müssen wir zugehen. Es kommt nicht alles von selbst. Wir dürfen uns schon auch ein wenig bemühen. Somit hat auch das Ego zu tun und ist beschäftigt. Das ist gut.

Die Seele darf das Ego anstupsen, Sinnvolles zu tun. Dinge erschließen sich uns nicht einfach so. Wir müssen uns für die Dinge aufschließen, öffnen. Wir müssen hinlaufen, auf die Dinge oder auf andere Menschen zugehen. Wer nichts tut, kann nicht gewinnen. Wer mit keinem anderen redet, mit dem wird auch nicht geredet. Wer nicht anfängt, kommt nicht an.

Wir müssen hinlaufen.

Ich fühle mich abhängig, weil ich mich nicht frei bewegen kann und gehen kann, wohin ich will.

Abhängigkeit

Wenn wir auf Hilfe angewiesen sind, geben wir einen Teil von uns auf, um möglichst für den Helfer eine gute Situation zu erschaffen.

Wir brauchen den Helfer, also müssen wir ihn milde stimmen. In Abhängigkeit leben wir oft für das Ego, von dem wir abhängig sind. Wir opfern dafür oft unsere Ichkraft.

Ich habe meine Ichkraft geopfert. Mein göttlicher Kern, in meinem Herzen, mit dem ich erschaffe, ist nicht mehr da. Ich fühle mich in meiner Abhängigkeit schwach. Um zu laufen, brauche ich Kraft und Stärke.

Was macht die Schwäche mit mir? Sie macht mich wütend und hält mich in der Lähmung fest. Jetzt will ich auch weglaufen. Ich möchte weglaufen, aus den Fesseln, die mich festhalten. „Wenn du deine Fesseln löst, wird dein göttlicher Kern wieder frei und du kannst laufen", sagt meine innere Führung.

Da ich auf Hilfe angewiesen bin, kann ich meine Fesseln nicht lösen und bleibe in Abhängigkeit, die mich wütend macht, und davon gelähmt.

Seelenerlösung

Ich verspreche meiner Seele, meine Fesseln so weit zu lösen, wie es möglich ist. Ich befreie mich aus den Fesseln und, wenn ich selbst gehe, lasse ich die Fesseln endgültig liegen.

Ich verspreche meiner Seele, dass sie sich entfalten darf und ihr Leben in Liebe gestalten darf.

Ich fühle ein angenehmes Strömen in meiner linken Seite. Mein Brustkorb weitet sich. Ich fühle meinen göttlichen Kern. Ich grüße Gott in mir. Ich fühle meine Seele. Mit meinem Körper bin ich in Abhängigkeit geraten. Meine Seele ist frei.

Ich erinnere mich an meinen Vater, den ich in schwerer Krankheit zu Hause pflegte. Er bat für jede Arbeit, die ich hatte um Vergebung. Ich sagte ihm immer, es ist in Ordnung. Als Krankenschwester nahm ich oft wahr, dass Patienten sich für die Hilfe, die sie benötigten, entschuldigten. Jetzt fühle ich als Hilfsbedürftige, dass man dem Helfer keine Belastung sein möchte und dafür lieber die eigenen Bedürfnisse unterdrückt, und die eigene Seele mitunter opfert.

Während ich hier diesen Text schreibe, sitze ich im Rollstuhl. Es ist nach dem Mittagessen, ich habe ein Glas Cola und einen Espresso getrunken. Ich muss Wasserlassen. Wenn ich es lange anhalte, brennt meine Blase und ich bekomme eine Entzündung. Ich versuche aufzustehen. Es gelingt nicht. Ich rufe meinen Mann.

Ich fühle wieder diese Abhängigkeit, die mir Wut macht. Nein, dieses Mal nicht, ich lasse keine Wut aufkommen. Ich bin frei. Ich verkaufe meine Seele nicht mehr. Ich lasse mich nicht mehr einschränken und lähmen.

Ich stand oft auf der anderen Seite und habe als Helfer gefühlt. Keiner muss sich entschuldigen für die Arbeit, die der Helfer mit dem Hilfsbedürftigen hat. Normale menschliche und körperliche Dinge, die da geschehen. Doch auch hier schleicht sich das Ego gern ein, mit der Meinung, aus Dankbarkeit dem Helfer gegenüber in der Pflicht zu sein.

Nehmen muss man können

Viele haben Probleme etwas anzunehmen. Ich auch. Mein Mann versichert mir oft, dass er das alles gern für mich tut. Das glaube ich ihm. Da sind viele Energien. Da ist die helfende Energie, und da ist auch eine harte Energie. Ich fühle, wenn ich das eine nehme, muss ich auch das andere nehmen. Die Energien kommen zusammen und sind nicht zu trennen.

Als weibliche, empfangende Seele, bin ich immer bereit zu empfangen und zu nehmen. Ich kenne wie sich die verschiedenen Energien anfühlen. Ich durfte fühlen, wie es ist, Liebe zu empfangen, und ich durfte fühlen, wie es ist, harte aggressive Energie zu empfangen. Es gelingt mir immer besser mich vor Energien, die mir negative Energie, wie Wut machen zu schützen. Ich bitte meinen Schutzengel und Erzengel Michael um Schutz.

Ich muss natürlich auch selbst etwas tun. Ich hülle mich und meine Seele in schützendes Licht aus meinem göttlichen Kern. Ich stärke meine Ichkraft.

Die Ichkraft stärken

In Meditation finde ich in meinem persönlichen Himmel meinen inneren Gott. Gott hat mir göttliche Kraft geschenkt, die ich benutzen darf. Ich fühle die Kraft, die aus meinem göttlichen Kern strömt. Ich lasse sie bewusst durch alle meine Zellen strömen. Das ist meine Ichkraft.

Ich fühle, dass ich bin. Ich bin eine Seele, die jetzt hier im Leben in einem Körper lebt. Augenblicklich ist eine Seite des Körpers noch gelähmt. Das macht Laufen und Bewegung nicht möglich. Ich brauche körperlich sehr viel Hilfe. Das ist kein Grund, sich weniger wertvoll zu fühlen. Ich bin nicht der kranke Körper, ich bewohne ihn.

Mit meiner Ichkraft, der Göttlichkeit aus meiner innersten Seele gesundet mein Körper und kann wieder laufen. Meine Kunsttherapeutin sieht eine deutliche Verbesserung und Bewegung anhand meiner neuesten Arbeit.

Mein Ergotherapeut lobte meine Verbesserung, die er wahrnahm. Ich fühle selbst auch die Stärke in mir. Man kann an einer Krankheit oder an einem Schicksal zerbrechen. Man kann auch daran wachsen. Ich habe mich für wachsen entschieden.

Ein Blutgefäß ist vor drei Jahren in meinem Kopf gerissen, die Blutung in meinem Kopf löste schwere körperliche Folgen aus.

Mein Körper fühlt sich zerrissen an, eine Seite ist vollständig gelähmt. Ich lasse es nicht zu, dass meine Seele zerreißt. Meine Ichkraft schützt und stärkt meine fühlende Seele. Ich fühle tief in mir, dass Schicksal, Verlust und Krankheit, die Macht hat, unsere Seele zu zerstören.

Entscheidung

Ich fühle, dass es nicht wichtig ist, was uns geschieht, sondern was man daraus macht. Wir entscheiden uns für Himmel oder Hölle, für Liebe oder Angst, für wachsen oder zerbrechen. Wer wachsen möchte und stark aus einer Krise kommen möchte, braucht Ichkraft.

Jeder trägt das göttliche Geschenk als Ichkraft tief in seiner Seele. Das Geschenk dieser großen göttlichen Gnade dürfen wir auch finden, wenn wir uns für wachsen und Liebe entscheiden.

Ganz werden

Meine Seele ist nicht zerbrochen, sie wird immer mehr vollständig und Ganz, sie entfaltet sich und erfährt sich, wird innerlich reich. Die weibliche Kraft ist mit der Krankheit wieder eingekehrt und wandelt sich. Sie hat aus einer jungen Frau, eine alte Weise gemacht.

Ich bin im Leid gewachsen. Das kann jeder. Ich bin nicht besser als andere, ich bin nur weicher und tiefer geworden. Die alte Weise lebt.

Präsenz

Ich habe im Leben immer sehr darauf geachtet, bei den Dingen zu sein, die man tut. Wenn ich als Heilpraktikerin einen Patienten in meiner Praxis hatte, war ich mit all meinem Sein bei ihm. Telefon habe ich ignoriert, und auch sonst habe ich mich möglichst nicht ablenken lassen.

Wenn ich als Mutter mit meinem Sohn spazieren ging oder gebastelt habe, war ich nur mit diesem Tun und mit meinem Kind zusammen. Nichts lenkte mich ab.

Ich beobachte jetzt, während meiner Krankheit:

Meine Schwiegermutter ist bei mir, wenn mein Mann in seine Firma fahren muss. Sie ist da, macht viel für mich, macht mir Frühstück, setzt mich auf den Schieber. Doch manchmal fühle ich, sie ist nicht wirklich präsent. Als sei sie auf der Flucht, springt sie auf, setzt sich in die Küche, um Zeitung zu lesen, oder sie kehrt die Eingangstreppe.

Manche Menschen können einfach nicht präsent sein. Vielleicht ist ihnen das zu langweilig, was eigentlich ihre momentane Beschäftigung ist, so brauchen sie noch zusätzliche Dinge, um keine innere Unruhe aufkommen zu lassen. Als kranker Mensch ist man sehr sensibel und ich fühle, wenn jemand da, aber nicht wirklich da, nicht präsent ist.

Wer präsent ist, kann fühlen. Er nimmt wahr, wie sich etwas anfühlt. Wer fühlt kann auch mit anderen fühlen. In schweren Stunden tun Menschen gut, die mitfühlen und somit Trost schenken können.

In meiner ehrenamtlichen Hospizarbeit bin ich immer ganz bewusst zu den Schwerkranken gegangen. Wenn ich angekommen bin, bin ich auch geblieben, präsent.

Nun weiß ich als kranker Mensch, wie gut ein Mensch tut, der präsent da ist.

Ich fahre Fahrrad, während mein Mann Zeitung lesend meinen Rücken hält. Es fühlt sich traurig an, dass da ein Mensch ist, der mich unterstützt, aber nicht in der Tiefe bei mir ist. Ich kenne das Gefühl, wie es sich anfühlt, wenn jemand in der Tiefe bei mir ist. Ich habe das mit Freundinnen und mit meinem ehemaligen Partner schon erlebt. Somit weiß ich, welche Tiefe und Liebe eine unmittelbare Präsenz vermitteln kann. Das tiefe Gefühl der Liebe durch wahre Präsenz erlebe ich auch jedes Mal mit meiner Kunsttherapeutin. Sie ist ganz bei mir und unserem Tun. Wie fühlt sich das für mich an? Ich fühle tiefe Verbindung und göttliche Liebe. Was macht das mit mir? Es macht mich lebendig und hilft mir zur Heilung.

Wirklich da zu sein, präsent zu sein, ist die Grundvoraussetzung für alles weitere.

Ich stehe in meinem Stehtrainer und fühle mich bewusst aufgerichtet. Ich bewege meine Füße, rolle auf ihren Sohlen, als würde ich laufen. Wie fühlt sich das an, aufgerichtet zu laufen? Ich fühle meine Ichkraft. Was macht das mit mir? Es stärkt mich und löst Freude aus. Ich freue mich auf die Dinge, zu denen ich hinlaufen kann.

Laufen kann mehr in uns auslösen. Laufen ist mehr, als Fortbewegung. Laufen ist Meditation. Wir kommen an im Augenblick, werden präsent und befreien uns körperlich von Last und Schmerz, auch unser Geist wird frei.

Ego oder Ichkraft beherrschen den Geist

Die Kraft des Geistes ist jene, die wir im Leben nutzen, um uns als Mensch zu bewegen. Wir entscheiden, ob wir dem Ego oder der Seele das Zepter übergeben. Die Ichkraft ist die göttliche Kraft aus unserer Seele. Wer für sein Seelenwachstum lebt, wird sich der göttlichen Ichkraft zuwenden und dem Ego auf die Schliche kommen.

Wessen Geistes Kind ein Mensch ist, zeigt sich in seiner Geisteseinstellung. Diese kann das Ego oder die Ichkraft nutzen. Ein Mensch, der seine Ichkraft gefunden hat, darf seine Seele in vollkommenes Erblühen führen.

Das Ego hingegen kann eine Seele zerstören. Das Ego will seiner selbst zur Anerkennung leuchten. Die Ichkraft bringt die Seele zum Leuchten.

Lebensbetrachtung

Wir sehen das Leben meist ausgehend von der Geburt bis zum Tod. Wir möchten viele Jahre Zeit, Glück und möglichst keine schwierigen Situationen.

In der Todesstunde betrachten wir unser Leben rückwärts, vom Ende zur Geburt. Dann erkennen wir aus dieser Perspektive mancherlei anders, als wir es erkannten, als wir das Leben vorwärts lebten.

Ich erkannte rückwärts betrachtet, wie oft ich Glück hatte, welches ich im Leben nicht fühlte. Rückwärts betrachtet hätte ich manches anders entschieden. Vorwärts lebend konnte ich es nicht anders.

337

Ich habe erkannt, dass es gut sein kann, öfters im Leben mal anzuhalten, und sich vor einer Entscheidung gut einzufühlen: Wie fühlt sich das jetzt an? Was macht das mit mir? Wie fühlt sich das in 5, 10, oder 20 Jahren an? Was macht das dann mit mir? Tief in unserer Seele fühlen wir, was ist und was sein wird.

Dann treffen wir wahrscheinlicher eine Entscheidung, die wir später nicht bereuen müssen. Ich entscheide mich, wieder zu laufen. Wie fühlt sich das jetzt an? Es fühlt sich bewegend und neu an. Was macht das jetzt mit mir? Es macht mir Freude, frei zu sein und selbstbestimmt zu leben. Wie fühlt sich das in 5 Jahren an und was macht es dann mit mir? Ich bin frei und lebe in Freude und Liebe. Ich muss nichts mehr erklären. Ich muss mich nicht anpassen und verstellen. Ich bin die, die ich bin.

Ich bin

Es sollte uns gelingen, bewusst unsere Ichkraft zu erkennen, dann erkennen wir das: Ich bin. Wenn wir erkennen, wer wir sind, wird uns bewusst, was sich aus unserer Seele entfalten will. Dieses Ich dürfen wir dann leuchten lassen. Wer sein Ich leuchten lässt, ist angekommen.

Erleuchtung ist nicht im Außen, bei einem Guru, in einem spirituellen Erleuchtungsseminar. Die Erleuchtung liegt im bewussten fühlen, wer wir sind. Ich bin!

Ein „Ich bin" muss niemandem etwas beweisen oder Recht machen. Ein Ich lebt als göttlicher Kern, um seine Welt zu erschaffen, in der sich seine Seele entfalten und wachsen kann.

Die Ichkraft als Schöpferkraft

Der allmächtige Gott hat unsere Seelen einst erschaffen und seinen göttlichen Kern in jeden von uns gelegt. Diese göttliche Kraft ist unsere Ichkraft, mit der wir selbst Schöpferkraft haben, um unserer Seele ihre Welt zu erschaffen, in der sie sich selbst erfahren und wachsen kann.

Ich nehme Verbindung zu meiner Ichkraft auf, und bitte um Unterstützung, dass ich laufen kann. Ich bitte den allmächtigen Gott um Hilfe und Unterstützung und Segen für mein Gehen. Plötzlich fühle ich einen Engel an meiner linken Seite. Über meine innere Stimme höre ich die Worte, die er an mich richtet: „Deine Schritte, die du gehen wirst sind von Gott gesegnet."

Verlaufen

Immer wieder scheitern meine Versuche zu laufen. Ich kann nicht laufen.

Es fühlt sich für mich an, als hätte ich mich verlaufen.

„Du musst wieder dahin laufen, wo du richtig bist. Du bist in eine Welt geraten, die nicht zu deiner Seele passt. Das hast du alles erkannt, und du darfst wieder laufen, dass sich deine Seele in dir bewegen kann", sagt der Engel.

Immer, wenn wir unseren ureigenen Impulsen nicht mehr folgen, besteht die Gefahr, dass wir uns verlaufen. Wir geraten dann auf Wege oder in Welten, die nicht zu unserer Seele gehören. In der Todesstunde können wir nicht mehr umkehren, doch im Leben sollten wir das tun, wenn wir fühlen nicht richtig zu sein.

Ich habe noch einmal Lebenszeit zusätzlich geschenkt bekommen.

Zeit zur Umkehr

Wer fühlt, dass etwas nicht stimmt, sollte sich neu ordnen und neu sortieren. Im Leben ist es nicht zu spät. Wir müssen auf unser Gefühl achten und das tun, was sich gut anfühlt. Unsere Seele führt uns auf unseren Weg in unsere

Umwelt. Über das Fühlen nehmen wir wahr, welcher Weg, welche Welt zu uns passt. Wenn wir uns verlaufen, können wir im Leben eventuell einen Kurs wieder korrigieren. In der Todesstunde ist es zu spät, etwas zu ändern. Dann bleibt uns nur noch aufrichtiges Bereuen.

Träume wachsam annehmen

Unsere Seele offenbart sich auch in unseren Träumen. Nachts schläft das Ego und die Seele hat Platz, ihre Bedürfnisse zu zeigen. Auch unsere Tagträume sind ernstzunehmende Hinweise auf das Bedürfnis der Seele, sich zu entfalten, auszudrücken, oder sich selbst zu erfahren.

Wovon träumen wir? Welchen Beruf möchten wir ausüben? Wo möchten wir leben, Stadt oder Land? Wer ist der Traumpartner? Wenn uns bewusst ist, wovon wir träumen, erkennen wir die Bedürfnisse unserer Seele. Dann dürfen wir es fühlen und entscheiden, wohin wir laufen wollen. Wir sollten auf unsere Träume achten.

Träume sind Hinweisschilder der Seele.

Wir müssen uns nicht jeden Traum erfüllen. Wir sollten sie achten und mit aufnehmen und sie eventuell in unser Lebenskonstrukt einbauen.

Auch Träume, die wir leben, sollten sich gut anfühlen. Ich bin in meinem Stehtrainer, verlagere das Gewicht von Bein zu Bein und spüre meine Füße. Ich fühle, meine Füße tragen meinen Körper und halten mich im Leben, auf der Erde. Es ist gut, im Leben gehalten zu sein. Wer im richtigen Leben, welches zur Seele passt, ist, fühlt sich gehalten. Ich fühle mich gehalten im Leben, ich möchte laufen.

Anstrengung

Es ist sehr anstrengend, wieder laufen zu lernen. Es strengt an und kostet viel Überwindung, immer wieder die Therapien und die zusätzlichen Übungen zu Hause. Wenn ich versuche zu laufen, geht es trotzdem nicht. Es kostet Anstrengung, nicht verzweifelt aufzugeben. Ich habe noch nie im Leben etwas als so anstrengend empfunden.

Das Laufen hat mich früher nie angestrengt. Im Gegenteil, ich bin sehr gern gelaufen. Und jetzt ist etwas, was ich sehr mochte, nicht mehr möglich und verlangt große Anstrengung, es wieder zu können.

Manche meinen, Anstrengung wird belohnt. Wenn das so wäre, müsste ich schon längst laufen. Das Anstrengung belohnt wird, ist auch nur eine Vortäuschung des Ego. Ich fühle schon, dass die Trainingssachen wichtig sind. Ich werde es auch weiter tun. Im Moment bekomme ich somit auch die Möglichkeit, mich zu bewegen. Es tut mir gut. Ich nutze diese Gelegenheit, um mein Fühlen über den Körper zu transportieren.

Ich spüre hin, was genau ist anstrengend? Immer werde ich zu Dingen gezwungen und kann nicht einfach meinem Gefühl und meinem Bedürfnis fühlen und ihm nachgehen. Der Raum, um eigenen Bedürfnissen zu folgen, ist sehr klein und eng geworden. Wenn ich laufen kann, habe ich wieder mehr Platz und Raum für mich selbst.

Vermissen

Diesen Raum, in dem ich mich entfalten kann, vermisse ich. Ich kenne diesen Raum. Wir können nur etwas vermissen, was wir kennen und irgendwann einmal hatten, es aber verloren haben. Ich vermisse zurzeit in der Krankheit sehr viel. Am meisten vermisse ich meine Freiheit und Unabhängigkeit, meine Dinge wieder selbst regeln zu können.

Um fast alles, was ich vermisse, wieder in mein Leben zu integrieren muss ich Laufen. Dafür nehme ich die Anstrengung an. Ich nehme die Anstrengung an, es ist nicht leichter. Natürlich wünsche ich mir auch, es wäre einfacher. Ich sehe mich in ein paar Wochen leichtfüßig durch das Leben zu laufen und erkenne dann, dass sich die Anstrengung gelohnt hat. Es fühlt sich so wohltuend an, leichtfüßig im Leben zu laufen. Und ich laufe dann zu allem, was ich jetzt so sehr vermisse.

Mancherlei vermissen wir im Leben, und wir können es nicht wieder bekommen. Menschen sterben, gehen aus dem Leben. Ich vermisse meine Eltern sehr, die im Jenseits sind. Ich vermisse zwei Freundinnen, die im Jenseits sind.

Das Jenseits ist nicht ein ferner Ort, es ist eine andere Ebene des Bewusstseins. Der tote Körper bleibt auf der Erde, wird bestattet. Die Seele existiert im Jenseits weiter. Ich erfahre jetzt in der Krankheit sehr viel Hilfe aus dem Jenseits.

Unterstützung aus dem Jenseits

Meine Mutter besucht mich oft aus dem Jenseits und tröstet mich mit mütterlicher Liebe. Mein Vater bringt mir väterliche Energie. Eine Freundin, die vor vier Jahren an den Folgen von Brustkrebs verstorben ist, gibt mir heilsame Berührung. Meine andere Freundin, die im vorigen Jahr an den Folgen eines Hirntumores verstorben ist, besucht mich aus dem Jenseits und macht mir Mut.

Die lieben Menschen sind nicht weg, sie sind immer noch da. Sie haben nur ihren Körper verlassen, ihre Seelen sind da, ewiglich in Ewigkeit.

Wenn ich sie bei mir fühle, sind sie mir sehr nahe. Sie wissen, was mich berührt und ich kann mit ihnen darüber reden. Meine Freundin im Jenseits ist mir manchmal näher, als manche Menschen, die mit mir im Leben sind.

Heilig

Wenn die Lieben sich aus dem Jenseits melden, sind das ganz besondere heilige Momente.

Heilig ist etwas, was heilt, heilsam wirkt. Meine Mutter bringt mir auch jetzt so viel mütterliche, heilsame Energie. Es fühlt sich genauso an, wie ich die heilende, mütterliche Energie aus Kinderzeiten fühlte. Ich fühle, wie mich diese Energie heilt.

Heiliger Anfang

Jeder neue Anfang kann heilsam und somit heilig sein. „Jedem Anfang wohnt ein Zauber inne", sagt Rainer Maria Rilke. Ist es der Zauber des Heiligen?

Als ich mit Unterstützung meiner Ergotherapeuten meine ersten Schritte gelaufen bin, konnte ich meine Tränen nicht zurückhalten. Ich war tief berührt von diesem Augenblick. Ein wichtiger Anfang für mich. Ein heiliger Moment.

Ich erinnere mich an die Geburt meines Sohnes. Ich durfte Mutter sein. Ein heiliger Anfang. Ich durfte einer wunderbaren Seele helfen, in einem verkörperten Zustand ins Leben zu gehen.

Ich denke an meine erste Hochzeit. Ein heiliger Anfang einer tiefen Verbundenheit in Liebe, die ich später unachtsam zerstörte. Dennoch ist der heilige Anfang und viele wunderbare Momente Schätze in meiner seelischen Schatztruhe.

In die Zukunft sehen und fühlen

Ich sehe und fühle immer klarer meinen zukünftigen Lebensweg vor mir. Es wird noch viele heilige Anfänge geben. Seit ich durch das Leid in der Krankheit tief mit meiner Seele verbunden bin, kann ich klar sehen und fühlen, was noch auf meinem Weg liegt.

Altes stört den Anfang

Wir müssen Altes verabschieden, um neu anzufangen. Ab und zu, muss man sich von alten Dingen trennen, um Platz für Neues zu schaffen. Wer nie entrümpelt, sich von Altem trennt, hat keinen Platz für Neues.

Altes versperrt manche neue Möglichkeiten. Wer seinen bisherigen Beruf nicht loslässt, kann keinen neuen ausüben. Wer zu sehr in Altem feststeckt, ist nicht frei für Neues.

Ich stecke noch fest in meinem Stillstand. Somit können die ersten alleinigen Schritte nicht geschehen.

Wie fühlt sich das Alte und Feste an? Es fühlt sich beruhigend an. Was macht es mit mir? Sicherheit. Was braucht diese Sicherheit? Der Mensch und der Egoverstand. Was fühlt die Seele und was braucht sie?

Die Seele fühlt Stillstand und fühlt sich in der angeblichen Sicherheit gefangen. Die Seele möchte Freiheit.

Ich habe viele Hilfsmittel, die es mir ermöglichen, ein bisschen in Bewegung zu sein. Der Rollstuhl macht es auch möglich, dass mein Mann mich vom Schlafzimmer in die Küche schieben kann, um dort gemeinsam Malzeiten einzunehmen. Doch es ist nur ein Mittel zur Hilfe.

Mit einem Rollstuhl ist es möglich, ein wenig in der Natur zu sein und sich zu bewegen. Doch es ist nur eine Hilfe. Ein Rollstuhl ersetzt das Laufen und die Bewegung nicht.

Ich bin dankbar, die Hilfsmittel zu haben. Doch ich möchte nur die nötigsten Hilfsmittel und am liebsten Abschied von ihnen nehmen, das Alte loslassen und neu anfangen.

Die von Gott geschenkte Ichkraft nutzen

Gott hat jedem Menschen die Ichkraft gegeben, mit der er seine Welt erschaffen kann.

Ich danke meinen Hilfsmitteln und entscheide, dass es Zeit ist, Abschied von ihnen zu nehmen. Ich leide unter den

Folgen eines Schlaganfalles, bin halbseitig gelähmt. Ich lasse die Lähmung los. „Diese Erkenntnis, dass Altes losgelassen werden muss, bevor Neues beginnt, hat dir noch gefehlt. Jetzt hast du alles erkannt", höre ich im Herzen Gottes Worte, „nun fange neu an."

Gott nimmt uns Schicksal und Wachstumsmöglichkeiten nicht ab. Gott hat uns die Ichkraft gegeben, sie zu bewältigen.

Die Ichkraft, der göttliche Kern in uns, ermächtigt uns, auf unsere Lebenswelt einzuwirken.

Lebenskonstrukte

Jede Seele möchte sich im Leben erfahren und verwirklichen. So entstehen in jedem Mensch Lebenskonstrukte, woraus die Ichkraft die lebendige Wirklichkeit erschafft.

Es gibt viele verschiedene Lebenskonstrukte, und es gibt dabei kein richtig und kein falsch. Nur das Ego bewertet und meint zu wissen, was „man" darf, oder nicht darf, was sich gehört oder nicht. In der Todesstunde wird keiner nach Leistungen beurteilt. Es gewinnt auch keiner, der sich besonders gut angepasst hat.

Die Seele will sich erfahren und sich entfalten. Die Seele muss sich nicht anpassen. Im Gegenteil. Sie wird zerstört durch zu viel anpassen. Die Seele will sich im Leben selbst erfahren. Am Ende in der Todesstunde gewinnen die Seelen mit ihrem inneren Reichtum, den sie in sich tragen.

Wer sich nicht an die Moralvorschriften hält ist glücklich und frei. Der Angepasste, leistungsorientierte Moralapostel ist gefangen in fremden Normen. Er kann seine Seele in den Normen nicht entfalten, passt sich an und opfert seine Seele. Dann kommt ein Schicksalsschlag.

So kann ein Schicksalsschlag der Wegweiser sein, das Leben zu ändern. Schicksalsschläge und Leid als Wegweiser zur Umkehr im Leben, sind besonders hart.

Dann machen wir uns Selbstvorwürfe: „Hätte ich doch nur eine andere Entscheidung getroffen, vielleicht wäre das dann alles ganz anders", mit Sicherheit, ursächliche Entscheidungen haben spätere Wirkungen. Und andere Ursachen zeigen andere Wirkungen.

Auch ich habe mich im Leid oft gefragt, wenn ich andere Entscheidungen getroffen hätte, was wäre dann geworden. Darauf gibt es keine Antworten.

Frieden schließen

Wir können vergangenes Leben nicht ändern. Wir können nur gegenwärtiges Leben mit unserer Ichkraft gestalten, dass wir es zukünftig, rückwärts betrachtend nicht bereuen müssen.

Mit der Vergangenheit sollten wir Frieden schließen, um für die Gegenwart frei zu sein. Wer sterbend sein Leben beendet, möchte im Frieden in seiner Todesstunde sein.

Ich saß schon neben sterbenden Menschen, die unter großem Seelenschmerzen standen, und eine schwere Reise begannen.

Ich saß auch schon neben Menschen, die im Frieden waren und ganz friedlich in ihre Todesstunde gingen.

Meine Freundin starb, und ihre zwei Kinder konnte sie nicht mehr als Mutter begleiten. Das ist sehr schwer. Ich habe jetzt öfters zu ihr Kontakt. Sie begleitet ihre Kinder aus dem Jenseits. Sie beschützt sie und schickt ihnen Liebe. Ihre Liebe heilt und trocknet die Tränen der Kinder. Ich erlebe oft persönlich die Liebe meiner Mutter, die mich heilt und mir hilft, durchzuhalten. In oft lieblosen Momenten und mancher Verzweiflung hilft die tröstende, liebende Energie meiner Mutter.

Die Mutter meines ehemaligen Partners besucht mich aus dem Jenseits. Sie schenkt mir ihre liebevolle, gütige, mütterliche Energie, die ich auch zu Lebzeiten von ihr kannte.

Ich fühle mich sehr erschöpft. Die Krankheit und die ganzen Therapien erschöpfen mich sehr. Die mütterliche, liebevolle Energie meiner Mutter und die meiner ehemaligen Schwiegermutter tun mir sehr gut. Ich muss diese Frauen nicht bitten und rufen. Sie kommen selbst, wenn sie spüren, dass es mir nicht gut geht. Und dann sind sie da und helfen mir, so weit es ihnen möglich ist.

Aus Liebe schenken

Ich habe oft schon gefühlt, wenn es einem Menschen, der mir nahe war, nicht gut ging. Dann habe ich angerufen und mein Gefühl wurde bestätigt.

Es ist eine Gnade, dass wir selbst über Distanz erspüren können, wie es anderen geht. Selbst Distanzen zwischen Diesseits und Jenseits sind über Fühlen überwindbar. Menschen, die sich über Entfernungen fühlen, haben eine tiefe Verbindung miteinander. Tiefe Verbindungen können auch im Leben entstehen. Tiefe Verbindungen bleiben bestehen, selbst der Tod kann sie nicht trennen. Eine Verbindung in Liebe ist stärker als der Tod.

Eine Ehe, die standesamtlich geschlossen wurde, muss trotzdem keine tiefe Verbindung sein. Eine Ehe ist für das Ego mehr ein Besitzanspruchsrecht.

Eine tiefe Verbindung in Liebe ist immer da, auch, wenn man den anderen nicht rechtlich nahe ist. Ich habe oft schon erlebt, dass ich erspürte, wenn es einen anderen Menschen nicht gut ging. Ich habe dann einfach Liebe gesendet und geschenkt. Und oft hat man mir dann später bestätigt: „Ja, plötzlich ging es besser."

Liebe verschenken kostet nichts. Ich fühle auch jetzt in meinem Leid, dass oft Liebe bei mir ankommt. Wenn ich erschöpft bin, geht es mir dann besser. Liebe ist immer die Kraft, die uns heilt. Die höchste göttliche, bedingungslose Liebe ist die wirksamste Medizin, die wir haben.

So, wie die Liebe wirkt, wirkt leider auch die Lieblosigkeit und Grobheit. Die Liebe baut auf, die Grobheit schwächt und zerstört.

Wenn ein Kind lieblos behandelt wird, kommt eine Mutter, die es schützt und einhüllt in ihre wärmende, liebende Energie. In der traditionellen Kirche ist Gott eine männliche Energie. Frauen werden als weniger wertvoll dargestellt. Der Mann ist in der Hierarchie an oberster Position und hat somit die einzige Macht. Die Frau ist dem Mann untergeordnet. Die Kirche setzt vor Gott die Anrede Herr.

Gott ist die allmächtige Schöpferkraft. Gott ist männlich und weiblich. Gott ist väterliche Energie und mütterliche Energie zugleich.

Die väterliche Energie des erschaffenden und beschützenden Prinzips kommt von Gott. So auch die gebärende, liebende, mütterliche Energie. Gott könnte auch eine Göttin sein.

Der Göttin begegnen

Ohne weibliches Prinzip könnte nichts geboren werden. Gott und Göttin gehören zusammen. Um etwas zu erschaffen und es zu gebären, brauchen wir den Mann und die Frau.

Das weibliche Prinzip legt die traditionelle Kirche auf Maria, die Mutter von Jesus Christus. Das weibliche Prinzip Maria Magdalena, die liebende Dirne wird von der Kirche ungern erwähnt. Dieses Prinzip der lustvollen Liebenden wird als schmutzig verurteilt. Eva verführt Adam, die verbotene Frucht zu essen. So wurden sie aus dem Paradies vertrieben.

Viele Heilerinnen wurden im Mittelalter verbrannt. Die Göttin weint. In der gesamten kirchlichen Tradition gibt es keine Göttin. Das weibliche Prinzip ist schmutzig und sündig. Das männliche Prinzip wird verherrlicht. Unser Gott ist der Herr. Jesus Christus als Mann ist der Heiland. Jesus Christus wandte sich der Frau, Maria Magdalena zu.

Die Frau ist eine wundervolle Ergänzung zum Mann. Die Frau, sie kommt mit ihrer Lust, mit ihrer Liebe und empfängt das Leben, bis sie es gebären wird. Die Göttin ist das Heilende im göttlichen Kern.

Die Lust

Ich finde in meiner weiblichen Seele die lustvolle Frau. Ich kenne sie in der jungen, wilden Frau, die Lust hatte auf körperliche Liebe, mit ihrer ersten, großen Liebe.

Jetzt hat die neue, weise Alte Lust, sich wieder zu bewegen, Lust zu laufen. Natürlich möchte ich wieder laufen, um zur Toilette zu gehen, unabhängig zu sein. Doch diese Motivation allein hat nicht ausgereicht, um wieder zu laufen.

Ich habe jetzt meine Lust wieder gefunden. Ich habe Lust, wieder zu laufen. Ich habe Lust auf das tiefe, befriedigende Gefühl, was sich nach einem schönen Spaziergang einstellt.

Gott ist mit der Göttin komplett

Gott ist komplett als männliches und weibliches Prinzip. Erst eine Frau macht einen Mann zum Mann. Die Lust der Frau ist die Kraft, die Liebe und Leben schafft.

Mein Seelenname ist Nayalavee. Das heißt Göttliche Vollkommenheit. Ich sitze hier und kann nicht laufen, und in dieser extremen Einschränkung, die ich erlebe, finde ich die göttliche Vollkommenheit.

Die Lust der Frau wurde verteufelt, eine Göttin gab und gibt es nicht. Jetzt erkenne ich die unsinnige Lehre und ihre Unvollkommenheit. Vollkommenheit ist erst dann, wenn die Pole, männlich und weiblich, vereint wirken. Gott ist Gott und Göttin.

Wunder

Wunder geschehen, wenn weibliche Lust, männliche Kraft in sich aufnimmt. Wenn das Verlangen, was durch die Lust entsteht, gestillt, kann ein Wunder geschehen. Wunder sind Resultate lustvoller Sehnsüchte.

Gott ist Vollkommenheit

Nachdem die Lust als Verführung mit der Vertreibung aus dem Paradies endete, hat später Jesus eine Dirne verkörpert als weibliche Lust, auf der Straße aufgehoben. Die vollkommene Seele von Jesus Christus wurde von Gott und Göttin erschaffen.

Maria und Josef schenkten einen Körper dem Leben. Die Seele von Jesus Christus inkarnierte in diesen Körper, den Maria geboren hat. So ist das weibliche, gebärende Prinzip in Maria, später zeigt eine andere Maria die weibliche Lust.

Die Lust ruft das Wunder

Wir haben Lust, und bedingt durch diese Lust entwickelt sich ein Wunsch. So rufen wir nach einem Wunder. Die weibliche empfangende Seite zieht mit ihrer Lust genau die männliche Energie an, die es zur Erfüllung braucht.

Ich fühle tief in mir die Lust zu laufen, zu tanzen. Meine Lust zu laufen und zu tanzen ruft laut danach erfüllt zu werden. Ich möchte laufen, um frei zu werden und aus der Hilflosigkeit zu entkommen. Aber da ist noch mehr. Ich spüre Lust.

Wenn sich eine Lust erfüllt, fühlen wir Glück und kommen in eine hohe Energie. Die göttliche Schöpferkraft lässt das Wunder geschehen.

Gott und Göttin vereinen sich auf dem Gipfel der Lust, werden eins, verschmelzen zur Schöpferkraft. Neues entsteht aus dem Einssein.

Die Göttin im göttlichen Kern in unserer Seele

In jedem Menschen liegt der göttliche Kern. Auch im inneren göttlichen Kern finden wir Gott und Göttin. Ich gehe in Verbindung mit meinem göttlichen Kern. Meine innere Göttin erscheint. Sie strahlt mit schneeweißem Haar und Augen voller Lust. Über meine innere Stimme sagt sie: „Schön, dass Du mich endlich gefunden hast. Ich segne Deine Lust. Vereine Dich mit dem Leben, dann wist du dich wieder bewegen." Vor meinem Fenster singen die Vögel. Der Wind bewegt die Äste und Blätter der Bäume.

Vereinigung

Ich will mich vereinen mit all dem bewegenden Leben. Erschaffen wird neues Leben, wenn sich Gott und Göttin vereinen.

Ich verspüre Lust und öffne mich dem Leben, dass es zu mir kommt. Ich spüre das Leben in mir. Auf dem Gipfel der Lust fühle ich, dass es so weit ist. Ich will wieder leben, mich bewegen. Die neue Frau, die ich geworden bin, hat Sex mit dem Leben. Ich fühle in mir Leben. Ich werde laufen und immer wieder will ich mich dem Leben öffnen, um Eins zu werden.

Meine innere Göttin ist erwacht!!!

Das fühlt sich sehr gut, lebendig, weich, frei und weit an. Meine Ichkraft verneigt sich vor der inneren Göttin. Jetzt darf ich wieder laufen. Nichts hält mich mehr auf. Ich liebe das Leben. Es legt den Samen zum Leben in mich. Ich umarme meine innere Göttin und danke ihr. Sie lehrt mich über die Frau, die ich bin.

Die große Göttin ist neben dem großen Gott und ist unsere Schöpferkraft. Die Göttin braucht ihren Gott, wie der Gott seine Göttin braucht. Zusammen sind sie die allmächtige, große, göttliche Kraft.

In unserer traditionellen Kirche gibt es allein den männlichen Gott. Die weibliche Kraft wurde geopfert mit Eva, mit Maria Magdalena, mit den Heilerinnen, die in der Inquisition getötet wurden.

Erwachen der Göttin

Wenn das Weibliche erwachen darf und integriert wird in unseren Herzen, wird auch Eva integriert, und die Ursünde gibt es nicht mehr.

Dann leben wir im Paradies und leben im Himmel auf Erden. Die Göttin ist da, lassen wir sie erwachen in unseren Herzen. Göttliche Vollkommenheit ist mit der Göttin erst möglich.

Ein männlicher Gott allein ist nur die Hälfte der Schöpferkraft.

Ich erlebe jetzt durch die Lähmung meiner linken Körperhälfte, dass allein die rechte Seite nicht ausreicht. Ich brauche, um zu laufen, beide Seiten.

Auch die göttliche Kraft braucht beide Seiten, rechts, männlich und links, weiblich. Erst wenn beide Seiten da sind, ist es vollkommen. Göttliche Vollkommenheit besteht aus Gott und Göttin.

Die männliche Herrschaft der traditionellen Kirche rechtfertigt sich natürlich leichter mit einem männlichen Gott. Gott hat keine Göttin, so darf der Priester auch keine Frau haben. Jesus Christus ist unser Heiland. Die Heilerinnen wurden auf dem Scheiterhaufen verbrannt. Die Göttin lässt die Seelen der verbrannten Heilerinnen auferstehen.

Die innere Heilerin finden

Wir haben einen inneren Anteil, der als innere Heilerin uns heilt und gesunden lässt. Meine innere Heilerin finde ich in einem früheren Leben in einem Kloster als Schwester, die den Gärtner des Klosters liebt. Sie liegt verletzt in einer kleinen Kammer. Mitschwestern, die sie beneidet haben, haben sie verletzt.

Der Gärtner bettet sie auf Rosenblätter und küsst sanft ihre Stirn. Da öffnet sie ihre Augen und strahlt den Gärtner an. Der Gärtner trägt sie behutsam zu ihrer Göttin und verneigt sich vor dieser.

In diesem Leben gibt es die Frau als Heilpraktikerin. Es gibt einige Neiderinnen, die so sein wollen wie sie. Wieder ist die Heilerin verletzt. Den Gärtner hat sie auch in diesem Leben geliebt, doch sie hat ihn für einen anderen Mann verlassen. Dem Mann sage ich: „Es tut mir leid, ich wusste es nicht besser." Die verletzte Heilerin trage ich zu meiner inneren Göttin. Die Göttin legt segnend ihre Hand auf den Kopf der Heilerin und spricht zu ihr. Ich höre sie über meine innere Stimme. Sie sagt: „Du darfst heilen. Du hast die Gabe und die Gnade zu heilen. Du bist die Heilerin, vom Himmel berufen. Geh, Heilerin, geh. Heile, Nayalavee!"

Nayalavee ist mein Seelenname. Meine Seele war in vielen Körpern eine Heilerin. Jetzt möchte sie keine Heilerin mehr sein und den Neid anderer auf sich ziehen. Jetzt heilt sich meine Seele selbst mit ihrer Heilerin und die Heilerin selbst braucht Heilung.

Oft fühle ich mich sehr erschöpft. Dann kommt aus dem Jenseits mütterliche Energie von meiner Mutter und meiner ehemaligen Schwiegermutter, um mich zu stärken. Dankbar nehme ich diese stärkende, tröstende Energie in mich auf.

Meine Heilerin wird vitaler und gesundet immer mehr. Sie holt die Liebende, die weint und Liebe zerstört hat. Die Heilerin nimmt die Liebende in den Arm und tröstet sie. Die Liebende ist froh, getröstet zu werde. Die Zauberin kommt hinzu.

Nun vereinen sich die Heilerin, die Liebende und die Zauberin. Gemeinsam kehren sie in die weibliche Seele ein. Die neue Frau flüstert der Zauberin zu, welche Sehnsüchte in ihr sind. Die Zauberin kann ihr die Sehnsüchte erfüllen, sie hat die Zauberkraft dazu. Sie sagt: „Zuerst musst du laufen."

Ich möchte laufen, doch es gelingt noch nicht. Beim Versuch, aufzustehen, schmerzt meine linke Seite des Brustkorbs so sehr, dass ich nicht stehen kann. Was will dieser extreme Schmerz mitteilen?

Der Schmerz sagt: „Die Göttin hat den Schmerz der Ablehnung und der Zähmung ihrer Weiblichkeit noch nicht überwunden. Der Schmerz sitzt noch in ihr." Was hat die Weiblichkeit so abgelehnt?

Die Frau selbst lehnte ihre Weiblichkeit ab, um ihr Gefühl zu schützen. Sie wollte nicht eingestehen, dass sie etwas nicht Passendes in ihr Leben gezogen hatte. Sie war unglücklich und ging unerfüllt in die Wechseljahre.

Die Menstruationsblutung blieb aus. Die Weiblichkeit zog sich zurück. Sie war ohnehin nicht mehr erwünscht. Doch die Weiblichkeit zeigt, dass sie noch gebären will. Geistige Kinder aus der Seele wollen als Bücher geboren werden, entsprungen aus der Seele von Nayalavee.

Da lief das Blut der fruchtbaren Frau in den Kopf, ins Gehirn. Das löste großen Schaden aus. Doch den Himmel, den ich in meinem Herzen gefunden habe, gebäre ich jetzt in das Leben mit diesem Buch.

Schlusswort

Die Göttin ist bei Gott und die Weiblichkeit ist frei.
Das Ende vor dem Neuanfang. Nun endet dieses Buch.
Ich weiß noch keinen genauen Zeitpunkt, doch ich weiß:
Ich werde wieder laufen. Das werde ich in meinem später folgenden Buch beschreiben.

Weitere Veröffentlichungen von Martina Herbig

Gedankensprünge
ISBN: 978-3-7322-9849-5

Das Butterblümchen
ISBN: 978-3-7357-8480-3

Menschsein Sterben/Trauern/Leben
ISBN: 978-3-7347-9390-5

Spirituell sind die Anderen
ISBN: 978-3-7392-1855-7

Pilgerreise durch die Seelengärten
ISBN: 978-3-7392-3583-7

Wolkenbilder
ISBN: 978-3-8423-5607-8

Das zwölfte Kapitel
ISBN: 978-3-7431-0121-0

Wer mich kennen lernen möchte, darf mich auch auf meinem YouTube Kanal „Martina Herbig" besuchen.